北大版长期进修汉语教程

高级汉语阅读教程 II

周小兵　总主编
张世涛　主　编

北京大学出版社
PEKING UNIVERSITY PRESS

图书在版编目（CIP）数据

高级汉语阅读教程Ⅱ/张世涛主编．—北京：北京大学出版社，2011.1
（北大版长期进修汉语教程）
ISBN 978-7-301-16754-0

Ⅰ．高…　Ⅱ．张…　Ⅲ．汉语-阅读教学-对外汉语教学-教材　Ⅳ．H195.4

中国版本图书馆 CIP 数据核字（2010）第 237185 号

书　　　名：	高级汉语阅读教程Ⅱ
著作责任者：	张世涛　主编
责 任 编 辑：	吕幼筠
封 面 设 计：	毛　淳
标 准 书 号：	ISBN 978-7-301-16754-0/H·2708
出 版 发 行：	北京大学出版社
地　　　址：	北京市海淀区成府路 205 号　100871
网　　　址：	http://www.pup.cn
电 子 邮 箱：	lvyoujun99@yahoo.com.cn
电　　　话：	邮购部 62752015　发行部 62750672　编辑部 62752028　出版部 62754962
印 刷 者：	北京虎彩文化传播有限公司
经 销 者：	新华书店
	787 毫米×1092 毫米　16 开本　15.25 印张　390 千字
	2011 年 1 月第 1 版　2019 年 6 月第 2 次印刷
定　　　价：	42.00 元

未经许可，不得以任何方式复制或抄袭本书之部分或全部内容。
版权所有，侵权必究　举报电话：010－62752024
电子邮箱：fd@pup.pku.edu.cn

目 录

前言 ··· 1

第一课　政府公文（1） ·· 1
　一、导读 ·· 1
　　阅读1　中国共产党第十七届中央纪律检查委员会第四次全体会议公报 ········ 1
　　阅读2　中日两国防务部门联合新闻公报 ··· 4
　　阅读3　上海合作组织成员国元首理事会会议联合公报 ······························ 7
　二、挑战阅读 ·· 11

第二课　政府公文（2） ·· 14
　一、导读 ·· 14
　　阅读1　中华人民共和国和印度共和国联合公报（节选） ························· 14
　　阅读2　教育部办公厅关于当前做好高校困难毕业生就业帮扶工作的通知 ··· 19
　　阅读3　医药卫生体制改革近期重点实施方案（2009－2010年）（节选） ··· 22
　二、挑战阅读 ·· 25

第三课　名人讲话（1） ·· 29
　一、导读 ·· 29
　　阅读1　中共中央总书记、国家主席、中央军委主席胡锦涛同志国庆60周年讲话 ··· 29
　　阅读2　韩国总统卢武铉在清华大学的演讲 ··· 32
　　阅读3　法国总统雅克-希拉克在北京大学的演讲（节选） ······················· 36
　二、挑战阅读 ·· 40

第四课　名人讲话（2） ·· 43
　一、导读 ·· 43
　　阅读1　联合国秘书长科菲·安南在清华大学的演讲（节选） ··················· 43
　　阅读2　李敖在复旦大学的演讲（节选） ··· 47
　　阅读3　培养独立工作和独立思考的人（节选） ····································· 50
　二、挑战阅读 ·· 53

第五课　世界体育　57
一、导读　57
阅读1　NBA篮球联赛　57
阅读2　F1方程式赛车　61
阅读3　世界杯足球赛　64
二、挑战阅读　67

第六课　文学艺术　70
一、导读　70
阅读1　诺贝尔文学奖　70
阅读2　奥斯卡奖　74
阅读3　中国90年代以来流行音乐（节选）　77
二、挑战阅读　81

第七课　社会问题　84
一、导读　84
阅读1　为艾滋病人争取平等的权利　84
阅读2　中国的老龄化问题　87
阅读3　经济发展中的贫富差距问题　90
二、挑战阅读　94

第八课　犯罪问题　97
一、导读　97
阅读1　中国服刑人员子女状况调查（节选）　97
阅读2　北京市房山区人民法院刑事判决书　101
阅读3　美国犯罪原因初探（节选）　104
二、挑战阅读　107

第九课　国际经济　111
一、导读　111
阅读1　中华人民共和国2008年国民经济和社会发展统计公报（节选）　111
阅读2　VISA发布《中国旅游业展望》报告　116
阅读3　金融危机下的世界经济格局变迁——聚焦匹兹堡金融峰会　119
二、挑战阅读　123

第十课　国际政治(1) ····· 126
一、导读 ····· 126
阅读 1　巴勒斯坦问题 ····· 126
阅读 2　斯里兰卡种族问题和泰米尔伊拉姆猛虎解放组织 ····· 130
阅读 3　联合国第 1887(2009)号决议 ····· 133
二、挑战阅读 ····· 136

第十一课　国际政治(2) ····· 140
一、导读 ····· 140
阅读 1　国际恐怖主义全球"本土化" ····· 140
阅读 2　索马里海盗:恐怖新势力 ····· 145
阅读 3　联合国 2009 年世界毒品报告(节选) ····· 148
二、挑战阅读 ····· 152

第十二课　科学(1) ····· 156
一、导读 ····· 156
阅读 1　遗传基因 ····· 156
阅读 2　气候变化 ····· 160
阅读 3　传染病 ····· 164
二、挑战阅读 ····· 169

第十三课　科学(2) ····· 174
一、导读 ····· 174
阅读 1　核能发电 ····· 174
阅读 2　克隆技术的起源 ····· 178
阅读 3　转基因食品 ····· 181
二、挑战阅读 ····· 185

第十四课　宗教 ····· 189
一、导读 ····· 189
阅读 1　活佛转世的宗教仪轨和历史定制 ····· 189
阅读 2　教皇是如何选举产生的 ····· 193
阅读 3　伊斯兰教 ····· 196
二、挑战阅读 ····· 200

第十五课 战争问题	204
一、导读	204
阅读1　漫长的战斗：美国人眼中的朝鲜战争（节选）	204
阅读2　奠边府战役	208
阅读3　海湾战争	212
二、挑战阅读	215

附录1：部分练习参考答案	220
附录2：词汇总表	223
后记	232

前 言

一、对高级阅读的理解

阅读是:"从广义书面语言中提取、建构意义的过程。阅读对象为'广义书面语',包含各种标牌、屏幕中展示的语言形式。方式为'提取'、'建构',将被动、主动的阅读心理过程包括进去。"(周小兵《怎样教阅读》,2007)

第二语言阅读又不同于母语阅读,除了掌握识字能力之外,语言本身也是学习的内容,阅读技能是重要的语言交际技能之一。因此,语言能力不足常常是阅读的首要问题。语言能力跟语言知识密切相关。语言能力和知识,包括词汇、语法、语义、语用、语篇等各个方面的知识和使用它们的能力。

阅读能力通常包括以下几种:

1. 单词识别(word recognition),包括文字识别、语音知识、词义提取等。
2. 语言能力(language),主要指句法分析能力。
3. 背景知识(background knowledge),包括文本内容、任务形式、读者、语言水平、知识图式等。
4. 语篇能力(literacy),包括对衔接与文本结构等的识别能力。

字、词、句的理解是阅读的基础,只有对字、词、句做准确的理解之后才能理解阅读材料的内容。因此,我们也把训练学生对字、词、句的理解当做初级阅读的重点。

从对字、词、句的理解到对语篇进行理解是初级阅读与中级阅读的区别。这一阶段的阅读能力,表现在能够更多地理解并超越字、词、句。首先,能够从低一级材料提供的信息推导出更高一级内容的意义,如从字到词、从词到句、从句到篇,而对语篇的理解和把握是这一阶段重要内容。

高级阶段的阅读已经跨越了对字、词、句、篇的孤立理解,它突出表现在更高层次上对阅读材料的理解和鉴赏,能够清楚洞悉作者的观点并感知作品的情感,了解作者叙述的手法,欣赏作品的风格,体会作品的意境,并感知文字以外的趣味。

就是说,正确理解事实是基础,无论是细节还是主旨。在此基础上,能对阅读内容进行判断、推理、分析和综合概括,领会其隐含的意思,并了解作者的观点和态度、篇章结构、修辞技巧、作品风格,就是更高一级的阅读能力。

一般的文章除了阐述基本事实外,都包含作者对某个事件的态度:支持、反对,赞美、批评、崇敬、鄙视,等等。也都会表现出作者的基本情绪,如愉快、痛苦、愤怒、恐惧、惊奇妒忌、谄媚、害羞、内疚、悲喜交加、悔恨交织等,阅读时要能够体会。文章同时也能反映出作者的某些个性,如热情、冷淡、幽默、严肃、谦虚、高傲、克制、任性、机智、呆板等,如果我们能从作品中看到这些,那对我们更好地了解作品是有帮助的。

如果说初中级阅读是读懂文章的话,高级阅读就是在读懂的基础上品味文章了。与初中级阅读技能更多地训练学生掌握正确的阅读习惯,高效、准确地获得信息不同的是,高级阅读更多的是训练超越阅读材料来把握文本中的情感,体会文本中蕴含的文化、风格、意境,感受作者情感。

二、高级阅读技能的训练

相对而言,初中级阅读技能是实在的,不管是猜词的技巧还是获取文章主旨的途径,技术性的成分比较多。而高级阅读的技巧就要虚得多,感受文章的韵味、体会作者的感情,常常是在语篇之外感知到的,而感知的线索就散布在字里行间,若隐若现。

我们编写这套《高级汉语阅读教程》就是尝试把高级的"虚"落到实处来,通过对文章的一些形式化的分析,让外国学生读懂,再看出一点儿文章的门道,学着在更高层面理解汉语的内涵和风格,能从字里行间和风格中理解文章的真正含义,欣赏和品味作品的意趣。

我们尝试从文体、语体、风格、意境、文言与白话等几个切入点,介绍这些因素在文章中的表现,让学生从一些外在的形式感知汉语文章的基本特点,并从这些地方去深入理解汉语文章超语篇以外的韵味。

三、选材

本册教材把趣味性、实用性、现代性作为选取阅读材料的标准,以文体和专题编排的课文和练习,注意内容与形式的关联,现代和国际视角的专题更贴近了学生关注的焦点。

我们的教材不是曲高和寡的文学读本,那样会减少学生对阅读的兴趣,不利于课堂教学;同时我们的教材也不会一味追求趣味而放弃对提高学生能力的要求,放弃对引导学生精深研究汉语的要求。注重培养学生品味作品、在更高层次理解汉语的能力是我们的宗旨。

本册教材的阅读材料除了把文章改短以外并没有对字、词、句的难度做修改,尽量保持阅读其原始性,每篇在一千五百字左右,长度适合高级阅读。

四、教材体例

第一部分：导读。这部分是对本课文章体裁内容的基本分析介绍。阅读训练是由三篇文章构成一组阅读材料，综合了技能训练和基本的阅读理解训练，形式为多项选择，与汉语水平考试（高级）部分的阅读理解一致。每篇文章收录"参考词语"一般几到十几个，都是文本中出现重点词语，用汉语注释。"专有名词"为课文中出现的一些特殊名词，给予一定的解释或相关背景知识，不要求掌握。虽然阅读技巧是阅读能力的一个重要标志，但实际的教学经验也告诉我们，在培养学生阅读技巧的同时，不能放弃对学生基本阅读能力的训练，字、词、句、篇的理解要通盘考虑。理解是阅读技能训练的基础，没有基本的理解，阅读技能的训练也就成了一句空话。因此，我们的阅读训练中依然非常注意提高学生阅读理解的能力。先读懂，再读出门道是我们的希望。

第二部分：挑战阅读。这是本册新增加的部分：首先选编了许多有文言文成分的阅读材料或简单的文言文作品，让学生了解到现代汉语里保留了许多古代汉语的因素，只有掌握一些古代汉语的知识才能更好、更准确地理解现代汉语文本。文言文作品附有白话文参考译文。其次，笑话阅读部分精心选取了许多基于汉语独特表达形式的笑话，要很好地理解这些笑话中的笑料，必须对汉语、中国文化、中国社会有相当的了解，目的在引导学生从更高的层次上去思考、理解汉语和中国文化、中国社会的关系。

五、教材使用

我们是以每周四学时完成一课的进度来设计的，第一、二部分各用两个学时。教师也可根据学生的情况灵活安排教学，增加或减少内容。课堂上，阅读训练部分的速度不能太慢，每篇阅读材料的阅读和练习时间最好不要超过三十分钟，应该尽量避免把阅读课上成精读课的倾向。课前不需要预习，而课后再对阅读材料进行进一步的全面理解、分析是必要的，这样才能养成正确的阅读习惯，适应HSK考试的要求。根据我们的经验，用两个学时完成三篇阅读材料，完成相应的练习，并对材料中的字、词、句、篇的问题再做深入一些的分析，是合适的。

第一课

政府公文(1)

一、导　读

政府公报是政府机关、领导机关向公众公开发布重要决定或者重大事件的一种公文。作为一种正式公文,它往往具有重要、公开、时效等特点,是政府和领导机关就国际、国内或地区的重大事件做出的评论或决定,代表政府和领导机关的观点。政府公报是昭告天下的政府公文,无需保密,它的内容都是新近发生的事件或新近做出的决定,因此又具有新闻性特点。

政府公告一般分会议公报、新闻公报、联合公报等。

本课通过三个公报,可以了解政府公报的一般写作方法,也能了解公报发布者对有关事务的看法和做法。

阅读1

中国共产党第十七届中央纪律检查委员会第四次全体会议公报

(2009年9月19日中国共产党第十七届中央纪律检查委员会第四次全体会议通过)

中国共产党第十七届中央纪律检查委员会第四次全体会议,于2009年9月19日在北京举行。出席会议的中央纪委委员118人,列席28人。中央纪委常委会主持了会议。

这次全会的主要任务是:认真学习贯彻党的十七届四中全会精神,分析研究党的作风建设和反腐倡廉建设面临的形势与任务,深入推进党风廉政建设和反腐败斗争,为加强和改进新形势下党的建设、夺取全面建设小康社会新胜利、开创中国特色社会主义事业新局面提供坚强有力的保证。全会审议通过了贺国强同志代表中央纪委常委会所做的《认真贯彻落实党的十七届四中全会精神,深入推进党风廉政建设和反腐败斗争》的报告。

全会认为,党的十七届四中全会是在新中国成立六十周年之际,在应对国际国内重大挑战、推动党和国家事业实现新发展的关键一年召开的一次具有重要意义的会议。会议审议通过的《中共中央关于加强和改进新形势下党的建设若干重大问题的决定》,是指导当前和今后一个时期党的建设的纲领性文件。全会一致拥护十七届四中全会审议通过的《决定》,一致拥护胡锦涛同志在十七届四中全会上的重要讲话。

全会强调,党的建设是党领导的伟大事业不断取得胜利的重要法宝。各级党组织和广大党员干部一定要全面领会十七届四中全会精神,进一步增强和改进新形势下党的建设的责任感和紧迫感,认真理解执政党建设的基本经验,准确把握党中央对加强和改进新形势下党的建设提出的新部署、新要求,以更加坚决的态度、更加有力的措施,深入扎实地推进党的建设新的伟大工程。

全会要求,全国纪检监察系统要迅速掀起学习、宣传、贯彻四中全会精神的热潮,集中时间、集中精力,组织广大纪检监察干部认真学习十七届四中全会文件,紧密结合纪检监察工作实际,在武装头脑、指导实践、推动工作上下功夫,把思想统一到全会精神上来,把力量凝聚到实现全会确定的各项任务上来。各级纪委要在党委的领导下,切实增强政治责任感,认真履行党章赋予的职责,推动十七届四中全会重大部署和各项任务的贯彻落实。按照建设马克思主义学习型政党的要求,加强党性党风党纪教育和反腐倡廉教育;按照坚持和健全民主集中制的要求,加强党内民主建设,保障党员民主权利;按照深化干部人事制度改革的要求,匡正选人用人风气,坚决整治跑官要官、买官卖官、拉票贿选等问题;按照做好抓基层打基础工作的要求,扎实推进基层党风廉政建设;按照弘扬党的优良作风的要求,协助党委抓好党的作风建设;按照加快推进惩治和预防腐败体系建设的要求,在坚决惩治腐败的同时加大教育、监督、改革、制度创新力度,更有效地预防腐败。要按照党建工作责任制的要求,协助党委加强监督检查,严明党的纪律,督促有关部门切实抓好职责范围内的党建工作,保证和促进十七届四中全会精神的贯彻落实。

全会强调,各级纪检监察机关一定要深刻领会十七届四中全会精神,充分认识加强自身建设的重要性和紧迫性,把它作为一项基础工程切实抓紧抓好,进一步教育和引导广大纪检监察干部切实做到对党和国家无限忠诚、对腐败分子和消极腐败现象坚决斗争、对广大干部和群众关心爱护、对自己和亲属严格要求,努力建设一支政治坚强、公正廉洁、纪律严明、业务精通、作风优良的纪检监察干部队伍,树立纪检监察干部可亲、可信、可敬的良好形象。

全会号召,全党同志要更加紧密地团结在以胡锦涛同志为总书记的党中央周围,高举中国特色社会主义伟大旗帜,以邓小平理论和"三个代表"重要思想为指导,深入贯彻落实科学发展观,进一步统一思想、坚定信心,开拓创新、真抓实干,以党风廉政建设和反腐败斗争的新成效,保证党的十七届四中全会精神的贯彻落实。

(新华社北京 2009 年 9 月 19 日)

参考词语

1.	常委会	chángwěihuì	(名)	"常务委员会"的简称
2.	精神	jīngshén	(名)	这里指主要的意义和实质的内容
3.	反腐倡廉	fǎnfǔ-chànglián		即"反对腐败、倡导廉政"的简称
4.	审议	shěnyì	(动)	审查评议,讨论
5.	部署	bùshǔ	(动)	安排、处理
6.	监察	jiānchá	(动)	监督考察,监督检举
7.	履行	lǚxíng	(动)	实行职责
8.	赋予	fùyǔ	(动)	交给权力、任务、使命、责任等
9.	职责	zhízé	(名)	职务和责任
10.	匡正	kuāngzhèng	(动)	纠正,改正
11.	弘扬	hóngyáng	(动)	大力宣扬,发扬光大
12.	廉洁	liánjié	(形)	官员品行好,清白高洁,不贪污

文章阅读理解

(1) 根据公报,这次会议的主要任务是:
　　A. 夺取全面建设小康社会新胜利　　B. 开创中国特色社会主义事业新局面
　　C. 高举中国特色社会主义伟大旗帜　　D. 深入推进党风廉政建设和反腐败斗争

(2) 根据公报,会议强调的是:
　　A. 党的建设　　B. 党的挑战
　　C. 党的任务　　D. 党的精神

(3) "坚决整治跑官要官、买官卖官、拉票贿选等问题"中"跑官要官"的意思是:
　　A. 在困难的时候逃跑的官员　　B. 争着去当重要的官
　　C. 跟着高级官员跑的官员　　D. 拉关系为自己获得官位

(4) 公报没有谈到的问题是:
　　A. 贯彻十七届四中全会精神　　B. 关注青少年培养
　　C. 保障党员民主权利　　D. 加强党内民主建设

(5) 根据公报,更有效地预防腐败还需要:
　　A. 加大教育力度　　B. 加大监督力度
　　C. 加大制度创新力度　　D. 以上全部

(6) 根据公报,专门从事惩治和预防腐败工作的是:
　　A. 纪检监察机关　　B. 广大党员干部
　　C. 各级党组织　　D. 以上全部

阅读 2

中日两国防务部门联合新闻公报

(2009年3月20日中日两国防务部门发表联合新闻公报)

一、根据2007年8月中国国防部长与日本防卫大臣会晤及2008年5月中日两国领导人会晤达成的共识,应梁光烈国防部长的邀请,日本防卫大臣浜田靖一于2009年3月20日至21日访华。3月20日,浜田防卫大臣拜会了中国全国人大常委会委员长吴邦国,与梁光烈国防部长举行了会谈。3月21日,参观北京军区步兵196旅。

二、会谈中,双方就两国防务政策、国际和地区安全形势、两国防务交流等议题广泛地交换了意见,一致同意,继续为维护地区的和平与稳定做出努力。

双方高度评价2007年8月中日防务部门领导人会谈后防务交流的进展情况,并一致同意,今后将按照2008年5月国家主席胡锦涛访日时发表的《中日关于全面推进战略互惠关系的联合声明》和《中日两国政府关于加强交流与合作的联合新闻公报》,继续就各自国家的防务政策、对外政策及国际和地区安全形势开展对话,加强沟通和交流,进一步增进相互理解和信任,促进中日友好。

三、会谈中,双方就今后的主要交流达成以下共识。

1. 继续开展高层互访。作为对浜田防卫大臣访华的回访,梁光烈国防部长将在2009年内访日。

2. 2009年在东京举行防务部门防务安全磋商。

3. 在中日防务安全磋商的基础上,加强政策部门间的沟通,就国际维和、抵御自然灾害、反海盗等两国间的共同课题交换意见,特别是在亚丁湾、索马里海域进行的反海盗行动中,推动情报信息交换等方面的合作。

4. 作为2008年以来中国空军司令员、海军司令员和副总参谋长访日的回访,日本陆上自卫队参谋长、海上自卫队参谋长、航空自卫队参谋长在本年度内或双方方便的时候分别访华。

5. 为尽早建立中日防务部门间海上联络机制,继续举行磋商。2009年上半年在东京举行第2次专家组磋商。

6. 在2007年和2008年实现舰艇首次互访的基础上,继续进行舰艇互访。中国海军舰艇将在2009年内访日。

7. 双方将加强工作层协商,推进落实年度防务交流计划。双方将就开展包括日本联合参谋部(日本称统合幕僚监部)在内的各军种间参谋对话进行探讨。

8. 双方将就开展中国人民解放军大军区与日本陆上自卫队方面队间的交流进行探讨。

9. 继续实施各种框架下的校官和尉官交流。

10. 推进中国国防大学、军事科学院同日本防卫研究所,中国人民解放军南京理工大学、大连舰艇学院等院校同日本防卫大学之间的交流,加强研究、教育部门间的交流。

四、浜田防卫大臣对梁光烈部长和中方的热情友好接待表示感谢。

2009年3月20日于北京

参考词语

1. 防务　　　　fángwù　　　　　　（名）　　有关国家安全防御的事务
2. 国防　　　　guófáng　　　　　　（名）　　指为保卫国家主权、领土完整和安全，防御外来武装侵略所采取的一切措施
3. 防卫大臣　　fángwèi dàchén　　　　　　王国中受国家元首或政府行政首脑委托管理国防事务的高级官员
4. 互惠　　　　hùhuì　　　　　　　（动）　　合作的双方都得到好处
5. 磋商　　　　cuōshāng　　　　　（动）　　仔细商量、研究
6. 参谋部　　　cānmóubù　　　　　（名）　　军队中参与指挥和制订作战计划的部门
7. 军区　　　　jūnqū　　　　　　　（名）　　根据战略需要划分的军事区域及与其相应的军队一级组织
8. 校官　　　　xiàoguān　　　　　（名）　　具有少校、中校、上校和大校军衔的军官
9. 尉官　　　　wèiguān　　　　　　（名）　　军衔为少尉、中尉、上尉等军衔的低级军官，在校官之下

专有名词

1. 亚丁湾　　　Yàdīng Wān　　　　　　Gulf of Aden／是印度洋在也门和索马里之间的一片水域，它通过曼德海峡与红海相连
2. 索马里　　　Suǒmǎlǐ　　　　　　　Somalia／国家名，位于非洲东部
3. 自卫队　　　zìwèiduì　　　　　　　The Japan Self Defence Forces (JSDF)／是第二次世界大战之后日本的国家军事武装力量

文章阅读理解

(1) 根据新闻公报,中日两国防务部门交换意见的是:
    A. 两国防务政策   B. 国际和地区安全形势
    C. 两国防务交流   D. 以上全部

(2) 从新闻公报看,中日两国防务部门:
    A. 第一次进行交流   B. 经常进行交流
    C. 即将开始交流   D. 不打算进行交流

(3) 根据新闻公报我们知道,中日两国的舰艇:
    A. 没有互访   B. 一直以来就互访
    C. 近年开始互访   D. 即将互访

(4) 根据新闻公报,中日两国防务部门没有提到的合作交流形式是:
    A. 共同出兵参与国际维和任务   B. 校官和尉官交流
    C. 各军种间参谋对话   D. 反海盗情报信息交换

(5) 根据新闻公报,参与中日两国防务部门进行合作交流的是:
    A. 陆军   B. 空军
    C. 海军   D. 以上全部

 阅读 3

上海合作组织成员国元首理事会会议联合公报

2009年6月15日至16日,上海合作组织(以下简称"本组织")成员国元首理事会例行会议在叶卡捷琳堡举行。哈萨克斯坦共和国总统纳扎尔巴耶夫、中华人民共和国主席胡锦涛、吉尔吉斯共和国总统巴基耶夫、俄罗斯联邦总统梅德韦杰夫、塔吉克斯坦共和国总统拉赫蒙、乌兹别克斯坦共和国总统卡里莫夫与会。

会议由俄罗斯联邦总统梅德韦杰夫主持。

本组织秘书长努尔加利耶夫、本组织地区反恐怖机构(以下简称"地区反恐怖机构")执委会主任苏班诺夫出席。

本组织观察员国代表团团长印度共和国总理辛格、伊朗伊斯兰共和国总统艾哈迈迪·内贾德、蒙古国第一副总理阿勒坦呼亚格、巴基斯坦伊斯兰共和国总统扎尔达里,以及主席国客人阿富汗伊斯兰共和国总统卡尔扎伊、联合国负责政治事务的副秘书长帕斯科参加会议并发言。此外,独联体执委会主席列别杰夫、欧亚经济共同体秘书长曼苏罗夫、集体安全条约组织秘书长博尔久扎列席会议。

除本组织成员国元首小范围会谈和所有代表团团长参加的全体会议外,元首理事会会议期间,本组织成员国元首和观察员国领导人还首次单独举行小范围会谈。

元首们就国际和地区形势深入交换了意见。在保障安全和金融稳定的传统国际体系发生危机的情况下,本组织成员国对构建更加公正合理的国际关系架构持相同立场。这在本组织成员国元首签署的《叶卡捷琳堡宣言》中得到体现,《宣言》还确定了本组织框架内的优先合作方向。

元首们签署的《上海合作组织反恐怖主义公约》进一步加强了本组织框架内反恐合作的法律基础和能力,标志着该领域合作提高到新的水平。

批准《上海合作组织关于应对威胁本地区和平、安全与稳定事态的政治外交措施及机制条例》,有助于进一步完善就国际问题进行磋商、协调立场和开展合作的机制。

本组织成员国代表签署了《上海合作组织成员国保障国际信息安全政府间合作协定》和《上海合作组织成员国反恐专业人员培训协定》。

会议期间,元首们在坦诚、友好的气氛中总结了2008年杜尚别峰会以来本组织的主要工作成果,并确定了各领域合作首要及长期的工作方向。

元首们满意地指出,自去年峰会以来,为推动和加强本组织活动、巩固其国际地位,各方采取了有针对性的措施。

元首们批准了本组织秘书长关于本组织过去一年工作的报告和地区反恐怖机构理事会关于地区反恐怖机构2008年工作的报告。

元首们强调,在国际金融危机的背景下,维护本组织所在地区的安全与稳定具有头等重要意义。

元首们指出,为讨论共同打击恐怖主义、毒品走私和有组织犯罪问题召开的本组织阿富汗问题特别国际会议(2009年3月27日,莫斯科)富有成果。

元首们对本组织成员国第七次国防部长会议(2009年4月29日,莫斯科)、首次公安内务部长会议(2009年5月18日,叶卡捷琳堡)和第四次安全会议秘书会议(2009年5月20日,莫斯科)的成果表示满意。

元首们指出,本组织成员国应提高在共同应对恐怖主义及其他安全威胁方面的协调水平。地区反恐怖机构应为此发挥核心作用。

元首们指出,2009年4月17日至19日在塔吉克斯坦境内举行的本组织成员国"诺拉克反恐——2009"首长司令部联合反恐演习取得成果,应继续定期举行联合反恐演习。

根据成员国禁毒部门领导人会议(2009年5月19日,莫斯科)上各方提出的意见,元首们责成于下次成员国元首理事会会议前就本组织禁毒合作机制问题提出协商一致的建议。

元首们对观察员国积极参与本组织框架内共同感兴趣的领域的活动表示满意。

元首们决定,给予斯里兰卡民主社会主义共和国和白俄罗斯共和国本组织对话伙伴地位。

元首们高度评价俄罗斯联邦在担任本组织主席国期间所做的工作,对俄方在叶卡捷琳堡峰会期间给予的热情接待表示感谢。

本组织成员国元首理事会下次会议将于2010年在塔什干举行。根据《上海合作组织宪章》,本组织下任主席国由乌兹别克斯坦共和国担任。

(新华社2009年6月16日电)

参考词语

1.	例行	lìxíng	(形)	按照惯例、规定等处理
2.	执委会	zhíwěihuì	(名)	"执行委员会"的简称,获全体委员会授权具体负责管理、执行的委员会
3.	架构	jiàgòu	(名)	事物的组织、结构或格局
4.	立场	lìchǎng	(名)	对问题所持的观点、态度
5.	框架	kuàngjià	(名)	结构、形式
6.	峰会	fēnghuì	(名)	高峰会议、首脑会议
7.	禁毒	jìndú	(动)	禁止种植、制造、贩卖、吸食毒品

专有名词

1.	上海合作组织	Shànghǎi Hézuò Zǔzhī	Shanghai Cooperation Organization (SCO)/是由中国、俄罗斯、哈萨克斯坦、吉尔吉斯斯坦、塔吉克斯坦、乌兹别克斯坦等国组成的国际合作组织
2.	叶卡捷琳堡	Yèkǎjiélínbǎo	Yekaterinburg/俄罗斯城市名

3. 哈萨克斯坦共和国	Hāsàkèsītǎn Gònghéguó	The Republic of Kazakhstan/国名,在亚洲中部
4. 吉尔吉斯共和国	Jí'ěrjísī Gònghéguó	Kyrghyz Republic/国名,在亚洲中部
5. 塔吉克斯坦共和国	Tǎjíkèsītǎn Gònghéguó	The Republic of Tajikistan/国名,在亚洲中部
6. 乌兹别克斯坦共和国	Wūzībiékèsītǎn Gònghéguó	The Republic of Uzbekistan/国名,在亚洲中部
7. 独联体	Dúliántǐ	Commonwealth of Independent States（CIS）/独立国家联合体的简称,是苏联解体后由原来12个加盟共和国组成的一个地区性组织
8. 杜尚别	Dùshàngbié	Dushanbe/塔吉克斯坦共和国首都

文章阅读理解

（1）根据联合公报,下列哪个国家不是上海合作组织成员:
　　A. 巴基斯坦伊斯兰共和国　　　B. 俄罗斯联邦
　　C. 哈萨克斯坦共和国　　　　　D. 塔吉克斯坦共和国

（2）根据新闻公报,与会的国家元首没有谈到的问题是:
　　A. 国际恐怖主义　　　　　　　B. 国际和地区形势
　　C. 国际金融危机　　　　　　　D. 地球气候变暖

（3）根据新闻公报,本次会议没有做的事情是:
　　A. 观察员国领导人单独举行会议　B. 本组织元首小范围会谈
　　C. 本组织元首签署公约　　　　　D. 本组织成员国代表签署协定

（4）根据新闻公报,上海合作组织成员国曾经举行联合反恐演习的地点在:
　　A. 哈萨克斯坦共和国　　　　　B. 中华人民共和国
　　C. 乌兹别克斯坦共和国　　　　D. 塔吉克斯坦共和国

（5）根据新闻公报,没有出席这次会议的是:
　　A. 伊朗领导人　　　　　　　　B. 联合国官员
　　C. 朝鲜领导人　　　　　　　　D. 印度领导人

（6）根据新闻公报,上海合作组织本次主席国是:
　　A. 塔吉克斯坦共和国　　　　　B. 俄罗斯联邦
　　C. 吉尔吉斯共和国　　　　　　D. 乌兹别克斯坦共和国

二、挑战阅读

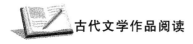
古代文学作品阅读

且说贾母因觉身上乏倦，便命王夫人和迎春姐妹陪着薛姨妈去吃酒，自己便往稻香村来歇息。凤姐忙命人将小竹椅抬来，贾母坐上，两个婆子抬起，凤姐李纨和众丫头婆子围随去了，不在话下。这里薛姨妈也就辞出。王夫人打发文官等出去，将攒盒散给众丫头们吃去，自己便也乘空歇着，随便歪在方才贾母坐的榻上，命一个小丫头放下帘子来，又命捶着腿，吩咐他："老太太那里有信，你就叫我。"说着也歪着睡着了。宝玉湘云等看着丫头们将攒盒搁在山石上，也有坐在山石上的，也有坐在草地下的，也有靠着树的，也有傍着水的，倒也十分热闹。

一时又见鸳鸯来了，要带着刘姥姥逛，众人也都跟着取笑。一时来至省亲别墅的牌坊底下，刘姥姥道："嗳呀！这里还有大庙呢。"说着，便爬下磕头。众人笑弯了腰。刘姥姥道："笑什么？这牌楼上的字我都认得。我们那里这样庙宇最多，都是这样的牌坊，那字就是庙的名字。"众人笑道："你认得这是什么庙？"刘姥姥便抬头指那字道："这不是'玉皇宝殿'！"众人笑的拍手打掌，还要拿他取笑儿。刘姥姥觉的肚里一阵乱响，忙的拉着一个丫头，要了两张纸，就解裙子。众人又是笑，又忙喝他："这里使不得！"忙命一个婆子，带了东北角上去了。那婆子指给他地方，便乐得走开去歇息。那刘姥姥因喝了些酒，他的脾气和黄酒不相宜，且吃了许多油腻饮食发渴，多喝了几碗茶，不免通泻起来，蹲了半日方完。及出厕来，酒被风吹，且年迈之人，蹲了半天，忽一起身，只觉眼花头晕，辨不出路径。四顾一望，都是树木山石，楼台房舍，却不知那一处是往那一路去的了，只得顺着一条石子路慢慢的走来。及至到了房子跟前又找不着门，再找了半日，忽见一带竹篱。刘姥姥心中自忖道："这里也有扁豆架子？"一面想，一面顺着花障走来，得了个月洞门进去。

（据（清）曹雪芹《红楼梦》）

1. 字、词、句理解

(1) "随便歪在方才贾母坐的榻上"中的"榻"今天一般指哪种家具：
    A. 椅子   B. 床   C. 沙发   D. 席子

(2) 与"那婆子指给他地方，便乐得走开去歇息"中"乐得"意思接近的是：
    A. 高兴的样子   B. 满足的样子   C. 正好合心意   D. 趁机

(3) 与"蹲了半日方完"中的"方"意思接近的是：
    A. 才   B. 对   C. 终于   D. 最后

(4) 跟"四顾一望，都是树木山石"中的"顾"意思接近的是：
    A. 次   B. 方向   C. 面   D. 看

(5) "刘姥姥心中自忖道"中的"忖"意思接近的是：
    A. 问   B. 想   C. 说   D. 怪

2. 内容理解

(1) 贾母离开的原因是：
    A. 累了   B. 病了   C. 烦了   D. 有事

(2) 贾母离开的方式是：
    A. 步行   B. 坐轿   C. 骑马   D. 乘船

(3) 大家"笑弯了腰"是因为：
    A. 刘姥姥样子可爱   B. 刘姥姥说的话有趣
    C. 刘姥姥犯了错   D. 刘姥姥的动作不对

(4) 众人又是笑，又忙喝他："这里使不得！"是因为：
    A. 刘姥姥想喝酒了   B. 刘姥姥想随地大便
    C. 刘姥姥想跳舞   D. 刘姥姥想大声说话

(5) 文章最后是说刘姥姥：
    A. 病了   B. 兴奋了   C. 伤心了   D. 迷路了

3. 口头回答问题

(1) 刘姥姥爬下磕头的原因是什么？
(2) 刘姥姥蹲了半天的原因是什么？
(3) 从文章看，刘姥姥是一个什么样的人？请举例说明。

 笑话阅读

复述笑话并说出笑话的可笑之处

一位女士特相信星座运程,书上说本周她不可以和处女座的人在一起。然后我和她一起去赴约,因为快迟到了所以要打车去。

拦到车时这位女士问司机:"司机大哥是处女座的么?"司机惊讶地说:"不是处女也可以坐的。"

参考答案

利用谐音制造笑料是汉语最常见的方法之一,这个笑话就是因为汉语"座"、"坐"同音而产生的,司机把星座中的"处女座"听成了"处女坐"。

第二课

政府公文(2)

一、导 读

本课除了继续介绍公报外还将介绍通知和方案。

通知是行政机构对下属发布的公文,要求下级机关办理或者周知。通知常常用来布置工作、传达指示、发布规章、批转和转发文件、任免干部等等。从郑重程度上说,它低于命令、决议、决定、指示。用它发布的规章,多是基层和局部性的。一般通知分会议通知、指示性通知、发布性通知、任免通知等。

方案是一种计划性公文,主要用于对比较复杂的工作做出书面部署,因而也可以说是较为繁复的计划之一。方案根据内容和性质可以分为不同的种类,如工作方案、会议方案、总体方案等。

本课都是常见的公文。

中华人民共和国和印度共和国联合公报(节选)

一、应印度共和国总理曼莫汉·辛格的邀请,中华人民共和国国务院总理温家宝于2010年12月15日至17日对印度进行正式访问。温家宝总理与曼莫汉·辛格总理举行了会谈,并将会见印度总统普拉蒂巴·帕蒂尔。两国领导人在诚挚友好的气氛中,就双边关切和共同关心的国际和地区问题深入交换意见,达成广泛共识。

二、双方同意,作为世界上两个最大的发展中国家,中印肩负着确保两国经济社会全面和可持续发展的重要历史责任,对推动亚洲乃至世界和平与发展做出重大贡献。中印关系超越双边范畴,具有全球和战略意义。

三、双方欢迎对方的和平发展,认为这是一个相互促进的过程。双方相信,两国关系的发展为加强双方合作提供了不断增长的机遇。世界有足够空间供中印共同发展,也有足够领域供中印开展合作。

四、双方满意地回顾了过去十年来中印关系取得的全面快速发展。双方决定,在和平共处五项原则、相互尊重和照顾彼此关切和愿望的基础上,加强战略沟通,促进务实合作,扩大人文交流,进一步深化和充实中印面向和平与繁荣的战略合作伙伴关系的内涵。

五、为体现两国战略合作伙伴关系,双方决定建立两国国家元首/政府首脑定期互访机制。双方欢迎开通两国总理电话热线,两位领导人同意就共同关心的重要议题进行定期磋商。双方还同意建立中印外长年度互访机制。

六、双方对两国不断增长的贸易额和投资关系表示满意,同意进一步扩大基础,平衡经贸合作,寻找新的合作机会,实现未来的巨大增长。

七、双方对2010年中华人民共和国和印度共和国建交60周年系列庆祝活动表示满意。双方宣布2011年为"中印交流年",鼓励两国社会团体、青年、媒体、学者、智库、艺术家和文化界人士开展更大规模的交流。双方同意今后五年内继续开展两国青年互访活动。中方将邀请500名印度各界青年于2011年访华。双方签署了关于新闻媒体交流的谅解备忘录,以及《中华人民共和国政府和印度共和国政府文化合作协定2010至2012年执行计划》。双方同意探讨编写中印文化交流百科全书。

八、双方强调了教育交流包括推动扩大相互学习对方国家语言的重要性。鉴此,中方欢迎印度中等教育中央委员会从下一个学期(2011年4月)起将汉语作为外语列入印度学校课程的决定。中方将在汉语教师培训和汉语教学材料方面提供支持。双方宣布共同设立中印优秀大学生交流项目,项目的实施将通过双方磋商确定。双方同意考虑商定相互承认学历学位的协议,以加强和推动两国校际交流和学生交流。

九、双方注意到两国在跨境河流领域开展的良好合作,印方赞赏中国向印度提供汛期水文资料和在应急事件处置方面提供协助。双方重申将促进和加强该领域的合作。

十、双方重申,将坚定致力于通过和平协商,早日解决边界问题等突出分歧。双方重申,解决边界问题是两国领导人商定的"十项战略"之一。双方再次确认,致力于遵守2005年签署的《关于解决中印边界问题政治指导原则的协定》,继续推进边界问题特别代表谈判进程,并致力于从政治和战略高度出发,积极寻求公平合理和双方都能接受的解决办法。在边界问题解决之前,双方将根据已签署的协议,共同维护边境地区的和平与安宁。

十一、两国呼吁国际社会继续坚持《联合国气候变化框架公约》及其《京都议定书》的有关原则,包括"共同但有区别的责任"等。双方也赞赏中印在国际谈判中共同努力,本着按照巴厘路线图授权,促进公约及其议定书的全面、有效和持续实施的目的,争取达成公平、均衡的气候变化公约。双方对两国在减缓和适应气候变化问题上的合作表示满意,并同意加强有关合作。双方欢迎《中印关于绿色技术合作的谅解备忘录》的签署。中方对印度将主办2012年《生物多样性公约》缔约方大会第11次会议表示赞赏。

十二、双方强调一致反对各种形式和表现的恐怖主义,任何地方的任何恐怖主义行为都没有正当性。双方致力于共同努力打击恐怖主义,包括切断恐怖主义资金链。

(新华社新德里12月16日电)

参考词语

1.	诚挚	chéngzhì	(形)	真诚恳切的,敞开胸怀的
2.	共识	gòngshí	(名)	指一个社会不同阶层、不同利益的人所寻求的共同认识、价值、理想
3.	可持续发展	kěchíxù fāzhǎn		既满足当代人的需求,又不对后代人满足其需求的能力构成危害的发展称为可持续发展
4.	范畴	fànchóu	(名)	领域,范围
5.	内涵	nèihán	(名)	某一概念所反映的事物的本质属性的总和,也就是概念的内容

6. 首脑	shǒunǎo	（名）	领袖人物。凡团体或机关等的领导、指挥人物皆可称为首脑
7. 智库	zhìkù	（名）	也称"思想库"，即智囊机构、智囊团。是指由专家组成的多学科的为决策者在处理社会、经济、科技、军事、外交等各方面问题出谋划策，提供最佳理论、策略、方法、思想等的公共研究机构
8. 谅解备忘录	liàngjiě bèiwànglù		是国际协议一种通常的叫法，用中国人的说法就是协议。意指双方经过协商、谈判达成共识后，用文本的方式记录下来
9. 鉴此	jiàncǐ	（连）	因为这个原因
10. 汛期	xùnqī	（名）	洪水季节
11. 水文	shuǐwén	（名）	指自然界中水的变化、运动等各种现象
12. 授权	shòuquán	（动）	委托某人或某机构代行权力
13. 缔约方	dìyuēfāng	（名）	缔结、订立条约的各方
14. 资金链	zījīnliàn	（名）	是指维系企业或团体正常生产经营运转所需要的基本循环资金链条，即现金——资产——现金（增值）的循环

专有名词

| 1.《联合国气候变化框架公约》 | Liánhéguó Qìhòubiànhuà Kuàngjiàgōngyuē | United Nations Framework Convention on Climate Change（UNFCCC）/是1992年5月22日联合国政府间谈判委员会就气候变化问题达成的公约，于1992年6月4日在巴西里约热内卢举行的联合国环发大会（地球首脑会议）上通过 |

17

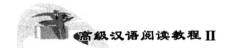

2. 《京都议定书》	Jīngdū Yìdìngshū	Kyoto Protocol／又译《京都协议书》、《京都条约》；全称《联合国气候变化框架公约的京都议定书》，是《联合国气候变化框架公约》(United Nations Framework Convention on Climate Change / UNFCCC)的补充条款。是1997年12月在日本京都由联合国气候变化框架公约参加国三次会议制定的，其目标是"将大气中的温室气体含量稳定在一个适当的水平，进而防止剧烈的气候改变对人类造成伤害"
3. 巴厘路线图	Bālí Lùxiàntú	Bali Roadmap／2007年12月3—15日，《联合国气候变化框架公约》缔约方第13次会议暨《京都议定书》缔约方第3次会议在印度尼西亚巴厘岛举行，会议制定了"巴厘路线图"
4. 《生物多样性公约》	Shēngwùduōyàngxìng Gōngyuē	Convention on Biological Diversity／是一项保护地球生物资源的国际性公约，于1992年6月1日由联合国环境规划署发起的政府间谈判委员会第七次会议在内罗毕通过，1992年6月5日，由签约国在巴西里约热内卢举行的联合国环境与发展大会上签署

文章阅读理解

(1) 根据《联合公报》我们知道，温家宝在访问印度期间：

    A. 会见了印度总理   B. 会见了印度总统

    C. 跟印度领导人谈得很好   D. 以上全部

(2) 根据《联合公报》，中国和印度：

    A. 建交十多年了   B. 建交六十年了

    C. 正准备建交   D. 建交五年了

(3) 下面哪个不是《联合公报》的内容：

    A. 2011年印度很多中学要将汉语课列入学校课程

    B. 中国很多大学开设了印度语课

    C. 中印双方同意一起写书

D. 中国将邀请500名印度青年访问中国

(4)《联合公报》没有说到的是：
    A. 中印两国都愿意加强经贸合作　　　　B. 中印两国都愿意加强文化交流
    C. 中印两国愿意加强金融合作　　　　　D. 中印两国都愿意加强国际合作

(5) 根据文章，我们知道中印两国可能存在的最大问题是：
    A. 宗教问题　　　　　　　　　　　　　B. 贸易问题
    C. 民族问题　　　　　　　　　　　　　D. 边界问题

(6) 根据课文，下面哪个不对：
    A. 中印两国会在反恐方面合作　　　　　B. 中印两国元首每年都要互相访问
    C. 中印两国在气候问题上看法接近　　　D. 中印两国元首有直接联系的渠道

(7) 从《联合公报》我们不知道中印两国：
    A. 每年贸易额的数量有多少　　　　　　B. 是什么时候建交的
    C. 对加强合作交流的态度　　　　　　　D. 以上全部

阅读 2

教育部办公厅关于当前做好高校困难毕业生就业帮扶工作的通知

各省、自治区、直辖市教育厅（教委），新疆生产建设兵团教育局，有关部门（单位）教育司（局），部属各高等学校：

    为贯彻落实6月3日国务院第67次常务会议和2009年全国普通高校毕业生就业工作电视电话会议精神，进一步落实相关政策，做好家庭经济困难和就业困难高校毕业生（以下简称高校困难毕业生）的就业帮扶工作，现就有关事项通知如下：

    一、以高度的政治责任感做好高校困难毕业生就业帮扶工作。各级教育行政部门和高等学校要把做好高校困难毕业生就业帮扶工作作为当前进一步做好高校毕业生就业工作的重要任务，以高度的政治责任感，加强领导，周密部署，统筹安排，按照"重点关注、重点推荐、重点服务"的原则，抓紧在毕业生离校前的关键阶段，对高校困难毕业生摸清底数，通过"一对一"帮扶、专人辅导、岗位推荐等方式，重点针对困难家庭毕业生、残疾人毕业生以及少数民族毕业生等群体开展就业帮扶工作，尽快帮助他们实现就业。

二、在重大项目组织实施过程中对高校困难毕业生给予适当倾斜。各级教育行政部门在"农村义务教育阶段学校教师特设岗位计划"等中央和地方基层项目中要积极吸纳符合条件的高校困难毕业生,要落实好重大科研项目单位聘用高校毕业生、服务外包企业吸纳毕业生以及高校毕业生入伍预征等有关工作,并将高校困难毕业生群体列为优先推荐对象,予以优先安排。

三、落实有关政策并共同做好专项就业帮扶活动。对困难家庭的高校毕业生,高校可根据实际情况给予适当的求职补贴。各级教育行政部门要积极协调并配合有关部门落实好各级机关考录公务员、事业单位招聘工作人员时免收困难家庭高校毕业生的报名费和体检费等政策。同时,要主动联合当地工会、妇联、残联等部门,积极开展"困难职工家庭高校毕业生阳光就业行动"、"女大学生创业就业行动"和"残疾人毕业生就业援助计划"等专项就业帮扶活动,充分利用多方社会资源,通过组织专场招聘、优先推荐岗位、重点组织培训、加强就业创业指导等措施,做好有针对性的帮扶。少数民族地区要特别重视少数民族高校毕业生的就业问题,采取积极有效措施,进一步加大就业帮扶力度。

四、做好高校困难毕业生离校前后的工作衔接。办理高校毕业生就业手续是毕业生离校前的一项重要工作。各地、各高校在办理报到证、档案投递、户口迁移以及改派等手续时要精心实施,简化程序,提高效率,及时做好高校毕业生尤其是高校困难毕业生的就业手续办理工作。对离校后未就业的困难毕业生,要主动配合做好有关衔接工作,使他们离校后能享受到国家和地方的有关优惠政策。

教育部办公厅
2009年6月18日

参考词语

1. 普通高校	pǔtōng gāoxiào		在中国,指通过高考录取新生,培养大专或本科学历学生的全日制高等学校。军事院校不属于普通高校
2. 周密	zhōumì	(形)	周到细致
3. 统筹	tǒngchóu	(动)	全面地统一安排
4. 推荐	tuījiàn	(动)	介绍好的人或事物希望被任用或接受

5. 聘用	pìnyòng	（动）	聘请任用某人为个人或机构工作
6. 衔接	xiánjiē	（动）	事物互相连接、结合起来
7. 档案	dàng'àn	（名）	这里特指人事档案,是记录一个人的主要经历、政治面貌、品德作风等个人情况的文件材料
8. 投递	tóudì	（动）	递送公文、信件等
9. 迁移	qiānyí	（动）	离开原来的所在地而另换地点

专有名词

1. 新疆生产建设兵团	Xīnjiāng Shēngchǎn Jiànshè Bīngtuán	位于中国新疆维吾尔自治区,国内最大的兼具戍边屯垦,实行军、政、企合一的特殊社会组织
2. 妇联	Fùlián	"妇女联合会"的简称,是由中国共产党领导的妇女组织
3. 残联	Cánlián	"残疾人联合会"的简称,是国务院批准的由残疾人及其亲友和残疾人工作者组成的人民团体

文章阅读理解

（1）根据《通知》,要特别照顾的"高校困难毕业生"没有说到:
    A. 女大学生   B. 家庭经济困难毕业生
    C. 残疾人毕业生   D. 少数民族毕业生

（2）根据《通知》,高校毕业生就业难是因为:
    A. 毕业生太多   B. 经济情况不好
    C. 各级政府不够重视   D. 没有说

（3）第二段"抓紧在毕业生离校前的关键阶段,对高校困难毕业生摸清底数"中"摸清底数"的意思是:
    A. 从根本上帮助他们   B. 搞清楚到底有多少
    C. 进行深入地了解   D. 调查一定数量的人

（4）根据《通知》,下面哪个不是政府为解决高校困难毕业生问题提出的建议:
    A. 重大科研项目单位招收他们   B. 政府安排他们在高校继续学习
    C. 政府招收一些人到农村当老师   D. 一些人可以安排去当兵

(5) 根据《通知》,下面哪个说法不对?
   A. 找不到工作的大学生政府会给他们发放救济金
   B. 高校可以为找工作的大学毕业生提供资金帮助
   C. 某些单位在招收高校困难毕业生时免除他们一些费用
   D. 各级部门要为大学毕业生多组织一些介绍就业岗位的活动

(6) 根据《通知》,高校毕业生在毕业时不需要办理:
   A. 报到证   B. 档案投递
   C. 户口迁移   D. 申请护照

阅读 3

医药卫生体制改革近期重点实施方案(2009—2010年)(节选)

一、扩大基本医疗保障覆盖面。三年内,城镇职工基本医疗保险(以下简称城镇职工医保)、城镇居民基本医疗保险(以下简称城镇居民医保)和新型农村合作医疗(以下简称新农合)覆盖城乡全体居民,参保率均提高到90%以上。用两年左右时间,将关闭破产企业退休人员和困难企业职工纳入城镇职工医保,确有困难的,经省级人民政府批准后,参加城镇居民医保。关闭破产企业退休人员实现医疗保险待遇与企业缴费脱钩。中央财政对困难地区的国有关闭破产企业退休人员参保给予适当补助。2009年全面推开城镇居民医保制度,将在校大学生全部纳入城镇居民医保范围。积极推进城镇非公有制经济组织从业人员、灵活就业人员和农民工参加城镇职工医保。政府对符合就业促进法规定的就业困难人员参加城镇职工医保的参保费用给予补贴。灵活就业人员自愿选择参加城镇职工医保或城镇居民医保。参加城镇职工医保有困难的农民工,可以自愿选择参加城镇居民医保或户籍所在地的新农合。

二、提高基本医疗保障水平。逐步提高城镇居民医保和新农合筹资标准和保障水平。2010年,各级财政对城镇居民医保和新农合的补助标准提高到每人每年120元,并适当提高个人缴费标准,具体缴费标准由省级人民政府制定。城镇职工医保、城镇居民医保和新农合对政策范围内的住院费用报销比例逐步提高。逐步扩大和提高门诊费用报销范围和比例。将城镇职工医保、城镇居民医保最高支付限额分别提高到当地职工年平均工资和居民可支配收入的6倍左右,新农合最高支付限额提高到当地农民人均纯收入的6倍以上。

三、规范基本医疗保障基金管理。各类医保基金要坚持以收定支、收支平衡、略有结余的原则。合理控制城镇职工医保基金、城镇居民医保基金的年度结余和累计结余,结余过多的地方要采取提高保障水平等办法,把结余逐步降到合理水平。新农合统筹基金当年结余率原则上控制在15%以内,累计结余不超过当年统筹基金的25%。建立基本医疗保险基金风险调剂金制度。基金收支情况要定期向社会公布。提高基金统筹层次,2011年城镇职工医保、城镇居民医保基本实现市(地)级统筹。

四、完善城乡医疗救助制度。有效使用救助资金,简化救助资金审批发放程序,资助城乡低保家庭成员、五保户参加城镇居民医保或新农合,逐步提高对经济困难家庭成员自负医疗费用的补助标准。

五、提高基本医疗保障管理服务水平。鼓励地方积极探索建立医保经办机构与医药服务提供方的谈判机制和付费方式改革,合理确定药品、医疗服务和医用材料支付标准,控制成本费用。改进医疗保障服务,推广参保人员就医"一卡通",实现医保经办机构与定点医疗机构直接结算。允许参加新农合的农民在统筹区域内自主选择定点医疗机构就医,简化到县域外就医的转诊手续。建立异地就医结算机制,探索异地安置的退休人员就地就医、就地结算办法。制定基本医疗保险关系转移接续办法,解决农民工等流动就业人员基本医疗保障关系跨制度、跨地区转移接续问题。做好城镇职工医保、城镇居民医保、新农合、城乡医疗救助之间的衔接。探索建立城乡一体化的基本医疗保障管理制度,并逐步整合基本医疗保障经办管理资源。在确保基金安全和有效监管的前提下,积极提倡以政府购买医疗保障服务的方式,探索委托具有资质的商业保险机构经办各类医疗保障管理服务。

国务院
2009年3月18日

参考词语

1. 保障	bǎozhàng	(动)	保护(权利、生命、财产等)不受侵害
2. 覆盖面	fùgàimiàn	(名)	覆盖:遮盖、包括;面:范围、部分。这里指能照顾到的范围
3. 待遇	dàiyù	(名)	得到的对待或享受到的权利、好处等

4. 脱钩	tuōgōu	（动）	脱离关系
5. 户籍	hùjí	（名）	在政府那里登记的居住地
6. 筹资	chóuzī	（动）	筹：寻找，收集；资：钱。指为做一件事而准备钱
7. 门诊	ménzhěn	（名）	医生在医院里给不是住院的病人治疗
8. 限额	xiàn'é	（名）	有限制的数量
9. 结余	jiéyú	（动/名）	剩下，没有用完
10. 调剂金	tiáojìjīn	（名）	用来进行调整，使数量变得平衡的钱
11. 审批	shěnpī	（动）	上级对下级送来的报告、公文等进行审查并且提出意见
12. 程序	chéngxù	（名）	办事情的先后次序
13. 低保	dībǎo	（名）	"城市居民最低生活保障"的简称
14. 转诊	zhuǎnzhěn	（动）	转到别的地方去看病
15. 结算	jiésuàn	（动）	指财务人员把所有的收支情况进行总结、核算
16. 整合	zhěnghé	（动）	通过整顿、协调重新组合

专有名词

| 五保户 | wǔbǎohù | 指农村接受照顾的无劳动能力、无生活来源、无法定赡养扶养义务人或虽有法定赡养扶养义务人，但无赡养扶养能力的老年人、残疾人和未成年人和保障的村民。主要包括：保吃、保穿、保医、保住、保葬（孤儿为保教） |

文章阅读理解

(1) 根据《方案》，哪个不是政府推进的医保范围：
   A. 城镇职工医保　　　　　　　　B. 城镇居民医保
   C. 少年儿童医保　　　　　　　　D. 新农合

(2) 根据《方案》，进城农民工可以参加的医保是：
   A. 城镇职工医保　　　　　　　　B. 城镇居民医保
   C. 户籍所在地的新农合　　　　　D. 都可以

(3)"各类医保基金要坚持以收定支"中"以收定支"的意思是:
    A. 按照收入来决定支出   B. 用收来的钱支出
    C. 先收再支出   D. 接收的病人要保证治疗

(4)根据《方案》,参加医保的钱:
    A. 完全由个人缴纳   B. 完全由政府缴纳
    C. 个人和政府都缴纳   D. 没有说

(5)根据《方案》,参加新农合的参保者去医院看病的费用:
    A. 完全给予报销
    B. 最高可以报销当地农民人均纯收入的6倍以上
    C. 每人每年报销120元
    D. 没有说

(6)根据《方案》,关于新农合统筹基金哪个说法是正确的?
    A. 每年的医保基金都要逐步提高,要保证有越来越多的结余
    B. 每年的医保基金结余不要太多,要尽量多用在投保者身上
    C. 每年的医保基金不要留结余,要适当提高个人缴费标准
    D. B和C

(7)根据《方案》,关于提高医疗保障管理服务水平哪个说法是正确的?
    A. 为保证保障管理服务水平,参保的农民只能在指定的医疗机构接受服务
    B. 为方便参保人接受医疗服务,参保的退休人员今后可能被允许在不同地区看病
    C. 为确保基金安全和有效监管,提供医疗服务的机构必须为政府或公办单位
    D. A和B

二、挑战阅读

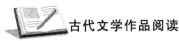
古代文学作品阅读

> 酒保去叫,不多时,只见两个到来:前面一个十八九岁的妇人,背后一个五六十岁的老儿,手里拿串拍板,都来到面前。看那妇人,虽无十分的容貌,也有些动人的颜色。但见:鬓松云髻,插一枝青玉簪儿;袅娜纤腰,系六幅红罗裙子。素白旧衫笼雪体,淡黄软袜衬弓鞋。蛾眉紧蹙,汪汪泪眼落珍珠;粉面低垂,细细香肌消玉雪。若非雨病云愁,定是怀忧积恨。
> 　　那妇人拭着眼泪,向前来深深的道了三个万福。那老儿也都相见了。鲁达问道:"你两个是那里人家?为甚啼哭?"那妇人便道:"官人不知,容奴告禀:奴家是东京人氏。因同父母来这渭州,投奔亲眷,不想搬移南京去

了。母亲在客店里染病身故,子父二人,流落在此生受。此间有个财主,叫做镇关西郑大官人,因见奴家,便使强媒硬保,要奴作妾。谁想写了三千贯文书,虚钱实契,要了奴家身体。未及三个月,他家大娘子好生利害,将奴赶打出来,不容完聚。着落店主人家追要原典身钱三千贯。父亲懦弱,和他争执不得,他又有钱有势。当初不曾得他一文,如今那讨钱来还他?没计奈何,父亲自小教得奴家些小曲儿,来这里酒楼上赶座子。每日但得些钱来,将大半还他;留些少父女们盘缠。这两日酒客稀少,违了他钱限,怕他来讨时,受他羞耻。父女们想起这苦楚来,无处告诉,因此啼哭。不想误触犯了官人,望乞恕罪,高抬贵手。"

鲁提辖又问道:"你姓甚么?在那个客店里歇?那个镇关西郑大官人在那里住?"

老儿答道:"老汉姓金,排行第二;孩儿小字翠莲;郑大官人便是此间状元桥下卖肉的郑屠,绰号镇关西。老汉父女两个,只在前面东门里鲁家客店安下。"鲁达听了道:"呸!俺只道哪个郑大官人,却原来是杀猪的郑屠。这个腌泼才,投托着俺小种经略相公门下做个肉铺户,却原来这等欺负人!"回头看着李忠、史进道:"你两个且在这里,等洒家去打死了那厮便来。"史进、李忠抱住劝道:"哥哥息怒,明日却理会。"两个三回五次劝得他住。

(据(明)施耐庵《水浒传》)

1. 字、词、句理解

(1)"向前来深深的道了三个万福"中"道……万福"的意思可能是:
　　A. 行礼　　　　B. 叹气　　　　C. 感谢　　　　D. 哭泣
(2)"官人不知,容奴告禀"中"容奴告禀"的意思大概是:
　　A. 很容易说明白　B. 我一定要投诉　C. 让我告诉你　D. 恐怕别人不会说
(3)与"当初不曾得他一文"中"文"的意思接近的是:
　　A. 写的字　　　B. 钱的单位　　C. 做出的承诺　　D. 赔偿的数量
(4)"留些少父女们盘缠"中的"盘缠"是:
　　A. 方便　　　　B. 周围　　　　C. 路费　　　　D. 麻烦
(5)"哥哥息怒,明日却理会"中"明日却理会"的意思是:
　　A. 明天再处理　　　　　　　　B. 明天就好了
　　C. 以后会忘却的　　　　　　　D. 今后还有见面的机会
(6)与"等洒家去打死了那厮便来"中"洒家"的意思接近的是:
　　A. 我　　　　　B. 一下儿　　　C. 大伙儿　　　D. 现在

2. 内容理解

(1) 那个妇人的样子：
    A. 兴奋   B. 愤怒   C. 伤心   D. 开心

(2) 妇人和父亲来到这个城市是因为：
    A. 治病   B. 挣钱   C. 结婚   D. 投亲

(3) 关于钱的问题，说法最正确的是：
    A. 郑大官人用三千贯钱买了这个妇人，后来他夫人赶走了妇人
    B. 郑大官人用三千贯钱买了这个妇人，后来又不要这个妇人了
    C. 郑大官人实际没有付任何钱得到了这个妇人，还说妇人欠他的钱
    D. 郑大官人答应要用三千贯钱买这个妇人，但是后来反悔了

(4) 下面说法正确的是：
    A. 父女二人没有钱，就想卖唱挣点钱生活
    B. 父女二人卖唱挣的钱要拿一部分给郑大官人
    C. 父女二人住在酒楼里卖唱挣钱，今天没挣到钱
    D. 父女二人如果挣到钱后总是给郑大官人送去

(5) 郑大官人是：
    A. 当差的   B. 当官的   C. 杀猪的   D. 当相公的

3. 口头回答问题

(1) 你会怎么形容这个妇人的样子？
(2) 郑关西是如何对待这对父女的？请举例说明。
(3) 从文章看，鲁达的性格怎么样？请举例说明。

 笑话阅读

复述笑话并说出笑话的可笑之处

甲骑驴进城巧遇乙。
乙问："吃饭了吗？"
甲说："吃了！"
乙得意地说："我问驴呢，你插什么话！"
甲转身抽了驴两耳光，骂道："城里有亲戚也不说一声。"

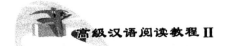

参考答案

可笑之处在于乙本来是想让甲难堪,因为乙的意思是:"我在跟驴说话,没跟你甲说话。"在汉语里:"你插什么话!"更常常是大人教训孩子或上级教训下级的话。而甲的高明在于他没有直接反驳乙,而是借着打自己的驴子对乙的挑衅进行了反击。既然乙会跟你说话,那你就是乙的亲戚,那乙也就是驴。更重要的是甲打了驴子两个耳光,在羞辱驴子的同时也在羞辱挑衅的乙。

第三课

名人讲话(1)

一、导读

虽然说事实胜于雄辩,但为了更好地宣传、说明自己的理念,影响、鼓动听众接受自己的观点,表达自己的情感并感染别人,面对公众的演讲就变得非常重要。在国外,尤其是发达的国家,演讲成为一个专门的学问,不少公众人物在发表重要讲话和演讲之前,都要向演讲口才专家咨询求教,并接受专家的建议和指导。因为他们知道,演讲的好坏常常可以决定成败,美国总统奥巴马就被公认为是一个非常会讲话的人,他的讲话很有鼓动性,总能吸引住听众。

人们通常比较注意著名人物的讲话,在古希腊,人们都以听名人演讲为荣。在国外,听名人演讲是一个很重要的社会活动,是显示文化层次、社会地位的一个标志。

正因为如此,名人对自己的演讲非常重视。从语言方面来说,演讲远比一般日常语言精美、丰富、严谨、生动、有趣,它更有哲理,更有深度,也更让人感动,是知识、逻辑、语言的综合动用,代表了语言运用的高级水平。

通过阅读本课这些演讲,大家可以对演讲的形式和内容有一个基本的了解。

阅读1

中共中央总书记、国家主席、中央军委主席胡锦涛同志国庆60周年讲话
2009年10月1日

全国同胞们、同志们、朋友们!

今天我们隆重聚会,庆祝中华人民共和国成立60周年,在这个喜庆而又庄严的时刻,全国各族人民对于伟大祖国的发展进步感到无比自豪,对实现中华民族伟大复兴的光明前景充满信心。

在这里,我代表党中央、全国人大、国务院、全国政协和中央军委,向一切为民族独立和人民解放、国家富强和人民幸福建立了不朽功勋的革命先辈和烈士们表示深切的怀念,向全国各族人民和海内外爱国同胞致以热烈的祝贺,向关心和支持中国发展的各国朋友表示衷心的感谢!

60年前的今天,中国人民经过近代以来100多年的浴血奋战,终于夺取了中国革命的伟大胜利,毛泽东主席在这里向世界庄严宣告了中华人民共和国的成立,中国人民从此站起来了。具有五千多年文明历史的中华民族从此进入了发展进步的历史新纪元。

60年来,在以毛泽东同志、邓小平同志、江泽民同志为核心的党的三代中央领导集体和党的十六大以来的党中央领导下,勤劳智慧的我国各族人民同心同德、艰苦奋斗,战胜各种艰难曲折和风险考验,取得了举世瞩目的伟大成就,谱写了自强不息的壮丽凯歌。

今天,一个面向现代化、面向世界、面向未来的社会主义中国巍然屹立在世界东方。

新中国60年的发展进步充分证明,只有社会主义才能救中国,只有改革开放才能发展中国,发展社会主义,发展马克思主义。中国人民有信心、有能力建设好自己的国家,也有信心、有能力为世界做出自己应有的贡献。

我们将坚定不移坚持中国特色社会主义道路,全面贯彻执行党的基本理论、基本路线、基本纲领、基本经验,继续解放思想,坚持改革开放,推动科学发展,促进社会和谐,推进全面建设小康社会进程,不断开创中国特色社会主义事业新局面,谱写人民美好生活新篇章。

我们将坚定不移坚持"和平统一、一国两制"的方针,保持香港、澳门长期繁荣稳定,推动海峡两岸关系和平发展,继续为实现祖国完全统一这一中华民族的共同心愿而奋斗!

我们将坚定不移坚持独立自主的和平外交政策,坚持和平发展道路,奉行互利共赢的开放战略。在和平共处五项原则基础上,同所有国家发展友好合作,继续同世界各国人民一道推进人类和平与发展的崇高事业,推动建设持久和平、共同繁荣的和谐世界。

历史启示我们,前进道路从来不是一帆风顺的,但掌握了自己命运,团结起来的人民必将战胜一切艰难险阻,不断创造历史伟业。中国人民解放军和人民武装警察部队要发扬光荣传统,加强自身建设,切实履行使命,为维护国家主权、安全、领土完整,为维护世界和平再立新功。

展望未来，中国的发展前景无限美好，全党、全军、全国各族人民要更加紧密地团结起来，高举中国特色社会主义伟大旗帜，与时俱进、锐意进取，继续朝着建设富强、民主、文明、和谐的社会主义现代化国家，实现中华民族伟大复兴的宏伟目标奋勇前进；继续以自己的辛勤劳动和不懈奋斗，为人类做出新的更大的贡献。

　　伟大的中华人民共和国万岁！伟大的中国共产党万岁！伟大的中国人民万岁！

（来源：中国网）

参考词语

1. 复兴	fùxīng	（动）	再一次地兴盛繁荣
2. 不朽	bùxiǔ	（动）	永远不消失毁坏
3. 功勋	gōngxūn	（名）	功绩，尤指对国家、民族做出的重大贡献
4. 烈士	lièshì	（名）	为了正义事业而牺牲的人
5. 同心同德	tóngxīn-tóngdé		有一致的看法，思想认识一致、行动一致
6. 自强不息	zìqiángbùxī		自强：自己努力上进；息：停止。指自觉地努力发展进步，追求理想，不放弃，不停止
7. 凯歌	kǎigē	（名）	胜利时候唱的歌曲
8. 巍然	wēirán	（副）	巍：高大；然：样子。高大雄伟的样子
9. 奉行	fèngxíng	（动）	按照某种原则去做事
10. 与时俱进	yǔshíjùjìn		跟时代一起前进
11. 锐意进取	ruìyìjìnqǔ		锐意：意志坚决；进取：前进。指坚决地前进

专有名词

和平共处五项原则	hépíng gòngchǔ wǔxiàng yuánzé	中国政府提出的处理国际关系基本原则。这些原则是：互相尊重主权和领土完整；互不侵犯；互不干涉内政；平等互利；和平共处

文章阅读理解

(1) 根据讲话,胡锦涛总书记怀念了:
　　A. 各族人民　　　　　　B. 革命先辈
　　C. 爱国同胞　　　　　　D. 各国朋友

(2) 胡锦涛总书记说的三代中央领导集体的代表人物是:
　　A. 毛泽东　　　　　　　B. 邓小平
　　C. 江泽民　　　　　　　D. 以上全部

(3) 胡锦涛总书记认为中国发展最重要的条件是:
　　A. 改革开放　　　　　　B. 有信心
　　C. 有能力　　　　　　　D. 以上全部

(4) 关于台湾问题,胡锦涛总书记在讲话中说的是:
　　A. 保持长期繁荣稳定　　B. 推动两岸关系和平发展
　　C. 和平统一　　　　　　D. B 和 C

(5) 哪个国际问题胡锦涛总书记在讲话中没有说到:
　　A. 中国外交政策　　　　B. 中国与外国的关系
　　C. 地球气候问题　　　　D. 世界和平问题

(6) 哪个是胡锦涛总书记讲话中说到的中国未来发展的目标:
　　A. 全党、全军、全国各族人民要更加紧密地团结起来
　　B. 建设富强、民主、文明、和谐的社会主义现代化国家
　　C. 实现中华民族伟大复兴
　　D. B 和 C

阅读 2

韩国总统卢武铉在清华大学的演讲

尊敬的顾秉林校长先生,尊敬的吴启迪教育部副部长,各位老师和来宾,在座的亲爱的同学们:

大家好,很高兴今天能和各位见面。

一路上我看到校园环境非常优美,清华大学作为中国名牌高等院校的代表当之无愧。

我听说最近中国青年人当中流行一句话,叫做:"清华大学的学生值得交往。"对此,我想全世界的年轻人都会表示同感的。

今天,我想和大家交个朋友。因此,非常感谢有这样一次难得的机会同大家进行交流。

今天,令全世界所赞叹的中国的快速发展中包含着清华校友们的汗水和热情。尊敬的胡锦涛主席是各位值得骄傲的学长,这一点也足以凸显清华人的自豪感。

"自强不息,厚德载物"的清华精神可谓是学习的基本态度。以这种姿态不断进取,清华大学必将能够实现建设世界一流大学的目标。

大学是为未来做准备的地方。此时此刻,我想说的也是关于我们未来的话题。

此次访问是我的首次中国之行。中国伟大的文化遗产、辉煌的经济发展、勤劳而充满活力的百姓们的生活,这一切令我惊讶和深受感动,这种感动我难以一一用语言表达。

在全国人民众志成城的努力下,中国政府终于战胜了非典型性肺炎(SARS),借此机会我对大家表示慰问,同时高度赞赏中国人民所取得的成果。

中国即将迎接2008年北京奥运会和2010年上海世界博览会,我想这又是一次实现中国社会全方位崭新飞跃和繁荣的重要契机。我和全体韩国国民也将为这些活动的圆满成功竭尽全力给予支持和帮助。

一直以来,我非常敬重中国前领导人邓小平先生、江泽民中央军委主席、朱镕基前总理以及胡锦涛主席运筹帷幄的领导能力。

我相信,在他们所设计和领导的改革开放政策的引领下,中国必将实现富足的中产阶级社会、小康社会的目标。

下个月,韩中两国将迎来建交11周年。

建交以来,我们两国在各个领域都发展了全面的合作伙伴关系。

每年,韩国人出访最多的国家就是中国。去年,两国互访人数达到了226万人次,比10年前增加了近7倍。

目前,在中国学习的韩国留学生有36000多人。也就是说,每10名外国留学生当中就有4名韩国学生。在清华大学,也有500多名韩国学生作为自豪的"清华校友"学习和生活。

在经贸领域,我们两国互为第三大贸易伙伴国。去年两国的贸易额超过了410亿美元。最近,中国已经成为韩国企业最热衷的第一大投资对象国。

在新技术领域两国的合作也非常活跃。下周,清华大学和韩国电子部件研究院共同开设的韩中电子部件产业技术合作中心将挂牌。在此,我表示衷心的祝贺。今后,两国间此类未来尖端领域的合作将更加活跃。

韩中两国关系所取得的这种快速发展,并不是一件意料之外的事情。

我们两国具有数千年的睦邻交流史。两国人民互有天然的亲近感,并极大地关注对方的生活和文化。最好的例子就是"汉风"和"韩流"的盛行。

最近,韩国兴起了学习中文和中国文化的热潮,到处都可以看到中国商品。乘坐首尔的地铁,你还可以听到中文报站广播。在年轻人当中,几乎无人不知晓像张艺谋导演和巩俐、黎明这样的中国艺人。

我听说在中国也掀起了一股"韩流",很多人喜欢韩国的歌曲、电影和电视剧。最近,韩国的泡菜也很受欢迎,有机会的话,请大家也品尝一下泡菜的美味。

如此种种,韩中友好合作的土壤非常肥沃。

问题是在这样一片沃土上撒下什么样的种子,不同的种子将结出不同的果实,它将改变20年、30年以后的未来。

我有一颗保存已久的种子,它是对21世纪东北亚的希望的种子,是对东北亚和平与繁荣时代的展望。

让我们大家一起撒下希望的种子吧。为了东北亚的未来,为了我们的未来,请大家一道献出自己的理想和智慧吧。

我希望有朝一日能和大家重逢,共享收获丰硕果实后的喜悦和成就感。

我相信,不久的将来我们会迎接这一天的。

谢谢大家。

2003年7月9日

参考词语

1.	当之无愧	dāngzhīwúkuì		无愧:没有愧色。当得起某种称号或荣誉,无须感到惭愧
2.	赞叹	zàntàn	(动)	称赞,叹赏
3.	凸显	tūxiǎn	(动)	突出地表现出
4.	厚德载物	hòudézǎiwù		道德高尚者能承担重大任务
5.	众志成城	zhòngzhìchéngchéng		万众一心,像坚固的城墙一样不可摧毁。比喻团结一致,力量无比强大

6. 契机	qìjī	（名）	转折变化的机会
7. 竭尽全力	jiéjìnquánlì		用全部的力量去做
8. 运筹帷幄	yùnchóuwéiwò		指谋划决定（重要的事情）
9. 尖端	jiānduān	（形）	指科学技术上发展水平最高的
10. 睦邻	mùlín	（动）	与邻国或邻家和睦相处
11. 丰硕	fēngshuò	（形）	指果实长得饱满硕大。多虚用

文章阅读理解

(1) 卢武铉总统讲话的开始部分主要是：
   A. 表达了与中国建立友好关系的愿望
   B. 赞美了清华大学
   C. 介绍了中韩之间经济贸易的发展情况
   D. 以上全部

(2) 根据卢武铉总统的讲话我们知道，中国给他留下印象的是：
   A. 伟大的文化   B. 经济的发展
   C. 人民的生活   D. 以上全部

(3) 根据卢武铉总统的讲话，住在中国的韩国人：
   A. 大部分是工作人员   B. 大部分是留学生
   C. 大部分是旅游者   D. 不知道

(4) 根据卢武铉总统的讲话，下面哪种说法不对？
   A. 韩国人喜欢到中国旅游   B. 韩国人喜欢看中国电视
   C. 中国人喜欢看韩国电影   D. 中国人喜欢听韩国歌

(5) 卢武铉总统的讲话没有谈到的方面是：
   A. 中韩两国的文化交流   B. 中韩两国的科技交流
   C. 中韩两国国际事务的合作   D. 中韩两国文化历史的关系

(6) 卢武铉总统的讲话主要表达的是：
   A. 对中韩两国友好交往的赞美和美好未来的期待
   B. 支持中韩两国在科学技术方面的合作
   C. 鼓励更多的中国人去吃韩国的泡菜
   D. 希望更多的韩国年轻人到中国留学

 阅读 3

法国总统雅克-希拉克在北京大学的演讲(节选)

尊敬的校长先生,各位院长,女士们,先生们,议员先生们:

首先我在这里感谢许智宏校长,感谢您这么热情的接待以及非常友好的致辞,尤其是在中国声名显赫的北京大学,非常感谢您邀请我来到这个中国政治现代化的圣地,阐述一下法国对中法关系及其前景的看法及宏愿。

亲爱的朋友们,明天中国将是世界强国之一,甚至可以说是世界第一大强国。这种迅速的繁荣迈进和进步,不仅仅将会改变中国的面貌,也会改变整个世界的面貌。我们要共同进行必要的思考,对中国的发展,对全球政治、经济、文化、生态平衡所带来的影响进行共同的思考。

你们当中的许多人,将来就会成为未来中国的领导人。你们的行为,你们的想象能力,你们的决策,不仅仅将决定新中国的未来,而且也会影响到世界未来的命运。因为以往的确然性已经不复存在了,你们将生活在一个错综复杂、变化多端、令人着迷却飘忽不定的世界中。

在这样的世界里,人与人之间日益频繁的交往、经济的发展、科学技术的发明,将会为我们征服贫困、构建一个全球性的良知带来新的希望,让每种文化都会各得其所。

但是在这样的世界里,我们也会看到,恐怖主义嚣张得势,某些国家一意孤行,违反其国际承诺,凭借核武器、生物和化学武器,来实施强国政策。

这一世界充满了矛盾,在全球单一化及死灰复燃的民族主义之间摇摆不定,西方与伊斯兰、世俗与宗教、北部与南部、穷国与富国,世界各种文化之间面临着日益分离的危险。但是对于那些长期被凌辱的国家的人民而言,这也是一个充满希望的世界。尤其是在亚洲,新兴繁荣国家迅速崛起,在这个世界里,面对植根于数千年历史文化的新型现代化模式,西方已经慢慢失去它的优势了。

这个世界变得如此复杂、如此相互依赖,以至于任何一个强国都不能够随心所欲地主宰这样的世界。

正是因为这个世界依然徘徊于稳定和混乱之间,正因为我们依然记得孔夫子的哲言"二人同心,其利断金",所以法国和中国在近几年间不懈努力,构建一个全面的政治组织架构,以规避危险,并在强有力的、合法的、为众人接受的国际组织框架下共同承担责任;在和谐、正义、团结的前提之下,使全球化得到良好控制并造福于人类。

亲爱的朋友们,近年来,世界面临着严重的危机,这些危机导致一些本来有共同价值观的国家也彼此分裂。我感觉到,当今我们能更好地体会到国际社会团结一致的重要性,这种团结一致的精神尤其应该体现在联合国的安理会。因为面对当前的危险,最糟糕的莫过于各行其是和袖手旁观。这是欧洲和中国共同的责任,法国和中国也应该以这种眼光去发展全面战略性的合作伙伴关系。面对朝鲜和伊朗的所作所为,多边主义应该显出其有效性,如果任其发展,我们将失去所有的影响力、可信度和合法性。袖手旁观意味着我们面对国际和平和安全的威胁时逆来顺受,或者鼓励单边主义的行为,而其后果与困境,我们都曾经有目共睹。

　　各位亲爱的朋友,我再次重申,各位是中国未来的主人,未来将取决于我们共同的努力,是不是能够向世界开放,是不是能够超越成见,摆脱陈旧框架,向世界敞开心扉。我还想说的是,面对明天的挑战,你们需要具有更多的责任心和团结精神。因为团结才是力量,没有对立,让世界有多极化,才能够让我们共造和平、繁荣和人类所需要的和谐。

　　这是法国、欧洲和中国的宏伟蓝图。世界依赖我们,我们依赖世界,中国万岁,法国万岁,法中友谊长存!

2006 年 10 月 25 日

参考词语

1. 宏愿	hóngyuàn	(名)	宏大的愿望
2. 良知	liángzhī	(名)	良心,人类天生具有的道德观念
3. 各得其所	gèdéqísuǒ		各方面的要求都得到满足,各方面都得到了适当的安排
4. 嚣张	xiāozhāng	(形)	恶劣的态度和邪恶势力很不收敛,很放肆
5. 得势	déshì	(动)	获得权力或得到鼓励。含贬义
6. 一意孤行	yíyìgūxíng		不听别人的劝告,固执地照自己的意思行事。含贬义
7. 凭借	píngjiè	(动)	依靠(手段、条件)做事
8. 死灰复燃	sǐhuīfùrán		比喻失败的力量又重新恢复发展,也比喻已消亡的旧事物又重新活跃起来。含贬义

9.	世俗	shìsú	（名）	人世间一般的习俗，与宗教相对
10.	凌辱	língrǔ	（动）	侮辱或伤害一个人（的身心）
11.	随心所欲	suíxīnsuǒyù		完全按照自己的意愿自由地行事
12.	主宰	zhǔzǎi	（动、名）	主管、支配、控制
13.	规避	guībì	（动）	想办法避免（危险、义务等）
14.	各行其是	gèxíngqíshì		每个人都觉得自己的做法是对的，根本不考虑别人的意见
15.	袖手旁观	xiùshǒupángguān		在旁边观看某事，但是不过问，也不参与这件事
16.	逆来顺受	nìlái-shùnshòu		忍受恶劣的环境或无礼的对待，不抗争
17.	有目共睹	yǒumùgòngdǔ		人人都看得见。比喻事实非常明显
18.	成见	chéngjiàn	（名）	指对人或事物所抱的固定不变的看法

专有名词

1.	伊斯兰	Yīsīlán	Islamic；al-Islam/穆斯林的宗教信仰，信仰安拉是唯一的神，信穆罕默德是安拉的使者
2.	单边主义	dānbiān zhǔyì	有很多解释，一般认为是一种学说，认为国家应以个人主义方式开展外交活动，而无需向其他国家征求意见或吸收其他国家参与
3.	多极化	duōjíhuà	这是一个国际政治术语。"极"指那些能够深刻影响国际事务的主要主权国家或国家集团。多极化就是在国际社会中，不止一个国家或国家集团来决定世界政治格局

第 三 课

文章阅读理解

(1) 希拉克总统在谈到中国的发展给世界带来的影响时没有说到的是:
 A. 科学
 B. 经济
 C. 生态平衡
 D. 文化

(2) 希拉克总统认为未来中国领导人:
 A. 他们能帮助国家进步
 B. 他们的决定对世界有影响
 C. 他们需要有很高的智慧
 D. B 和 C

(3) 希拉克总统认为现在的世界越来越:
 A. 团结
 B. 安全
 C. 复杂
 D. 贫困

(4) 希拉克总统说到的"一意孤行"的国家应该是指:
 A. 大国
 B. 小国
 C. 伊斯兰国家
 D. 不知道

(5) 希拉克总统说到目前充满矛盾的世界时,没有提到的是:
 A. 全球单一化和民族主义的矛盾
 B. 西方和伊斯兰的矛盾
 C. 亚洲和非洲的矛盾
 D. 世俗和宗教的矛盾

(6) 希拉克总统引用孔子的话"二人同心,其利断金",是为了说明各国:
 A. 应该团结合作
 B. 应该构建一个全面的政治组织架构
 C. 应该规避危险
 D. 应该使全球化得到良好控制

(7) 关于世界面临的危机,希拉克总统的意见是:
 A. 多边主义能解决问题
 B. 单边主义能解决问题
 C. 各国要团结一致
 D. 各国要逆来顺受

二、挑战阅读

古代文学作品阅读

　　有一女子上前，把石头门推开两扇，请唐僧里面坐。那长老只得进去。忽抬头看时，铺设的都是石桌、石凳，冷气阴阴。长老心惊，暗自思忖道："这去处少吉多凶，断然不善。"众女子喜笑吟吟，都道："长老请坐。"长老没奈何，只得坐了。少时间，打个冷喋。众女子问道："长老是何宝山？化甚么缘？还是修桥补路，建寺礼塔，还是造佛印经？请缘簿出来看看。"长老道："我不是化缘的和尚。"女子道："既不化缘，到此何干？"长老道："我是东土大唐差去西天大雷音求经者。适过宝方，腹间饥馁，特造檀府，募化一斋，贫僧就行也。"众女子道："好！好！好！常言道：'远来的和尚好看经。'妹妹们！不可怠慢，快办斋来。"

　　此时有三个女子陪着，言来语去，论说些因缘。那四个到厨中撩衣敛袖，炊火刷锅。你道他安排的是些甚么东西？原来是人油炒炼，人肉煎熬；熬得黑糊充作面筋样子，剜的人脑煎作豆腐块片。两盘儿捧到石桌上放下，对长老道："请了。仓卒间，不曾备得好斋，且将就吃些充腹。后面还有添换来也。"

　　那长老闻了一闻，见那腥膻，不敢开口，欠身合掌道："女菩萨，贫僧是胎里素。"众女子笑道："长老，此是素的。"长老道："阿弥陀佛！若像这等素的啊，我和尚吃了，莫想见得世尊，取得经卷。"众女子道："长老，你出家人，切莫拣人布施。"长老道："怎敢，怎敢！我和尚奉大唐旨意，一路西来，微生不损，见苦就救；遇谷粒手拈入口，逢丝缕联缀遮身，怎敢拣主布施！"众女子笑道："长老虽拣人布施，却只有些上门怪人。莫嫌粗淡，吃些儿罢。"长老道："实是不敢吃，恐破了戒。望菩萨养生不若放生，放我和尚出去罢。"

　　那长老挣着要走，那女子拦住门，怎么肯放，俱道："上门的买卖，倒不好做！'放了屁儿，却使手掩。'你往那里去？"他一个个都会些武艺，手脚又活，把长老扯住，顺手牵羊，扑的摜倒在地。众人按住，将绳子捆了，悬梁高吊。

（据（明）吴承恩《西游记》）

1. 字、词、句理解

   (1) "打个冷噤"的意思是：
       A. 镇定　　　　B. 打哈欠　　　　C. 打喷嚏　　　　D. 颤抖
   (2) 与"我不是化缘的和尚"中"化缘"的意思接近的词语是：
       A. 传教　　　　B. 做法事　　　　C. 募捐　　　　　D. 化妆
   (3) "我和尚吃了，莫想见得世尊"中的"世尊"是指：
       A. 尊敬　　　　B. 佛祖　　　　　C. 西天　　　　　D. 忠贞
   (4) 与"长老，你出家人，切莫拣人布施"中"拣人"意思接近的是：
       A. 嫌弃　　　　B. 浪费　　　　　C. 感激　　　　　D. 赞美
   (5) 与最后一段中女子说的"放了屁儿，却使手掩"的意思接近的熟语是：
       A. 屁滚尿流　　　　　　　　　　B. 臭名远扬
       C. 前怕狼，后怕虎　　　　　　　D. 一不做，二不休
   (6) "顺手牵羊"的意思是：
       A. 顺利得到　　B. 方便拿到　　　C. 乘势取走　　　D. 抓住要领
   (7) 与"扑的掼倒在地"中"掼"意思最接近的词是：
       A. 按　　　　　B. 拉　　　　　　C. 推　　　　　　D. 摔

2. 内容理解

   (1) 长老进了石头门以后就感觉：
       A. 很不安　　　B. 很舒适　　　　C. 很疑惑　　　　D. 很犹豫
   (2) 长老告诉女子他的目标是：
       A. 造佛　　　　B. 取经　　　　　C. 化缘　　　　　D. 印经
   (3) 长老见了食物不敢吃是因为：
       A. 觉得食物不是素的　　　　　　B. 他知道这个食物有毒
       C. 他知道女子是坏人　　　　　　D. 他已经没有心情吃饭
   (4) 最后一段主要说的是：
       A. 那些女子抓住了长老　　　　　B. 长老抓住了那些女子
       C. 长老的武艺高强　　　　　　　D. 长老打败了那些女子

3. 口头回答问题

   (1) 长老进门后是怎么向女子介绍自己的？
   (2) 女子给长老做了些什么吃的？
   (3) 长老不吃，女子是怎么劝他吃的？

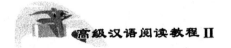

 笑话阅读

复述这段顺口溜,并说明它的意思

能喝八两喝一斤,这样的同志可放心;能喝白酒喝啤酒,这样的同志要调走;能喝啤酒喝饮料,这样的同志不能要。

能喝啤酒喝白酒,这样的干部不能走;能喝二两喝半斤,这样的干部我放心;能喝半斤喝八两,这样的干部我培养。

参考答案

简单地说就是能喝酒才是"好"干部。这反映出在干部选拔、任用上存在的问题。

需要注意的是,这些笑话的结构是中国式的,就是运用了中国格律诗的一些元素,每个句子的长短、句子中词语的性质和发音都互相配合。如"斤—心"、"酒—走"、"料—要"、"两—养"都是押韵的,而且每句话的字数也是一样的。

第四课

名人讲话(2)

一、导 读

不同的人有不同的演讲风格,本课选编了联合国秘书长科菲·安南(Kofi A. Annan)在清华大学的演讲、中国台湾著名作家李敖在复旦大学的演讲以及著名科学爱因斯坦的演讲。三篇演讲风格各异,通过学习这些演讲,大家可以对演讲有更进一步的了解。

联合国秘书长科菲·安南在清华大学的演讲(节选)

顾校长,感谢您充满溢美之词的介绍。

女士们、先生们:

清华大学是中国最具声望的学府之一,来到这里演讲使我感到十分荣幸。中国具有领先世界科技的历史传统,贵校正在努力恢复和保持这一传统,贵校的毕业生遍布全国各地的领导岗位。

和在中国其他许多地方一样,凡是来到清华大学参观的人,都不能不对伟大中国突飞猛进的发展,每天给人民带来的新知识和机会而感到兴奋。各位,你们尽可对自己的国家和国家25年来的成就感到骄傲。

看着听众席上一张张年轻的面孔,我不得不对国际学生充满羡慕之情。我听说,来自50多个国家的1000多名学生有幸与大家一起在贵校同窗学习。

这使我想起了我自己的求学岁月,当时我的祖国加纳刚刚获得独立。我们突然感到,我们的国家正在走向世界,我们每天都有新的发现。但是,我也记得迅速变化的年代带来的不仅是进步和兴奋,它同样能带来痛苦和

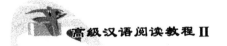

困惑,甚至是破坏。

变化越是迅速、越是令人兴奋,就越需要谨慎把握,需要明智和以人为本的领导。

我们必须找出办法保护贫穷和弱势群体的利益不受侵犯,朝气蓬勃的年轻一代不被剥夺变化带来的各种机会。

我们必须维护秩序和稳定,但也不应扼杀探索、试验和表达意见的自由。作为年轻的学者,你们比任何人都更清楚地知道,在国家的发展中,知识和科学有着举足轻重的作用。

应该把科技专门知识用于全社会的发展和保障,既要为少数人带来更大的财富,又要使全体公民感到更加安全,更加富裕。

中国是一个伟大的国家,中国的发展不可能在孤立中实现。中国的发展对全世界产生了影响,而发展又把中国带入了与世界其他地区建立的新型关系。

中国政府通过在联合国以及其他场所发挥的作用表明,中国认识到了这一点。中国公民越来越多地被要求为全球安全的利益承担风险,做出牺牲。前几天我们看到,我们的报纸上刊登了中国警察头戴蓝盔,准备奔赴海地参加联合国特派团工作的照片,这给我们留下了深刻的印象。天灾人祸不断的岛国海地,的确与中国远隔重洋。

因此,今天我来到贵校也是为了表达全世界对中国的感激之情。中国人民显然理解,正如中国谚语所说,应该"同呼吸共命运"。我们还可以再加一句:在全球化的年代里,一个人的呼吸,足以使世界另一半球的人打喷嚏。人类的苦难没有国界,人类的团结也应同样不分国界。

的确,四年前世界各国领导人在联合国总部对团结的根本价值做出了庄严承诺,并发表了《千年宣言》。

他们宣布:"必须以公平承担有关代价和负担的方式处理各种全球挑战……遭受不利影响或得益最少的人有权得到得益最多者的帮助。"

他们承诺"竭尽全力",使世界上为数十亿的男子、妇女和儿童摆脱赤贫,并使发展权成为所有人民的现实。

他们制订了精确的标准,用以衡量到2015年履行承诺的成就。

人们把这些标准称做千年发展目标。千年发展目标中的第一条,就是把世界上每天收入不足一美元的人口减少一半。其他目标还有:制止并开始扭转艾滋病毒/艾滋病的蔓延;把可持续发展原则纳入各国的政策和计划,以使我们的子孙后代不会面临居住的地球因遭到人类活动破坏而无法补救或资源无法满足人类需要的威胁。

我今天来到北京非常高兴,能够有机会不仅同贵国政府交谈,而且来到中国著名的学府,这个发明与创新思想的摇篮,与在座各位交谈。我刚刚谈到了各种挑战,包括保卫世界和平与安全,在不同信仰或文化的人民之间发展友好关系,实现千年发展目标等等,为应对这些全球性挑战,为实现发展,你们这些有教育的青年可以大有作为。

我鼓励你们全体,全中国各地的你们这一代人,立志求索,为解决贫穷、疾病及环境退化等我们这个世纪所面临的各种巨大挑战,寻求途径。我曾对美国的学生,对其他许多国家的学生说过,现在也对你们说:"走出去,把世界变得更美好!"

我说的时间已经够长了。现在该轮到你们了。如果你们有问题,我将尽力回答。不过我还希望你们做出评论,这样我可以向你们学习。

谢谢大家。

(央视国际 2004 年 10 月 12 日)

参考词语

1. 溢美之词	yìměi zhī cí		过分赞美的说法
2. 声望	shēngwàng	(名)	名声、名气、名望
3. 荣幸	róngxìng	(形)	光荣而且幸运
4. 突飞猛进	tūfēi-měngjìn		进步发展非常快
5. 以人为本	yǐrénwéiběn		人是最重要的,满足人民的物质文化需要,保证人的全面发展是社会发展的根本目的
6. 弱势群体	ruòshì qúntǐ		也叫社会脆弱群体、社会弱者群体。指由于自身和社会原因而形成的一个机会少、能力弱、福利低、保障差的群体
7. 朝气蓬勃	zhāoqìpéngbó		有活力,有生气;精力充沛
8. 扼杀	èshā	(动)	掐住脖子使之无法呼吸而死亡。比喻打击、压制,不让它发展
9. 举足轻重	jǔzúqīngzhòng		地位非常重要,能起到影响全局的作用

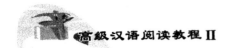

10. 远隔重洋	yuǎngé chóngyáng		距离很远,中间隔着很宽的海洋
11. 大有作为	dàyǒuzuòwéi		能够发挥自己的能力,能取得很大的成就
12. 途径	tújìng	(名)	方法、路子

专有名词

1. 加纳	Jiānà	Ghana/国名,在非洲西部
2. 海地	Hǎidì	Haiti/国名,中美洲加勒比海的岛国
3. 联合国特派团	Liánhéguó Tèpàituán	United Nations Stabilization Mission/是联合国派往某地执行维持和平任务的机构

文章阅读理解

(1) 安南秘书长赞美清华大学的声望是因为清华大学:
    A. 科学研究方面的成就   B. 毕业生担任国家各地的领导人
    C. 学生积极参加国家的建设   D. A 和 B

(2) 安南秘书长认为国家的快速改变:
    A. 总是带来好的结果   B. 总是带来坏的结果
    C. 有好也有不好   D. A 和 C

(3) 安南秘书长说到知识和科学时没有提:
    A. 富裕   B. 安全
    C. 财富   D. 幸福

(4) 让安南秘书长感激和留下深刻印象的是中国:
    A. 帮助发展中国家培养人才并发展本国经济
    B. 在历史上对世界科学发展的贡献
    C. 参与世界和平和人类进步的活动
    D. 经济发展,改善了中国人民的生活

(5) 根据安南秘书长讲话,联合国千年发展目标不包括:
    A. 维护世界和平   B. 保护环境
    C. 消除贫困   D. 控制艾滋病

阅读 2

李敖在复旦大学的演讲(节选)

今天我在这里很倚老卖老地说,我看过的上海你们都没有看过。远在 56 年以前,当我离开上海的时候,我看到一幅景象就是在这个外滩,在银行的面前,上海的警察骑着大马手里拿着皮鞭打群众,群众怎么来的?清早 5 点钟戒严的时间一解开,四面八方涌向上海的银行,干什么呢?去挤兑黄金。这些黄金是当时国民党政府搜刮了人们的财产,用金圆券搜刮人民财产,就是说你家里有黄金,除了你手指上的金戒指以外,全部向政府来兑换金圆券。如果不兑换的话,黄金没收,人法办。这些黄金被国民党政府搜刮走了以后,忽然一夜之间要卖出来了,就是你买到一两以后,到外面卖可以卖二两的价钱,所以上海人疯了,就拼命挤兑黄金。当时上海有一组警察叫做"空中堡垒",就是骑着大马拿着皮鞭打,打都打不散,我亲眼看到一个灭亡的政府,一个亡掉的中华民国在最后兵败如山倒的时候是什么样子。

我和他们一起逃到台湾,当时我没有选择权,因为我只有 13 岁。当我现在又回到了上海,56 年以后我回到上海,大家知道我的感觉吗?就是我看过那么凄惨的画面,你们都没有看到,你们也不会感觉有什么不同,可是对我而言,我才知道国家的富强是多么的重要,尤其在上海我看到了,请鼓掌。

我这一次回到祖国的讲演是分三场,刚才姜院长给我定的题目都是假的,我真的题目是三个定位,第一个定位是我在北京大学要讲金刚怒目,我在清华大学要讲菩萨低眉,我在复旦讲什么,要讲尼姑思凡。为什么要讲尼姑思凡?讲到我们理想及现实一面。

在元曲里面我们可以看到那些挖苦尼姑的话,小尼姑年方二八,正青春,被师傅削去了头发,她看到一些男青年以后,她把眼看着眨,眨巴眼看他,眉来眼去,叫思凡,就是比较务实的一面。

一个匈牙利的作家当年是共产党,后来脱离了共产党,叫卡斯利,他写了一本书叫做《下午的黑暗》。这本书里面讲到老共产党被整的时候,要枪毙他的时候,他最后和整他的年轻的共产党说:儿子,你们休想硬把天堂造出来。可是大家想想看,我们真的努力去硬造天堂,照着邓小平的说法,他在 45 岁以前花了 20 年去打仗,可是在 1949 年以后,我们必须承认,中国共产党很努力地去造出一个天堂。

可是邓小平说其中有20年的时间浪费了,为什么浪费了?大跃进、"文革"都浪费了这些时间,什么原因?我们想到汉朝的一个故事,汉朝有一个皇帝,你们都叫他汉高祖是错的,应该叫汉高帝。汉朝的皇帝是高帝、惠帝……献帝,献帝就三国了,大家知道我的记忆力是多好吗?汉高帝刘邦痛恨知识分子,痛恨复旦大学的学生,知识分子来的时候是戴着帽子,一把把帽子抓下来放在下面撒尿,就是看不起这些人。有一个人叫陆贾,就和他讲,说怎么样治国。刘邦说,马上得天下,老子是骑着马得到天下的,谁要听知识分子讲课啊?陆贾讲了一句话,你马上得天下,你不能马上治天下,治天下需要专业人才。这个专业人才我在北京的时候是说出自北大清华,当我到上海的时候,就说是出自复旦。

因为没有专业人才,用爱国的热心拼命想把天堂造出来,所以我们付了代价。可是我们又回头想,我们有没有机会建造一个天堂?当方法对的时候,当时来运转的时候,我们觉得有一个机会可以造出天堂。

今天是中国的大好机会,大家想想看,有一句外国话:中国人的机会。这句话是讽刺的,是看不起的,是美国过去在西部淘金时代讲的一句话,中国人的机会,就是中国人的机会是很渺茫的机会,只要你变成中国人,就没有机会。可是现在我觉得,我们中国人有机会,不但中国人有机会,中国的文化,中国的文字都有机会。

2005年9月26日

参考词语

1. 戒严	jièyán	(动)	国家或地区在非常特别的情况下在全国或部分地区采取严格的警戒措施,如增设警卫、加强巡逻、限制交通等
2. 挤兑	jǐduì	(动)	争着挤进银行去兑换货币、金银等
3. 金圆券	jīnyuánquàn	(名)	是中华民国时期国民党政府在1948年发行的一种货币
4. 搜刮	sōuguā	(动)	不正当地从别人那里夺取财物
5. 法办	fǎbàn	(动)	依照法律严厉处罚
6. 兵败如山倒	bīngbàirúshāndǎo		形容军队战败后像山倒塌一样,彻底完蛋

7. 凄惨	qīcǎn	（形）	悲惨可怜的样子
8. 金刚怒目	jīngāng nùmù		怒目:睁大眼睛,眼珠突出。形容样子凶猛可怕
9. 菩萨低眉	púsà dīméi		像菩萨那样低眉看人。形容人的面貌慈祥善良
10. 尼姑思凡	nígū sīfán		尼姑是佛教里出家的女性;思凡:想念世俗的生活
11. 时来运转	shílái-yùnzhuǎn		时机和运气都来了,好的转变马上就来了
12. 淘金	táojīn	（动）	在沙石或其他物质中发现并获得黄金
13. 渺茫	miǎománg	（形）	看不清楚,常用来指希望很小

专有名词

| 1. 外滩 | wàitān | 上海市区中黄浦江西岸一带的地方 |
| 2. 大跃进 | dàyuèjìn | 中国在1958年到1960年的一场试图快速发展经济的建设运动 |

文章阅读理解

(1) 李敖一开始就说"我在这里很倚老卖老地说"中"倚老卖老"比较合适的解释是:
  A. 很有经验的样子　　　　B. 仗着年纪大做不太好的事情
  C. 按照自己长期的研究　　D. 年纪大的人总是喜欢回忆

(2) 根据李敖的讲话,56年前造成上海人拼命兑换黄金主要原因是:
  A. 上海人的金融意识很强　B. 上海银行业很发达
  C. 国民党政府的腐败　　　D. 以上全部

(3) 根据李敖的讲话,他现在在这里的演讲与前面的演讲比:
  A. 更幽默　　　　　　　　B. 平和
  C. 更尖锐　　　　　　　　D. 更实际

(4) 根据李敖的讲话,20年的时间被浪费掉的原因是:
  A. 知识分子得不到尊重　　B. 知识分子戴帽子
  C. 汉高帝刘邦痛恨知识分子　D. 陆贾讲错了一句话

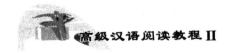

(5) 李敖说:"这个专业人才我在北京的时候是说出自北大清华,当我到上海的时候,就说是出自复旦"是:

　　A. 他用玩笑的方式表示对请他去演讲的这些学校的尊重

　　B. 他觉得在中国,最好的学校就是北大清华和复旦

　　C. 因为在中国,这三所大学的专业人才水平最高

　　D. 以上全部

(6) 李敖认为中国人建设天堂的梦想:

　　A. 一定可以实现　　　　B. 一定不能实现

　　C. 有可能实现　　　　　D. 没有说

(7) "中国人的机会"在以前美国西部开发时期的意思是:

　　A. 中国人总是能抓住机会　　B. 中国人不可能有机会

　　C. 美国人不给中国人机会　　D. 中国人浪费了很多机会

 阅读 3

培养独立工作和独立思考的人(节选)

　　学校向来是把传统和知识财富从一代传到一代的最重要机构。同过去相比,在今天就更是这样。由于现代经济生活的发展,家庭作为传统和教育的承担者,已经削弱了。因此比起以前来,人类社会的延续和健全要在更高程度上依靠学校。

　　有时,人们把学校简单地看做一种工具,靠它来把最大量的知识传授给成长中的一代。但这种看法是不正确的。知识是死的,而学校却要为活人服务,它应当在青年人中发展那些有益于公共福利的品质和才能。但这并不意味着应当消灭个性,使个人变成仅仅是社会的工具,像一只蜜蜂或蚂蚁那样。因为由没有个人独创性和个人志愿的统一规格的人所组成的社会,将是一个没有发展可能的不幸的社会。相反,学校的目标应当是培养独立工作和独立思考的人,这些人把为社会服务看做自己最高的人生问题。就我所能做判断的范围来说,英国学校制度最接近于这种理想的实现。

　　但是人们应当怎样来努力达到这种理想呢?是不是要用讲道理来实现这个目标呢?完全不是。言辞永远是空的,而且通向毁灭的道路总是和多谈理想联系在一起的。但是人格绝不是靠所听到的和所说出来的言语而是靠劳动和行动来形成的。因此,最重要的教育方法总是鼓励学生去实际行动。初入学的儿童第一次学写字便是如此,大学毕业写博士论文也是如此，简单地默记一首诗，写一篇作文，解释和翻译一段课文，解一道数学题目，或在体育运动的实践中，也都是如此。

但在每项成绩背后都有一种推动力，它是成绩的基础，而反过来，计划的实现也使它增长和加强。这里有极大的差别，对学校的教育价值关系极大。同样工作的动力，可以是恐怖和强制，追求威信荣誉的好胜心，也可以是对于对象的诚挚兴趣，和追求真理与理解的愿望，因而也可以是每个健康儿童都具有的天赋和好奇心，只是这种好奇心很早就衰退了。同一工作的完成，对于学生教育影响可以有很大差别，这要看推动工作的主因究竟是对苦痛的恐惧，是自私的欲望，还是快乐和满足的追求。没有人会认为学校的管理和教师的态度对塑造学生的心理基础没有影响。

我以为对学校来说最坏的事，是主要靠恐吓、暴力和人为的权威这些办法来进行工作。这种做法伤害了学生的健康的感情、诚实的自信，它制造出的是顺从的人。这样的学校在德国和俄国成为常例，在瑞士以及差不多在一切民主管理的国家也都如此。要使学校不受到这种一切祸害中最坏的祸害的侵袭，那是比较简单的。只允许教师使用尽可能少的强制手段，这样教师的德和才就将成为学生对教师的尊敬的唯一源泉。

第二项动机是好胜心，或者说得婉转些，是期望得到表扬和尊重，它根深蒂固地存在于人的本性之中。没有这种精神刺激，人类合作就完全不可能；一个人希望得到他同类赞许的愿望，肯定是社会对他的最大约束力之一。但在这种复杂感情中，建设性同破坏性的力量密切地交织在一起。要求得到表扬和赞许的愿望，本来是一种健康的动机；但如果要求别人承认自己比同学、伙伴们更高明、更强有力或更有才智，那就容易产生极端自私的心理状态，而这对个人和社会都有害。因此，学校和教师必须注意防止为了引导学生努力工作而使用那种会造成个人好胜心的简单化的方法。

人们必须防止把习惯意义上的成功作为人生目标向青年人宣传。因为一个获得成功的人从他人那里所取得的，总是无可比拟地超过他对他们的贡献。然而看一个人的价值应当是从他的贡献来看，而不应当看他所能取得的多少。

在学校里和生活中，工作的最重要的动机是在工作和工作的结果中的乐趣，以及对这些结果的社会价值的认识。启发并且加强青年人的这些心理力量，我看这该是学校的最重要的任务。只有这样的心理基础，才能引导出一种愉快的愿望，去追求人的最高财富——知识和艺术技能。

阿尔伯特·爱因斯坦

参考词语

1.	削弱	xuēruò	（动）	使力量、势力减弱、变弱
2.	言辞	yáncí	（名）	说的话或写的文稿
3.	人格	réngé	（名）	个的性格、特征、态度或习惯的总和
4.	强制	qiángzhì	（动）	用某种强迫的力量或行动来执行任务或达到目的
5.	好胜心	hàoshèngxīn	（名）	内心想超过别人、取得胜利的心理
6.	天赋	tiānfù	（名）	天生的能力
7.	好奇心	hàoqíxīn	（名）	对事物发生特别的兴趣,并想了解原因的心理
8.	衰退	shuāituì	（动）	由强变弱,减退了
9.	恐吓	kǒnghè	（动）	威胁并让别人害怕
10.	权威	quánwēi	（名）	权力,威望。也指有权力威望的人
11.	顺从	shùncóng	（动）	不反对,很听话
12.	祸害	huòhai	（动/名）	祸事,导致发生灾难或损失的人或事
13.	侵袭	qīnxí	（动）	暗中侵入、破坏
14.	婉转	wǎnzhuǎn	（形）	说话不直接,而是用曲折、温和的方法
15.	根深蒂固	gēnshēn-dìgù		比喻思想意识受到某种东西很深的影响,不容易动摇改变
16.	本性	běnxìng	（名）	天性,是固有的性质或个性
17.	约束力	yuēshùlì	（名）	就是管束和控制的力量

文章阅读理解

(1) 关于学校最重要的作用,哪个不是爱因斯坦的观点:
    A. 发展青年人那些有益于公共福利的品质和才能
    B. 使个人变成社会的工具,像一只蜜蜂或蚂蚁那样
    C. 把传统和知识财富从一代传到一代
    D. 不要建设一个由统一规格的人所组成的社会

(2) 爱因斯坦认为现在学校最需要培养学生的目标是使学生能:
    A. 独立工作   B. 独立思考
    C. 全力为社会服务   D. 以上全部

(3) 爱因斯坦认为坏的学习动力是：
   A. 恐怖和强制　　　　　　　B. 好胜心
   C. 好奇心　　　　　　　　　D. 儿童的天赋

(4) 爱因斯坦认为学生不好的特点是：
   A. 诚实　　　　　　　　　　B. 自信
   C. 顺从　　　　　　　　　　D. 以上全部

(5) 爱因斯坦认为好胜心是：
   A. 总是一种健康的心理　　　B. 总是一种自私的心理
   C. 总是一种有害的心理　　　D. 是一种有正反两种效果的心理

(6) 爱因斯坦认为不要把习惯意义上的成功作为人生目标向青年人宣传是因为：
   A. 取得成功的人常常用了很多不好的手段
   B. 成功的人从别人那里得到的比他付出的多
   C. 成功不能使人善良
   D. 成功没有真正的意义

(7) 根据爱因斯坦的说法，最好的学习和工作动机应该是：
   A. 愉快并能对社会有贡献　　B. 让别人尊重自己
   C. 满足好奇心和好胜心　　　D. 去创造财富

二、挑战阅读

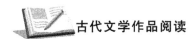
古代文学作品阅读

> 二人对坐，开怀畅饮。酒至半酣，忽阴云漠漠，聚雨将至。从人遥指天外龙挂，操与玄德凭栏观之。操曰："使君知龙之变化否？"玄德曰："未知其详。"操曰："龙能大能小，能升能隐；大则兴云吐雾，小则隐介藏形；升则飞腾于宇宙之间，隐则潜伏于波涛之内。方今春深，龙乘时变化，犹人得志而纵横四海。龙之为物，可比世之英雄。玄德久历四方，必知当世英雄。请试指言之。"玄德曰："备肉眼安识英雄？"操曰："休得过谦。"玄德曰："备叨恩庇，得仕于朝。天下英雄，实有未知。"操曰："既不识其面，亦闻其名。"玄德曰："淮南袁术，兵粮足备，可为英雄？"操笑曰："冢中枯骨，吾早晚必擒之！"玄德曰："河北袁绍，四世三公，门多故吏；今虎踞冀州之地，部下能事者极多，可为英雄？"操笑曰："袁绍色厉胆薄，好谋无断；干大事而惜身，见小利而忘命：非英雄也。"玄德曰："有一人名称八俊，威镇九州：刘景升

可为英雄?"操曰:"刘表虚名无实,非英雄也。"玄德曰:"有一人血气方刚,江东领袖——孙伯符乃英雄也?"操曰:"孙策藉父之名,非英雄也。"玄德曰:"益州刘季玉,可为英雄乎?"操曰:"刘璋虽系宗室,乃守户之犬耳,何足为英雄!"玄德曰:"如张绣、张鲁、韩遂等辈皆何如?"操鼓掌大笑曰:"此等碌碌小人,何足挂齿!"玄德曰:"舍此之外,备实不知。"操曰:"夫英雄者,胸怀大志,腹有良谋,有包藏宇宙之机,吞吐天地之志者也。"玄德曰:"谁能当之?"操以手指玄德,后自指,曰:"今天下英雄,惟使君与操耳!"玄德闻言,吃了一惊,手中所执匙箸,不觉落于地下。时正值天雨将至,雷声大作。玄德乃从容俯首拾箸曰:"一震之威,乃至于此。"操笑曰:"丈夫亦畏雷乎?"玄德曰:"圣人迅雷风烈必变,安得不畏?"将闻言失箸缘故,轻轻掩饰过了。操遂不疑玄德。

(据(明)罗贯中《三国演义》)

1. 字、词、句理解

(1) "操与玄德凭栏观之"里的"凭栏观之"的意思是:
    A. 坐着慢慢看   B. 靠着栏杆看
    C. 凭肉眼去看   D. 没有东西阻拦,看得很清楚

(2) "备肉眼安识英雄"的大概意思是:
    A. 英雄都是事先有准备的   B. 英雄在危险面前很镇定
    C. 我是平凡人看不出谁是英雄   D. 准备好了英雄的眼光

(3) "袁绍色厉胆薄,好谋无断"中的"好谋无断"的意思是:
    A. 有好的参谋,但是得不到重用   B. 爱好用阴谋诡计,不道德
    C. 有好的计谋,但不能坚持   D. 爱用计谋,但没有决断

(4) 与"此等碌碌小人,何足挂齿"中"何足挂齿"意思接近的成语是:
    A. 不一而足   B. 牵肠挂肚
    C. 马齿徒增   D. 不值一提

(5) "惟使君与操耳"的意思是:
    A. 就是你和我曹操   B. 只有让别人来评价
    C. 要听君子的意见   D. 光听是没用的,要靠实力

(6) 最后一句"操遂不疑玄德"的意思是:
    A. 这样一来就不会被怀疑了   B. 曹操于是才不怀疑刘玄德
    C. 假装不能解除别人的怀疑   D. 相信这样做是最好的方式

2. 内容理解

(1) 曹操说到了龙是因为：
  A. 下雨了自然想到了龙　　B. 下雨了时看到龙形的云
  C. 天上突然飞来一条龙　　D. 没有说有什么原因

(2) 曹操对玄德说的几位英雄的态度是：
  A. 友善　　B. 仇视
  C. 尊重　　D. 轻视

(3) 玄德"吃了一惊"的真正原因是：
  A. 曹操会这样说让他感到很奇怪
  B. 他担心自己的野心被曹操看破而有危险
  C. 他从话里听出曹操有很大的野心
  D. 曹操这么看得起自己是假的

(4) 玄德在与曹操交谈过程中的表现是：
  A. 坦诚公开　　B. 含蓄内敛
  C. 咄咄逼人　　D. 盛气凌人

3. 口头回答问题

(1) 什么是龙的特点？
(2) 详细说明曹操是怎么评价那几位英雄的？
(3) 曹操觉得英雄应该是怎么样的？
(4) 刘玄德手里拿的餐具落在地上后他自己是怎么解释的？

笑话阅读

请复述顺口溜，并说明用球类比喻女人的原因

男人二十是半成品，三十是成品，四十是精品，五十是极品，六十是上品，七十是废品，八十是纪念品。

女人二十是橄榄球，三十是篮球，四十是乒乓球，五十是棒球。

女人订婚前像燕子，爱怎么飞就怎么飞；订婚后像鸽子，能飞，却不敢飞远；结婚后像鸭子，想飞，已力不从心。

> 女人胖是丰满,瘦是苗条,高是修长,矮是小巧;男人胖是肥猪,瘦是排骨,高是竹竿,矮是冬瓜!

参考答案

用球类来比喻女性各个年龄段的境遇是最幽默之处。橄榄球人人追,而且抱在怀里不放;篮球拿到手里以后马上要扔掉;乒乓球总是被人推来推去;棒球是能打多远是多远。

需要注意的是,这些笑话的结构是中国式的,就是运用了中国格律诗的一些元素,每个句子的长短,句子中词语的性质和读音都互相配合。如第一部分每个句子的最后一个字是都是"品",第二部分每个句子的最后一个字都是"球"。第三四部分关于女人和男人的描写,字数都是一样多的。

第五课

世界体育

一、导　读

　　体育是现代人最为关注的一项活动,除了通过锻炼身体、竞技比赛等方式达到增强体质、丰富文化生活外,它还被赋予了很多社会意义,例如它已经成为现代社会展示社会发展水平甚至国家形象的重要标志,也是国家间文化交流的重要内容。体育活动越来越受到人们的关注,对青少年更是产生非常大的影响。

　　正是由于有这样的特点,体育也越来越多地受到商业化的影响。典型的标志就是在政治和经济的双重影响下,各国对申办奥运会等体育活动表现出来的兴奋,各种产品、机构都希望在重大体育活动中展现自己的形象以获得利益。体育的商业化进程一方面对现代体育运动产生推动作用,而另一方面也冲淡了体育原有的意义。如何在体育运动本身和商业之间找到平衡点,把体育的商业化控制在一定的尺度之内,是保持体育精神的关键。

　　体育从来就是媒体最为关注的部分,一些著名的活动更是具有世界范围的影响,体育新闻成为大众茶余饭后最喜欢议论的内容。以下介绍的 NBA 篮球赛、F1 一级方程式赛车和足球世界杯比赛,就是具有世界影响的著名比赛。

NBA 篮球联赛

　　NBA 中文译名为:全美职业篮球联赛。是由美国全国篮球协会(National Basketball Association)创办的比赛,其比赛的激烈程度和水平之高被世人公认为世界之最。现任总裁为大卫·斯特恩(David Stern)。

　　1896 年,美国第一个篮球组织全国篮球联盟(简称 NBL)成立,但当时篮球规则还不完善,组织机构也不健全,常常一名队员在一个赛季中可以代表几个队参赛,经过几个赛季后,该组织就名存实亡了。

1946年4月6日，由美国波士顿花园老板沃尔特·阿·布朗发起成立了美国篮球协会(简称BAA)，布朗首次提出了后来成为现代职业篮球两大基石的高薪制和合同制：高薪制是指职业篮球必须有雄厚的财政支援，这样才能使比赛保持在高水平，在吸引观众的基础上，求得生存；合同制是指一名选手只能与一家俱乐部签订合同，并设立选手储备制，以防球员突然离队时受到损失。

1949年，在布朗的努力下，美国两大篮球组织BAA和NBL合并为全国篮球协会(简称NBA)。布朗也成为后来著名的波士顿凯尔特人队的创始人。NBA成立时拥有17支球队，分成三个赛区比赛，来自NBL的明尼阿波利斯湖人队依靠身高2.09米的美国第一中锋乔治·迈肯的帮助获得NBA第一个赛季的冠军。从1954—1955赛季起，NBA经自然淘汰，只剩下东部联盟和西部联盟两大赛区。其中，东部联盟又分大西洋区、中区，西部联盟又分中西区、太平洋区。

1952年，NBA为了限制第一中锋迈肯的得分能力，将篮下3秒禁区宽度由原来的6英尺扩大到12英尺。到了60年代，由于另一位超级中锋张伯伦的出现，NBA又将禁区宽度扩大到16英尺。

由于NBA的球队在比分领先时常采用拖延战术，使比赛不能吸引观众，从1954—1955赛季起，NBA开始实行24秒制，即每队每次进攻不得超过24秒。1973年，美国哥伦比亚广播公司以2700万美元买下NBA比赛3年播映权，从而使NBA比赛首次走上电视，但由于当时还不具备实况转播的条件，只能播放录像。

1967年，一个新的篮球组织ABA(美国篮球协会)宣告成立，乔治·迈肯任第一位主席。ABA采用红、白、蓝三色篮球，每年还举办扣篮大赛。但由于经营不善，ABA于1976年被美国NBA吞并，从此，NBA形成对美国篮球业的垄断。

1979年起，NBA开始实行3分远投制。为避免各队的实力悬殊太大，NBA建立了每年一度的新秀选拔制度，将当年毕业的大学生选手按水平高低排出名次，然后由各俱乐部按当年联赛的最后排名依次挑选，排名靠后者先选，每轮各队只能选择一名，这样就保证了实力最弱的球队能得到水平最高的新秀，选到新星的弱队在新赛季中往往会脱胎换骨。

为避免财大气粗的球队用高薪垄断明星球员，NBA规定了每支球队的工资总额限制。如用很多钱购买明星，就无力买到其他优秀球员。这一制度保证了最好的明星平均分布在各个球队，使各队实力十分接近。如果说高薪制和合同制是NBA两大基石，那新秀选拔制和薪金限额制则确保了NBA比赛的激烈和精彩,比赛的不可预测性将众多的美国球迷吸引到篮球场。

NBA联赛还实行转会制度,NBA球员转会不得买卖,只能以人换人。从赛季开始到第16个星期四晚9时止,球队可自由交换球员。此后一直到常规赛季结束,各队人员全部冻结。NBA转会是连人带合同一起交换。

现有球队:

1. 东部联盟

（1）大西洋赛区:纽约尼克斯队、新泽西网队、波士顿凯尔特人队、多伦多猛龙队、费城76人队。

（2）中部赛区:底特律活塞队、印第安纳步行者队、克里夫兰骑士队、密尔沃基雄鹿队、芝加哥公牛队。

（3）东南部赛区:迈阿密热火队、奥兰多魔术队、华盛顿奇才队、亚特兰大老鹰队、夏洛特山猫队。

2. 西部联盟

（1）西北赛区:明尼苏达森林狼队、丹佛掘金队、犹他爵士队、波特兰开拓者队、俄克拉何马州雷霆队。

（2）太平洋赛区:萨克拉门托国王队、洛杉矶湖人队、菲尼克斯太阳队、金州勇士队、洛杉矶快船队。

（3）西南部赛区:圣安东尼奥马刺队、休斯敦火箭队、达拉斯小牛队、孟菲斯灰熊队、新奥尔良黄蜂队。

参考词语

1.	总裁	zǒngcái	（名）	公司或机构组织的最高领导人
2.	赛季	sàijì	（名）	一年中体育比赛的时间段
3.	名存实亡	míngcún-shíwáng		名义上存在,但是实际上已经不存在了
4.	基石	jīshí	（名）	最基础的部分
5.	高薪制	gāoxīnzhì	（名）	付很高的工资的制度
6.	雄厚	xiónghòu	（形）	形容数量多、质量高、储备足
7.	储备制	chǔbèizhì	（名）	储备:保存起来以应付需要。这里指预备好球员以备使用的制度

8. 禁区	jìnqū	（名）	不能进入的区域
9. 拖延	tuōyán	（动）	故意放慢速度而晚一点做完事情
10. 播映权	bōyìngquán	（名）	在电台、电视中播放的权利
11. 实况转播	shíkuàng zhuǎnbō		指电视播放与事件发生同时
12. 脱胎换骨	tuōtāi-huàngǔ		形容完全改变，跟以前不一样了
13. 财大气粗	cáidà-qìcū		很有钱，做事自信张扬。常含贬义
14. 预测	yùcè	（动）	提前计算估计
15. 转会制度	zhuǎnhuì zhìdù		将球员从一个球队转到另一个球队的制度

文章阅读理解

(1) 根据文章，在NBA以前存在过几个全美的篮球组织？
　　A. 1个　　　　B. 2个　　　　C. 3个　　　　D. 没有说

(2) 根据文章，现在NBA的球员：
　　A. 可以同时为不同俱乐部工作
　　B. 只能为一家俱乐部工作
　　C. 如果合同允许，可以同时为多家俱乐部工作
　　D. 一辈子只能为一家俱乐部工作

(3) 根据文章，NBA东部联盟和西部联盟两大赛区：
　　A. 是1946年规定的
　　B. 是1949年规定的
　　C. 是1954—1955赛季起产生的
　　D. 是1952年产生的

(4) 根据文章，NBA第一个赛季的冠军是：
　　A. 波士顿凯尔特人队
　　B. 明尼阿波利斯湖人队
　　C. 纽约尼克斯队
　　D. 休斯敦火箭队

(5) 根据文章，NBA每队每次进攻不得超过24秒的产生原因是：
　　A. 禁区扩大到12英尺
　　B. 禁区扩大到16英尺
　　C. 避免球队采用拖延战术
　　D. 电视转播的需要

(6) 根据文章,NBA 新秀选拔制度的规则是:
   A. 排名靠后的俱乐部选排名靠后的新秀
   B. 排名靠前的俱乐部选排名靠后的新秀
   C. 排名靠前的俱乐部先选新秀
   D. B 和 C

(7) 根据文章,NBA 的工资总额限制带来的结果是:
   A. 钱多的俱乐部能买到很多优秀的球员
   B. 优秀的球员不可能被一个俱乐部垄断
   C. 排名靠后的俱乐部买不到优秀的球员
   D. B 和 C

(8) 根据文章,费城76人队和达拉斯小牛队分别属于:
   A. 大西洋赛区和西南部赛区
   B. 东部联盟和西部联盟
   C. 西部联盟和东部联盟
   D. A 和 B

阅读 2

F1 方程式赛车

F1 一级方程式赛车(Formula One,简称 F1)是世界上成本花费最高、技术等级最顶尖的单座四轮赛车比赛。全名是一级方程式锦标赛,主办者是国际汽车联盟(FIA)。

F1 被很多人认为是赛车界最重要的赛事,同时也是最昂贵的体育运动。F1 每年会举办一系列的比赛(例如 2005 年有 19 站比赛),比赛场地是全封闭的专门赛道,或者是临时封闭的普通公路赛道。每年约有 10 支车队参赛,经过 16—18 站的比赛,来竞争年度总冠军的宝座。F1 的家乡在欧洲,但今天它也风靡美洲、亚洲、澳洲和非洲。

F1 赛车的一个锦标赛(Championship)代表一年份的赛季(Series),而每一个赛季中又包含了许多站的分站,称为"大奖赛"(法文为 Grand Prix,因此也常直译为格兰披治大赛)。格兰披治大赛原本在法文中的意思是"高额的奖金",因为这个名词经常被使用在各类竞赛上,甚至运动类竞赛外的领域都用到而广为人知,因此今天即使直呼 GP,通常人们也能明白这是代表一个竞技比赛的意思。

F1大奖赛的举办地点遍布全球各地,号称是除了南极洲之外范围广布各大洲的世界性运动,但实际上它通常被看做是一种欧式的汽车运动竞赛。不过由于近年来碍于欧洲日渐抬头的反烟害运动(香烟生产厂商向来是F1运动的最大赞助团体)及为了增加更多的电视观众,FIA也积极地寻求让F1出走到亚洲和美洲等其他地区的机会,增加在欧洲本土以外的举办场次。

大奖赛是一个比赛场次,因此它还必须有个实际进行比赛的场地,一个赛道。通常大部分的大奖赛都有其传统上长年使用的赛道,但也不是必然,有些比较特殊的大奖赛可能会每年或每几年就改变一个场地进行,或在不同的几个场地间轮流。

虽然大奖赛通常都是使用国家的名字,但也不保证该赛事一定是在挂名国的境内举办。举例来说,圣马力诺大奖赛事实上并不是在圣马力诺公国的境内举办,而是在意大利境内的伊莫拉赛道(Imola)进行,因为在意大利境内每年都会有两场固定比赛,另一场是意大利大奖赛,在蒙扎赛道(Monza)举行,因此借用邻国圣马力诺公国的名字以资区别。有时也会有同一个赛道曾经举办过两种不同名字大奖赛的情况,例如在德国境内的纽伯灵赛道(Nürburgring)就曾经是卢森堡大奖赛(另一个挂其他国名的分站)与欧洲大奖赛(经常在几个不同国家之间轮流举办)的举办场地。

F1是一种封闭式的赛事,意思是说比赛是在一个完全与外界隔绝、封闭的范围内,以固定的路线绕圈进行。大部分举办F1的场地都是专门用来进行各类车辆比赛的赛车跑道,但也有以一般城市道路围成,每年只有在举办F1比赛时才特别封路做出的城市赛道。甚至还有介于两种场地之间,以一半城市道路与一半赛车跑道组成的混合赛道。

专用赛道占F1举办场地的大多数,除了F1之外,往往也是其他种类车辆竞赛的使用场地。例如位于日本三重县铃鹿市的铃鹿赛道(Suzuka Circuit),位于意大利米兰郊外的国立蒙扎赛道(Autodromo Nazionale Monza),位于英国北安普顿郡(Northamptonshire)的银石赛道(Silverstone Circuit),都是此类场地。

城市赛道是以一般的城市道路、高速公路或公园内的环园道路为基础所围绕而成,加装一些缓冲或安全防护设施后用以进行比赛的场地。在这类场地中,位于摩纳哥公国,以蒙特卡罗(Monte Carlo)的城市道路所围城的摩纳哥赛道应该是最经典的范例,此外一些以前曾经举办过的场次例如长堤大奖赛(Long Beach GP)、拉斯维加斯大奖赛都是城市道路比赛,其中后者所使用的恺撒皇宫赛道(Caesar's Palace Circuit)甚至是用该赌场附设的大型停车场围成的。

混合赛道在平日可能有一个规模比较小、距离比较短的专用赛道存在,在正式比赛时再扩展联结周围的普通道路,变成一个完整的跑道。或者跑道路线本身是与途经该地的道路局部重叠,平日做交通路线使用,比赛时再围起来变成赛道。加拿大蒙特娄的吉耶·维伦纽夫赛道(Gilles Villeneuve Circuit),澳洲墨尔本的亚伯公园赛道(Albert Park Circuit),以及曾经举办过美国大奖赛的华金谷赛道(Watkin Glen Circuit)都属此类场地。

参考词语

1. 顶尖	dǐngjiān	(形)	最优秀的
2. 锦标赛	jǐnbiāosài	(名)	锦标赛指不同地区或竞赛大组的优胜者之间的一系列决赛之一。一般是排名在一定水平上的队员可以参加,而且每个国家的选手数量有限制
3. 封闭	fēngbì	(形)	不开放的
4. 风靡	fēngmí	(形)	流行的
5. 隔绝	géjué	(动)	跟外界没有联系
6. 缓冲	huǎnchōng	(动)	用某种材料和方法让冲击力得到释放减少而不造成大的损失

文章阅读理解

(1) 哪个不是F1一级方程式赛车的特点:
　　A. 最贵　　　　　B. 最高技术等级　　C. 最重要　　　　D. 最危险

(2) 关于F1一级方程式赛车,正确的是:
　　A. 它只在欧洲比赛　　　　　　　B. 它只在专门全封闭赛道举行
　　C. 参加比赛花费很大　　　　　　D. 每年约有19个队参赛

(3) F1一级方程式赛车希望增加在欧洲本土以外的举办不是因为:
　　A. 它想在全世界推广这项比赛　　B. 希望吸引更多的电视观众
　　C. 由于它的大赞助商在欧洲受到限制　　D. B和C

(4) 文章说"虽然大奖赛通常都是使用国家的名字,但也不保证该赛事一定是在挂名国的境内举办"中"挂名"的意思是:
　　A. 那项运动非常著名　　　　　B. 名声好,名气大的
　　C. 用了名字,但实际没有太多关系　　D. 报名参加比赛
(5) 根据文章,F1一级方程式赛车在意大利的两场比赛:
　　A. 在同一条赛道举行　　　　　B. 在不同的赛道举行
　　C. 用同一个名字举行　　　　　D. A 和 C
(6) 根据文章,下面哪场比赛不是在F1专用的封闭赛道举行的:
　　A. 卢森堡大奖赛　　　　　　　B. 意大利大奖赛
　　C. 拉斯维加斯大奖赛　　　　　D. 日本大奖赛
(7) 根据文章,摩纳哥大奖赛的赛道是:
　　A. 城市赛道　　B. 专用赛道　　C. 混合赛道　　D. 没有说

阅读 3

世界杯足球赛

　　世界杯足球赛(Football World Cup,官方名称:FIFA World Cup,国际足协世界杯)是国际足球联合会(FIFA)成员国的国家足球队之间举行的四年一度的大规模足球锦标赛,属于全世界最高级别的国家级赛事,除了主办国外,参加世界杯赛事的必须是国际足协成员国并且需要透过外围赛以决定出席决赛周的队伍。与奥运会、F1并称全球顶级三大赛事。

　　现代足球运动起源于英国,随后风靡世界。由于足球运动的快速发展,国际比赛也随之出现。1896年雅典奥运会举行时,足球就被列为正式比赛项目,丹麦以9∶0大胜希腊,成为奥运会第一个足球冠军。因为奥运会不允许职业运动员参加,到了1928年阿姆斯特丹奥运会,足球比赛已无法持续。

　　1928年奥运会结束后,FIFA召开代表会议,一致通过决议,举办四年一次的世界足球锦标赛。这对于世界足球运动的进一步发展和提高起到了积极的推动作用。最初这个新的足球大赛称为世界足球锦标赛。1956年,FIFA在卢森堡召开的会议上,决定易名为"雷米特杯赛",以表彰前国际足联主席法国人雷米特为足球运动所做出的成就。雷米特担任国际足联主席33年(1921—1954年),是世界足球锦标赛的发起者和组织者。后来,有人建议将两个名字联起来,于是,在赫尔辛基会议上决定更名为"世界足球锦标赛——雷米特杯",简称"世界杯"。

世界杯赛的奖杯是1928年FIFA为获胜者特制的奖品,是由巴黎著名首饰技师弗列尔铸造的。其模特是希腊传说中的胜利女神尼凯,她身着古罗马束腰长袍,双臂伸直,手中捧一只大杯。雕像由纯金铸成,重1800克,高30厘米,立在大理石底座上。此杯为流动奖品,谁得了冠军,可把金杯保存4年,到下一届杯赛前交还给国际足联,以便发给新的世界冠军。此外有一个附加规定是:谁连续三次获得世界冠军,谁将永远得到此杯。

1970年,第九届世界杯赛时,乌拉圭、意大利、巴西都已获得过两次冠军。因此都有永远占有此杯的机会,结果是巴西队捷足先得,占有了此杯。

为此,国际足联还得准备一个新奖杯,以发给下届冠军。1971年5月,国际足联举行新杯审议会,经过对53种方案评议后,决定采用意大利人加扎尼亚的设计方案——两个力士双手高擎地球的设计方案。这个造型象征着体育的威力和规模。新杯定名为"国际足联世界杯"。该杯高36厘米,重5公斤,当时价值2万美元。1974年第十届世界杯赛,西德队作为冠军第一次领取了新杯。这回国际足联规定新杯为流动奖品,不论哪个队获得多少次冠军。

按照规定,世界各个参预世界杯足球赛的队伍,通常以大洲划分不同区域,该参预国的国家足球队需要与所属的区域内其他国的足球队先进行多场世界杯外围赛,以争夺该区域能够晋身世界杯决赛周的资格。外围赛成绩愈好,能够晋身决赛周的机会愈高,唯每个区域的名额和争取方式(比赛方式)不尽相同。足球运动较发达的区域如欧洲和南美洲的入围比例会较亚洲或大洋洲多出几倍。

另外,以往来说,该届世界杯决赛周的主办国和上一届的冠军国家足球队,均不需要先参预外围赛,便可以自动成为世界杯决赛周的一员。但这个情况将会有所变化,国际足协宣布由2006年起,只有主办国才可以自动晋身决赛周。换句话说,2002年世界杯冠军队巴西亦需要参预2006年世界杯外围赛。

进入决赛阶段的国家足球队先以小组形式进行分组赛,分组赛将会以抽签形式分组。而国际足协先将各参赛队伍分成四个档次,第一档次为种子队,当中包括主办国及另外七队(日韩世界杯为六队)最高评分的国家队。每个小组均拥有第一至第四档次的国家队。评分方法则是根据该国家队前两届世界杯成绩及最近三年之国际排名。分组赛的前两名进入下一轮打淘汰赛,最后打出四强,进入半决赛和总决赛,产生冠军。

参考词语

1. 外围赛　　wàiwéisài　　（名）　　进入决赛以前的选拔赛
2. 表彰　　　biǎozhāng　　（动）　　表扬，赞美
3. 首饰　　　shǒushì　　　（名）　　戴在人身上的装饰品，如耳环、项链等
4. 铸造　　　zhùzào　　　 （动）　　用冶炼金属的方法制造
5. 晋身　　　jìnshēn　　　（动）　　升到较高的等级或地位
6. 抽签　　　chōuqiān　　 （动）　　在不知道结果的情况下随机在一组号码或名单中抽出一个，以决定结果

专有名词

1. 赫尔辛基　　　Hè'ěrxīnjī　　　　　　Helsinki／城市名，芬兰首都
2. 希腊　　　　　Xīlà　　　　　　　　　Greece／国家名，在欧洲
3. 胜利女神　　　shènglì nǚshén　　　　Nike／希腊神话中的女神，象征胜利

文章阅读理解

(1) 根据文章，参加世界杯赛事的国家队：
　　A. 都要通过外围赛决出　　　　　B. 不都要通过外围赛决出
　　C. 都要是国际足协成员国　　　　D. B 和 C

(2) 根据文章，决定举行四年一次的世界足球锦标赛的时间是：
　　A. 1896 年　　　　　　　　　　　B. 1928 年
　　C. 1956 年　　　　　　　　　　　D. 不知道

(3) 根据文章，第一座世界杯被下列哪个国家永远拥有：
　　A. 英国　　　　　　　　　　　　B. 丹麦
　　C. 法国　　　　　　　　　　　　D. 巴西

(4) 根据文章，第一次获得第二座世界杯的国家队是：
　　A. 乌拉圭队　　　　　　　　　　B. 意大利队
　　C. 巴西队　　　　　　　　　　　D. 西德队

(5) 参加世界杯决赛的欧洲球队多是因为：
　　A. 欧洲国家的足球队多　　　　　B. 欧洲国家足球水平高
　　C. 足球是从欧洲起源的　　　　　D. 没有说

(6) 根据国际足联的新规定,以下哪种说法正确?
　　A. 假如世界杯在南非举行,南非队自动获得决赛资格
　　B. 假如南非队获得上一届世界杯冠军,它自动获得本届世界杯决赛资格
　　C. 即使南非是世界杯的主办国,南非队也要通过外围赛获得决赛资格
　　D. 没有说

(7) 根据文章,关于世界杯决赛的分组哪种说法不对?
　　A. 每个小组有四支队　　　　B. 一共有四个小组
　　C. 所有球队分为四个档次　　D. 小组赛的前两名进入下一轮比赛

二、挑战阅读

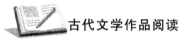古代文学作品阅读

> 富翁某,商贾多贷其资。一日出,有少年从马后,问之,亦假本者。翁诺之。至家,适几上有钱数十,少年即以手叠钱,高下堆垒之。翁谢去,竟不与资。或问故,翁曰:"此人必善博,非端人也,所熟之技,不觉形于手足矣。"访之果然。
>
> （据（清）蒲松龄《聊斋志异》）

贾　　　gǔ　　　商人

1. 字、词、句理解

(1)"商贾多贷其资"中"资"的意思是:
　　A. 钱　　　　B. 资料　　　　C. 经济　　　　D. 价值

(2)"亦假本者"中"假"与下面哪个词里的"假"字意思相当?
　　A. 假仁假义　　B. 假冒伪劣　　C. 虚情假意　　D. 假公济私

(3)"翁诺之"的意思是:
　　A. 富翁批评了他　B. 富翁答应了他　C. 富翁欺骗了他　D. 富翁询问了他

(4)"适几上有钱数十"中"几"与下面哪个词里的"几"字意思相当?
　　A. 几乎　　　　B. 几何　　　　C. 茶几　　　　D. 几经

(5)"竟不与资"中"竟"与下列哪个词语里的"竟"意思相当:
  A. 竟敢　　　　B. 有志者事竟成　　C. 究竟　　　　D. 竟然
(6)"必善博"的意思是:
  A. 一定有善良博爱的心怀　　　　　　B. 一定善于赌博
  C. 必须有丰富的知识　　　　　　　　D. 有知识也要善良
(7)"非端人也"中的"端"与下面哪个词语里的"端"字意思相当?
  A. 端详　　　　B. 端午　　　　C. 端盘子　　　　D. 端正
(8)与"不觉形于手足矣"中"形"的意思接近的是:
  A. 高兴　　　　B. 表现　　　　C. 形状　　　　D. 情况

2. 内容理解

(1)少年的什么举动让富翁对他有了不好的印象?
  A. 说话不礼貌　　B. 喜欢说假话　　C. 玩钱很熟练　　D. 骑马太快
(2)富翁对这个少年的判断是:
  A. 他品行不好　　B. 他不会做生意　　C. 他不可以信任　　D. 他在说假话

3. 口头回答问题

(1)年轻人为什么会跟着富翁呢?
(2)富翁对年轻人的判断正确吗?为什么?

白话文参考译文

  有一个富翁,很多商人都向他贷款。有一天他出门,有一个少年在马后面跟着他。问他有什么事儿,原来也是向他借钱做生意的。富翁答应了之。来到少年家中,刚好碰到茶几上有钱数十张,少年便用手拿着钱玩耍,把钱叠来叠去的。富翁便说了些客气话离开了,最后没有借钱给少年。有人问他为什么,富翁说:"这个人肯定擅长赌博,不是品行端正的人,他有那么熟练的(玩钱)技术,不知不觉在他的手上表现了出来。"(发问的人)于是去查访少年,果然是这样的。

 笑话阅读

请说说这个笑话的可笑之处在哪里

企业人事部的员工李某,最近被调到楼下的公关部。这天,他朋友打电话到原部门:"李某在吗?"

李某同事答:"他已经不在人事了。"朋友:"啊?他什么时候走的?""上礼拜。"

朋友:"我都不知道……也没送他一程……"同事:"没关系啊!下去找他不就好了?"

参考答案

这是利用了汉语的谐音手段:"不在人事＝不在人世(意思是去世了)";"什么时候走的"中"走"在汉语里常常指人已经去世,如"他走得很安详";"送他一程"在汉语里也常指参加死者葬礼或对死者表示最后的尊敬;"下去"在汉语里可以指去地狱,当然也可以是"上去",那是去天堂。

"下去找他不就好了?"是笑话的关键,笑料尽出,根据前面的铺垫,这里的意思已经变成:"你死了就可以看见他了。"

第 六 课

文学艺术

一、导 读

　　文学艺术从来和人们的生活息息相关,因为文学和艺术采用了丰富多彩的形式,主要是用语言、表演、造型、色彩、声音等手段塑造出反映社会生活的形象,借此表达内心的希望与情感。文字、绘画、雕塑、建筑、音乐、舞蹈、戏剧、电影等可以表达美的行为或事物,都是艺术。

　　艺术来源于社会生活,又反过来影响社会生活,成为最易被人们接受、影响面最广的社会意识形态。

　　文学是艺术的一个重要形式,在人类进步的历史上,文学起到了非常重要的作用,很多伟大的文学家用文学的形式记录和反映了本民族的历史、文化、情感,他们是艺术家,常常同时也是伟大的思想家。诺贝尔文学奖是当今世界最著名的文学奖。

　　电影是新兴的艺术形式,只有一百多年的历史,它是一种综合了多种艺术样式的视听艺术。电影虽然是一种年轻的艺术形式,但是它已经成了现代社会影响力最大的艺术形式之一,关于电影和影星一直是人们最津津乐道的事情。本课介绍的奥斯卡奖就是世界最著名的电影奖项之一。

　　流行音乐一般是指与古典音乐、严肃音乐相对的音乐形式,它形式风格没有限制,通俗简单,以普通大众,尤其是青少年为主要传播对象,一般来说都会有商业化的运作,是对青少年影响最大的艺术形式。本课将介绍有关中国流行音乐的内容。

 阅读1

诺贝尔文学奖

　　2009年10月8日,备受关注的2009年度诺贝尔文学奖终于揭晓——现年56岁的德国著名女作家赫塔·穆勒(Herta Müller)获得这一殊荣,她也是第十二个获得诺贝尔文学奖的女性,将获得一百四十万美元奖金。

瑞典著名发明家和化学家阿尔弗雷德·伯恩哈德·诺贝尔（Alfred Bernhard Nobel）在1895年11月27日写下遗嘱，捐献全部财产三千一百二十二万瑞典克朗设立基金，每年把利息作为奖金，授予"一年来对人类做出最大贡献的人"。根据他的遗嘱，瑞典政府于同年建立诺贝尔基金会，负责把基金的年利息按五等分别授予：1.在物理学方面有最重要发现或发明的人；2.在化学方面有最重要发现或改进的人；3.在生理学或医学方面有最重要发现的人；4.在文学方面创作出具有理想倾向的最佳作品的人；5.为民族间的和睦亲善、废止或裁减常备军以及为和平会议的组织和宣传尽到最大努力或做出最大贡献的人。物理和化学奖由瑞典皇家科学院评定并颁发，生理学和医学奖由卡罗林外科医学研究院评定并颁发，文学奖由瑞典文学院评定并颁发，和平奖由挪威国会选出的五人委员会评定并颁发。

根据创立者的个人遗嘱，诺贝尔文学奖金授予"最近一年来""在文学方面创作出具有理想倾向的最佳作品的人"。1900年经国王批准的基本章程中改为"近年来创作的"或"近年来才显示出其意义的"作品，"文学作品"的概念扩展为"具有文学价值的作品"，即包括历史和哲学著作。文学奖金由斯德哥尔摩诺贝尔基金会统一管理，由瑞典文学院评议和决定获奖人选。因此，院内设置了专门机构，并建立了诺贝尔图书馆，收集各国文学作品、百科全书和报刊文章。

诺贝尔文学奖评奖机构为瑞典文学院及其诺贝尔委员会。1786年4月5日，瑞典国王古斯塔夫三世仿照法兰西学院的模式，在首都斯德哥尔摩设立了"瑞典学院"。"瑞典学院"的正名既未挂"皇家"的头衔，也无"文学"的限定，比"瑞典皇家（科）学院"（The Royal Swedish Academy）只少"皇家"（Royal）一词，因此经常被人混为一谈，以为文学奖和科学奖是一个机构颁发的。"瑞典文学院"是约定俗成的汉译，其基本任务其实并不限于文学，最初的重点甚至不在文学而在语言，主要是为了瑞典语言的"纯洁、活力和庄严"。瑞典文学院限定由十八名终身院士组成，最初都是古斯塔夫三世直接聘任的，没有一位女性。院士各坐一把有编号的交椅，终生固定不变。去世院士的缺额由其他院士提名，秘密投票补选，然后经国王批准聘任，公布于众。由于以往的重点是语言，因此传统的院士多为语言学家和历史学家，文学家和作家只是少数。这种情况只到近些年来才有根本改变。根据瑞典学院章程，院士中始终有一名法律界权威。1896年，瑞典文学院接受了评定并颁发诺贝尔文学奖的任务，其功能才逐渐向文学方面倾斜，越来越多的文学家和作家被补选为院士，近年来终于超过半数，作为"文学院"终于实至名归。

高级汉语阅读教程 II

　　瑞典文学院选出三至五名院士(目前为五名)组成诺贝尔奖委员会(俗称"诺奖评委会"),任期三年,连选得连任。原则上也可以选入一名院外专家,但实际上极少实现。诺奖评委会只是文学院的评奖前期工作机构,评选和颁奖的决定权力仍然属于全体院士。

　　瑞典文学院院士基本都是著名作家和学者,一般都精通四五门外语,多数都能直接阅读英、法、德、西以及北欧原著,也有几人熟悉俄语。

　　瑞典文学院是完全独立于政府的组织,也独立于任何政治和社会集团。每个院士当然都有自己的道义倾向以至政治倾向,但文学院作为整体一直避免形成干预政治的倾向。

参考词语

1. 殊荣　　　shūróng　　　　　(名)　　特别高的荣誉
2. 遗嘱　　　yízhǔ　　　　　　(名)　　人为处理自己死后事务而写的文字或留下的嘱咐
3. 捐献　　　juānxiàn　　　　 (动)　　无偿地把钱或物给别人
4. 基金　　　jījīn　　　　　　(名)　　这里指有特定目的和用途的资金,虽然出资者不要求投资回报和投资收回,但要求按法律规定或出资者的意愿把资金用在指定的用途上,而形成了基金
5. 授予　　　shòuyǔ　　　　　 (动)　　给(名誉、称号等)
6. 颁发　　　bānfā　　　　　　(动)　　给(证明、奖金等)
7. 混为一谈　hùnwéiyìtán　　　　　　　错误地把不是一样的东西说成是一样的
8. 约定俗成　yuēdìngsúchéng　　　　　虽然没有明文规定,但是大家都接受或遵守这样的方法
9. 院士　　　yuànshì　　　　　(名)　　一般是国家科学研究机构授予最优秀科学家的称号
10. 倾斜　　　qīngxié　　　　　(动)　　不平衡,向一边歪。也指有意给予特别的照顾
11. 实至名归　shízhìmíngguī　　　　　名副其实,用实力得到的
12. 干预　　　gānyù　　　　　　(动)　　过问别人的事,用人工的方法进行影响

专有名词

诺贝尔文学奖　　Nuòbèi'ěr Wénxuéjiǎng　　以瑞典发明家和化学家诺贝尔的捐赠来设立的一个著名的文学奖项

文章阅读理解

(1) 根据文章,哪个说法是正确的?
　　A. 评选和颁发诺贝尔奖的机构都在瑞典
　　B. 诺贝尔文学奖的候选人没有国家的限制
　　C. 诺贝尔文学奖的候选人是政府推荐的
　　D. 诺贝尔文学奖不是从一开始就设立的

(2) 根据文章,哪个说法是正确的?
　　A. 诺贝尔文学奖的奖金最高
　　B. 诺贝尔奖的奖金是三千一百二十二万瑞典克朗
　　C. 诺贝尔奖的奖金是三千一百二十二万瑞典克朗的五分之一
　　D. 诺贝尔奖的奖金每年可能不一样

(3) 关于诺贝尔文学奖,下面哪种说法正确?
　　A. 诺贝尔奖要经过国王批准
　　B. 参选作品应该是文学作品
　　C. 参选作品是当年出版的文学作品或哲学、历史著作
　　D. 瑞典文学院评议和决定诺贝尔文学奖获奖人选

(4) 关于瑞典文学院,哪个说法不对?
　　A. 它以前主要是研究语言的
　　B. 院士的人数为十八名
　　C. 它现在的院士中文学家多
　　D. 院士的人数为三至五名

(5) 跟"1896年,瑞典文学院接受了评定并颁发诺贝尔文学奖的任务,其功能才逐渐向文学方面倾斜"中"倾斜"意思接近的是:
　　A. 重视、照顾
　　B. 正确的发展方向
　　C. 发展的趋势
　　D. 倾向性很明显

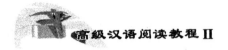

(6) 关于瑞典文学院，我们还知道：
   A. 院士职位是终生的
   B. 院士大多会外语
   C. 院士都是文学家
   D. 院士没有政治倾向

奥斯卡奖

奥斯卡奖(Academy Award)中文翻译就是学院奖，由电影艺术与科学学院（Academy of Motion Picture Arts and Sciences，缩写为 AMPAS）颁发。

奥斯卡奖1927年设立，每年一次在美国的好莱坞举行。半个多世纪以来一直享有盛誉。它不仅反映美国电影艺术的发展进程，而且对世界许多国家的电影艺术有着不可忽视的影响。

1927年5月，美国电影界知名人士在好莱坞发起组织一个非赢利组织，定名为电影艺术与科学学院，它的宗旨是促进电影艺术和技术的进步。学院决定对优秀电影工作者的突出成就给予表彰，创立了电影艺术与科学学院奖(Academy Award)，1931年后"学院奖"逐渐被其通俗叫法"奥斯卡金像奖"所代替，现在其正式名称已鲜为人知。

奥斯卡奖可分成就奖和特别奖及科学技术奖三大类。成就奖主要包括最佳影片、最佳剧本、最佳导演、最佳表演（男女主、配角）、最佳摄影、最佳美工、最佳音乐、最佳剪辑、最佳服装设计、最佳化妆、最佳短片、最佳纪录片、最佳外国语影片等。特别奖则有荣誉奖、欧文·撒尔伯格纪念奖、琼·赫肖尔特人道主义奖和科技成果奖以及特别成就奖。在上述众多奖之中，最具影响的为最佳影片奖，而最佳男女角奖属表演主奖，获奖人有"影帝"与"影后"之称，是男女演员们觊觎的殊荣。

前19届奥斯卡奖只评美国影片，从第20届起，才在特别奖中设最佳外语片奖。参选影片必须是上一年11月1日至下一年10月31日在某国商业性影院公映的大型故事片。每个国家只选送1部影片，这部影片由该国的电影机构或审查委员会推荐，且须加配英文字幕，送交学院外国片委员会审查，然后进行秘密投票选出5部提名影片。观摩完5部影片后，再由

4000名美国电影界权威人士组成的评审委员会,选出1部最佳外国语片。该项奖只授予作品,不授予个人。从1947年起至1993年,意大利获奖10次,法国获奖7次,瑞典获奖4次,日本、苏联和联邦德国各获奖3次。

奥斯卡金像奖从1929年开始,每年评选、颁发一次,从未间断过。凡上一年1月1日至12月31日上演的影片均可参加评选。金像奖的评选经过两轮投票,第一轮是提名投票,先由学院下属各部门负责提名(采用记名方式)。获得提名的影片,将在学院本部轮流放映,学院的所有会员观后再进行第二轮投票(采用不记名方式),最后以得票的多少决定影片的获奖。

获奖名单是高度保密的。学院会员投票后,选票交由美国的普华永道会计师事务所(PWC)加以统计。选票放在保险箱内,荷枪实弹的警卫人员日夜守护。统计的用纸事后全部烧毁,绝对保密。各项获奖名单分别装入密封的各个信袋,直到颁奖当日当刻,由司仪当众拆封宣布。

奥斯卡虽说是站在电影流行艺术的风口浪尖,但却极少标新立异,大部分时候都选择顺势而行,特别在特殊年代,这一倾向就尤为明显。二战期间的第15届奥斯卡(1942年)把6项大奖授予了应时之作《忠勇之家》。而到了20世纪70年代,随着美越战争的开火,国内反战情绪日渐增高,第51届(1978年)奥斯卡把5项大奖授予了反越战题材片《猎鹿人》,这还引发了国际舆论界的轩然大波。同年3月,在柏林电影节上,苏联代表团为了抵制《猎鹿人》的放映,率领古巴、东欧等国代表团退出电影节。

下面再举一例做证明:只要稍微关心电影的人,没有谁不知道《阿甘正传》,它曾横扫第67届(1994年)奥斯卡,获13项提名(最后获6项大奖)。由于《阿甘》的出现,使年度奥斯卡评选成为很多经典力作——《狮子王》、《肖申克的救赎》、《真实的谎言》挥之不去的一场噩梦。但鲜为人知的是,《阿甘》其实是奥斯卡顺应美国社会长期弥漫的强烈反智情绪和抚平越战伤痛呼声的产物。

最后要提出的是,奥斯卡的"顺势而行"仅针对影片的题材而言,对于影片的艺术要求,并未降低评判标准。以上所提几部影片,在题材上可圈可点,在艺术水准上,亦属佼佼者。

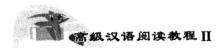

参考词语

1. 盛誉	shèngyù	（名）	很高的荣誉
2. 赢利	yínglì	（动）	赚钱的
3. 鲜为人知	xiǎnwéirénzhī		很少人知道的
4. 剧本	jùběn	（名）	剧本是一种文学形式，它是戏剧、电影、电视的基础，编导与演员根据剧本进行演出
5. 剪辑	jiǎnjí	（动）	电影术语，剪裁编辑
6. 觊觎	jìyú	（动）	不好的希望和企图
7. 观摩	guānmó	（动）	为了学习而观看
8. 荷枪实弹	hèqiāngshídàn		拿着装着子弹的枪
9. 司仪	sīyí	（名）	节目或仪式中担任解说和主持的人
10. 风口浪尖	fēngkǒu-làngjiān		在矛盾的中心，在冲突的焦点
11. 标新立异	biāoxīn-lìyì		故意表现得跟别人不同
12. 横扫	héngsǎo	（动）	形容打败别人取得胜利
13. 挥之不去	huīzhībúqù		不能忘记和脱离关系
14. 噩梦	èmèng	（名）	可怕的梦，形容可怕的记忆或经历
15. 可圈可点	kěquān-kědiǎn		有给人评论、欣赏的地方，形容做得不错，值得赞赏
16. 佼佼者	jiǎojiǎozhě	（名）	超出一般的

专有名词

好莱坞	Hǎoláiwù	Hollywood/美国加利福尼亚州洛杉矶市的一个地方，那里聚集了很多电影公司，是美国电影的象征

文章阅读理解

（1）根据文章，奥斯卡奖的正式名称是：
    A. 奥斯卡金像奖　　　　　　　　　B. 学院奖
    C. 电影艺术与科学学院　　　　　　D. 没有说

(2) 根据文章,奥斯卡琼·赫肖尔特人道主义奖是:
A. 成就奖 B. 特别奖
C. 科学技术奖 D. 没有说

(3) 根据文章,参选最佳外语片奖的影片不需要:
A. 在本国公映过 B. 由该国电影组织推荐
C. 有英语配音 D. 有英文字幕

(4) 根据文章,下面哪种说法正确?
A. 金像奖的司仪提前知道评选结果 B. 金像奖的评选要经过两轮投票
C. 金像奖从开始到现在只停过一次 D. 金像奖第一轮投票是不记名的

(5) 根据文章,我们知道奥斯卡奖:
A. 评选结果总是让人感到意外 B. 获奖的影片总是迎合当时社会心理
C. 总是有强烈的反战情绪 D. 总是非常强调艺术性

(6) 文章最后一段说:"《阿甘》的出现,使年度奥斯卡评选成为很多经典力作——《狮子王》、《肖申克的救赎》、《真实的谎言》挥之不去的一场噩梦。"是想说:
A.《阿甘》的水平比没有获奖的另外几部影片水平高
B. 没有获奖那几部影片水平不比《阿甘》的水平低
C.《阿甘》的题材很好,但是水平上就不算高
D. 没有获奖那几部影片的题材和水平不如《阿甘》

阅读3

中国90年代以来流行音乐(节选)

进入20世纪90年代,中国的大众文化界最重要的变化是娱乐业的大幅度发展。它典型地表现在卡拉OK产业在内地的飞速发展、明星包装制的全面引进,特别是媒体的娱乐化这样几个方面。这一切基本上在20世纪90年代初的三年内完成。

由此给中国流行音乐带来的影响是复杂多元的。首先,原先相对隔离的香港、台湾和内地歌坛开始置身于越来越同一的大文化环境中。其次,由此产生的观念冲突和市场化选择越发激烈。第三,随着娱乐业的进一步发展,亚洲日本、韩国、新加坡流行音乐及欧美流行音乐也大量渗入。

20世纪90年代初,一方面是内地歌坛的暂时低迷,一方面是港台歌曲和歌手全面进入内地。港台歌曲和歌手很快吸引了年轻的一代。这就给内地流行音乐提出了严峻的挑战。对此,以广州为基地的音乐人采取顺应港台的态度,努力学习现代歌手包装技术,同时也尝试改变"西北风"时期

的创作思路,转向都市题材,转向更贴近青少年审美需求的创作方向。以北京为基地的音乐人在对此保留一定抗拒态度的情况下开始出现多方向的分化:一部分力图在学习现代包装技术的同时保留文化意识,一部分转入刚刚兴起的电视剧音乐创作,一部分进入同样兴旺一时的晚会歌曲创作,而摇滚乐则在崔健成功的基础上继续坚持探索和试验。

20世纪90年代中期中国流行音乐的美学观念既有强烈的分化态势,也有相对丰富的发展。在台湾音乐人的介入和帮助下,内地摇滚乐也获得了一段良好的发展,摇滚乐手们乐于强调文化上的叛逆性,也得到了不少青少年的拥护和乐评人的支持。而都市民谣强调的亲情、乡情,校园民谣所特有的"70年代人"的狂热、温馨、理想主义、伤感主义也各有自己的天地。

进入20世纪90年代后半期,中国流行音乐整体上又进入了一个分化、探索、略显低迷的阶段。无论是作品还是歌手较少出现20世纪80年代后期和90年代中期那样集体出场的状态。与此同时,"日流"和"韩流"却日益兴盛。这在某种程度上既与以日本为代表的动漫文化在全球的强势发展有关,也与中国快速发展的经济生活有关。更年轻的"80后"开始成为流行音乐主要的消费群,而他们大部分的童年期是在日本动画、漫画和游戏的熏陶下度过的。这种情况越接近世纪末就越明显。这使得无论是音乐人自身还是乐评人都越来越难以应付。由年龄决定的"代沟"现象在歌坛上显得格外明显。"三年一代人"已经成为业界和教育界的共识。从而,对待"日流"和"韩流"的文化现象,中国流行音乐界已经陷入了强烈的"失语症"。从世纪之交开始,在某种意义上,中国流行音乐界已经失去了理性的思考和探索。

进入新世纪以来,对于中国流行音乐来说,有三个关键词最为重要,它们是网络音乐、数字音乐和选秀。

网络音乐在中国的发展几乎与互联网在中国的发展同步。1997年,音乐人陈哲即建立了第一家音乐网站。到2000年,全国已有各类音乐网站数百家。同年,北京喜洋洋唱片有限公司第一次与新浪网合作,在网站上推广卢庚戌的新歌《蝴蝶花》。2001年,雪村的《东北人都是活雷锋》在网络上一炮走红,成为歌坛特大新闻。从此,众多的歌手发现了一个新的可能,2004年,杨臣刚的《老鼠爱大米》、唐磊的《丁香花》和庞龙的《两只蝴蝶》相继走红。从而,网络歌曲迅速成为一个风靡一时的文化现象。

从2005年开始,不少网络歌曲脱颖而出。《老婆老婆我爱你》、《你到底爱谁》、《月亮之上》、《秋天不回来》等歌曲先后成为热门歌曲。很多网络歌手也出现在各大颁奖礼上。

网络歌曲并非新的音乐类型,但其不需经过唱片公司、经纪人、音乐人的网络传播方式为流行音乐提供了一个全新的平台。它们的成败基本上要由网民的点击率决定,因而具有反精英化、草根化的特点,它代表了平民的审美观,具有源于民间的生命力。但由于网络歌曲的门槛很低,网友原创、翻唱、改唱的歌曲都可以传到网络上去,这也造成了网络歌曲鱼龙混杂,良莠不齐。

(据金兆钧《中国艺术报社》"中国流行音乐30年的美学变迁")

参考词语

1.	低迷	dīmí	(形)	不兴旺,不繁荣
2.	审美	shěnměi	(动)	人欣赏、辨别、领会艺术品的美
3.	抗拒	kàngjù	(动)	不喜欢,拒绝接受
4.	摇滚乐	yáogǔnyuè	(名)	是一种流行音乐,通常由人声伴着吉他、鼓、贝斯或键盘演出,常常表现一种很激烈的情感
5.	美学	měixué	(名)	美学在传统古典艺术的概念中通常被定义为研究美的学说。现代哲学将美学定义为认识艺术、科学、设计和哲学中认知感觉的理论和哲学
6.	叛逆	pànnì	(动)	不顺从,抗拒,反抗
7.	乐评人	yuèpíngrén	(名)	音乐评论者
8.	狂热	kuángrè	(形)	非常热爱并投入做某事
9.	温馨	wēnxīn	(形)	很温暖、感人、甜蜜的
10.	动漫	dòngmàn	(名)	动画、漫画
11.	强势	qiángshì	(形)	势力和影响强大的
12.	失语症	shīyǔzhèng	(名)	一种病,病症是失去语言的能力
13.	理性	lǐxìng	(名)	与感性相对的一种心理状态。按照科学原则判断、推理事务,而不是靠感情
14.	精英	jīngyīng	(名)	指社会上特别优秀的、出类拔萃的人

15. 草根	cǎogēn	（名）	指社会的中下阶层
16. 门槛	ménkǎn	（名）	这里指可以进入的标准
17. 鱼龙混杂	yúlónghùnzá		好的坏的在一起，很难分清
18. 良莠不齐	liángyǒubùqí		好的坏的在一起，水平程度很不同

文章阅读理解

(1) 关于90年代的中国流行音乐，下面哪个说法正确？
    A. 90年代后期的变化没有前期大
    B. 90年代后期港台歌曲和歌手进入内地
    C. "西北风"属于都市题材
    D. 广州和北京的音乐创作风格不大一样

(2) 关于90年代初期的中国流行音乐，下面哪种音乐没有说到？
    A. 晚会歌曲   B. 摇滚音乐
    C. 校园民谣   D. 电视剧音乐

(3) 关于90年代中期的中国流行音乐，下面说法哪个不对？
    A. 脱离了台湾音乐人的介入和帮助
    B. 都市民谣强调亲情
    C. 温馨也是校园民谣的一个特点
    D. 摇滚音乐强调文化的叛逆性

(4) 与"校园民谣所特有的70年代人的狂热、温馨、理想主义、伤感主义也各有自己的天地"中"天地"意思接近的词是：
    A. 天才   B. 空间
    C. 特色   D. 江湖

(5) 关于90年代后期的中国流行音乐，哪个说法不对？
    A. "日流"和"韩流"影响很大
    B. 年龄带来的差异越来越明显
    C. 发展成熟并形成自己稳定的特点
    D. 歌手和作品没有80年代和90年代中期多

(6) 关于网络歌曲的特点，我们知道：
    A. 它比较高雅   B. 它主要靠网络传播
    C. 它制作传播的要求很高 D. 它的歌手不能出名

二、挑战阅读

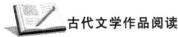 古代文学作品阅读

> 管宁、华歆共园中锄菜，见地有片金。管挥锄与瓦石不异，华捉而掷去之。又尝同席读书，有乘轩冕过门者。宁读如故，歆废书出观。宁割席分座，曰："子非吾友也。"
>
> （据（南朝宋）刘义庆《世说新语》）

| 轩冕 | xuānmiǎn | 古时高级官员的车乘和冕服，也指官位爵禄或国君显贵者 |

1. 字、词、句理解

(1) "管挥锄与瓦石不异"中"不异"的意思是：
　　A. 奇异　　　　B. 差别　　　　C. 不同　　　　D. 相同
(2) "华捉而掷去之"的意思是：
　　A. 华歆被抓起来了　　　　　　B. 华歆捡起来扔了
　　C. 华歆就走过去了　　　　　　D. 华歆说不想去了
(3) "又尝同席读书"中"尝"的意思是：
　　A. 曾经　　　　B. 时常　　　　C. 试试　　　　D. 希望
(4) "宁读如故"中"如故"的意思是：
　　A. 跟老师学习　　B. 假如出事　　C. 好像有问题　　D. 跟以前一样
(5) "歆废书出观"中"废书"的意思是：
　　A. 停止读书　　B. 作废的书　　C. 认真读书　　D. 手里拿着书
(6) "子非吾友也"的意思是：
　　A. 孩子不会有朋友　　　　　　B. 儿子也不能成朋友
　　C. 你不是我的朋友　　　　　　D. 你没有我这么够朋友

2. 内容理解

(1) 见到地里有金子，管宁：
　　A. 根本不管　　　B. 没有看见　　　C. 捡起来了　　　D. 送给华歆
(2) 最后导致管宁和华歆决裂的原因是：
　　A. 管宁和华歆性格不同　　　　B. 管宁和华歆发生了争吵
　　C. 管宁觉得跟华歆的志趣不同　　D. 管宁觉得跟华歆的地位不同

3. 回答问题

(1) 管宁和华歆在哪两个问题上产生分歧？
(2) 管宁怎么处理和华歆的关系？
(3) 你怎么看待管宁的做法？

白话文参考译文

管宁和华歆一起在园中锄菜，看到地上有片金子，管宁依旧挥锄，把它看做瓦石一样，华歆却捡起扔到一边去了。两人还曾坐在一张席上读书，这时有漂亮的车经过门前，管宁照样读书，华歆却扔下书出去观望。管宁把坐席割开，和华歆分席而坐，并对华歆说："你（已经）不是我的朋友了。"

笑话阅读

　　新上任的知县是山东人，因为要挂帐子，他对师爷说："你给我去买两根竹竿来。"师爷把山东腔的"两根竹竿"听成了"两个猪肝"，连忙答应着，急急地跑到肉店去，对店主说："新来的县太爷要买两个猪肝，你是明白人，心里该有数吧！"

　　店主是个聪明人，一听就懂了，马上割了两个猪肝，另外奉送了一副猪耳朵。离开肉铺后，师爷心想："老爷叫我买的是猪肝，这猪耳朵当然是我的了……"于是便将猪耳包好，塞进口袋里。回到县衙，向知县禀道："回禀太爷，猪肝买来了！"

　　知县见师爷买回的是猪肝，生气道："你的耳朵哪里去了！"师爷一听，吓得面如土色，慌忙答道："耳……耳朵……在此……在我……我的口袋里！"

参考答案

　　这个笑话的可笑之处是知县的发音不准确带来的,他把竹竿说成了"猪肝";而师爷贪污了一对猪耳朵,没想到知县生气地骂他:"你的耳朵哪里去了?"这是中国人用来批评人没有注意听清楚别人讲话时的常用语,师爷却以为自己的贪污行为败露了。

社会问题

一、导 读

本课讨论的是艾滋病、老龄化和贫富差距的问题,这些问题是困扰许多国家的社会问题,中国也不例外。那么中国的这些问题究竟如何?通过本课的三篇文章,大家可以对这些问题做一个比较全面的了解。

2010年4月28日,中国政府宣布取消对患有艾滋病、性病、麻风病外国人的入境限制,并限定禁止入境的患有精神病和肺结核病外国人的范围。这一决定充分显示中国政府在消除不公平和歧视方面所做的努力。

 阅读1

为艾滋病人争取平等的权利

20年来,这名女学者一直在努力说服人们更平等地对待艾滋病患者。为此,她举办讲座,四处调研,和形形色色的人打交道。但这一切收效并不大,她深深体会到人们对艾滋病患者的不了解和敌意,也在推进立法的过程中遭到挫折。

夏国美花了整整20年时间,来劝说人们更平等地对待艾滋病患者。但她至今讲不出几个让人感到鼓舞的故事。

在上海社会科学院那间不足20平方米的办公室里,她能记起的故事都辛酸或悲哀。她提起一个云南年轻人的经历:在单位体检中,他被发现感染了艾滋病病毒。他打算辞职,没想到,领导们早已在会议室坐成一排,宣布"你得了艾滋病"。这个"当场就被扒光衣服"的年轻人,羞愤之下,设计了几个自杀方案,即便如此,他还担心死后会连累家人。

这是夏国美遇见的艾滋病患者经历中很寻常的一例。她第一次接触到艾滋病感染者,是在上海疾病控制中心。当时,一名男子被确诊感染艾滋病病毒,此后几年中,他的妻子很少踏出家门,几乎断绝了所有社会交往;他们的孩子被迫退学,因为在学校大家都知道"他爸爸得了艾滋病";甚至医生也拒绝给这对夫妻看病。

这名54岁的女学者用"残酷如地狱"来形容中国艾滋病患者的处境。为了了解这种处境,她每年要花上一多半时间,跑到云南、四川、贵州、新疆等地方进行调研。她的调研对象包括性工作者、吸毒者,其中许多是艾滋病感染者,是她嘴里"像老鼠一样的人"。

这让她在周围许多人眼里"有点奇怪"。在上海社会科学院的院子里,来访者只要报出她的名字,那个清洁工就会努努嘴儿,尖着嗓门笑:"哦,您要找那个发安全套的教授啊。"

几乎所有朋友都接到过夏国美的电话,请他们支持"为艾滋病人做一点事情",这些事情包括开办专家讲座、免费培训、募集药品。

她为中国艾滋病知识的普及程度太低而苦恼。当她带着学生,搬着大箱子,跑进发廊、美容院和足浴城分发安全套时,那些染了黄头发、穿了渔网袜的姑娘总是笑着问她:"夏老师,艾滋病不是外国人的病吗?"

更让她不安的是其他人对艾滋病的态度。有一次,她被一家公司的领导赶了出来。当时,她来到那家完全陌生的公司,想在这里举办一场关于艾滋病的讲座,对方青筋暴突,忙着摆手:"我们这里没有艾滋病的,不要不要。"

还有一次,一名疾病控制中心的官员找到她,请她帮忙解决一件"麻烦事"。一个发廊女感染了艾滋病毒,可是没有人能说服她离开。

夏国美记得,该官员锁紧眉头说:"我打算去告诉老板,让老板逼她走。"

"不可以!绝对不可以!"夏国美激动地回答。她提出,我国《艾滋病防治条例》规定,艾滋病患者拥有唯一的知情权以及告知他人的权利。

但她清楚,这在中国并不现实。上海市有关部门对艾滋病立法曾有一个想法:"若艾滋病患者30天内未主动告知其配偶,有关部门有权代替本人告知配偶。"在讨论会现场,夏国美举手反对。

"比如你吃了坏东西,拉肚子。别人可以指责你,但没有权利歧视你,让你无路可走,"夏国美说,"和肠胃炎一样,艾滋病也是一种病,如此而已。"

最后,有关部门取消了这个设想。不过夏国美觉得,这些侵犯艾滋病人隐私权的观念,就像一枚枚定时炸弹,可能引起不堪设想的后果。

"艾滋病病人的心理都是很脆弱的,这个社会给他们的压力太大了。"夏国美认识的一名艾滋病感染者,在上班的时候,拨定了闹钟,按时吃药。一个同事看到了,随口问了句:"你定闹钟干吗?吃什么药呢?"当场,这个病人便情绪崩溃了。

从2004年起,作为上海社科院艾滋病社会政策研究中心主任、联合国艾滋病规划署的中国组顾问,夏国美开始努力推动制定一项反对艾滋病歧视的法律。

有不少专家不理解这种正视社会边缘人群的态度,甚至质疑她"把这些人放上台面,不光彩"。

但在夏国美看来,对艾滋病这种社会问题,最好的办法就是通过研究,给决策者提供有效的解决方法,通过合理的制度设计,去帮助更多的人,而法律的制定是其中最为重要的环节。

(据《中国青年报》2009年10月28日)

参考词语

1. 敌意　　díyì　　　　　（名）　敌对的态度
2. 立法　　lìfǎ　　　　　（动）　制定法律
3. 辛酸　　xīnsuān　　　（形）　很痛苦可怜
4. 断绝　　duànjué　　　（动）　切断联系,以后不再有关系
5. 募集　　mùjí　　　　　（动）　招募筹集
6. 青筋暴突　qīngjīn bàotū　　　表示人非常愤怒的样子
7. 脆弱　　cuìruò　　　　（形）　不坚强,很容易破碎
8. 崩溃　　bēngkuì　　　（动）　支持不住,完全倒下
9. 正视　　zhèngshì　　　（动）　很严肃地看这个问题
10. 边缘　　biānyuán　　　（名）　不在中间,不受重视
11. 质疑　　zhìyí　　　　　（动）　觉得有问题,提出怀疑

文章阅读理解

(1) 从文章来看,艾滋病患者在中国:
　　A. 一般能得到公平对待　　　　B. 一般不能得到公平对待
　　C. 能得到法律充分的保护　　　D. 很少遇到人们的误解和敌意

(2) 文章中调查艾滋病的人是：
　　A．记者　　　　　　　　　　B．医生
　　C．教授　　　　　　　　　　D．义工
(3) 文章中想自杀的艾滋病感染者是：
　　A．领导　　　　　　　　　　B．教师
　　C．学者　　　　　　　　　　D．没有说
(4) 从文章中我们知道中国艾滋病患者的处境：
　　A．很悲惨　　　　　　　　　B．比较舒畅
　　C．有些不公平　　　　　　　D．还可以
(5) 从文章中我们知道中国性工作者可能在：
　　A．发廊　　　　　　　　　　B．美容院
　　C．足浴城　　　　　　　　　D．以上全部
(6) 文章中的主人公请朋友为艾滋病人做的事情不包括：
　　A．募集药品　　　　　　　　B．免费培训
　　C．安排工作　　　　　　　　D．开办讲座
(7) 从文章中我们知道对艾滋病不了解并歧视艾滋病患者的人是：
　　A．性工作者　　　　　　　　B．官员和领导
　　C．普通民众　　　　　　　　D．以上全部
(8) 文章作者认为消除对艾滋病的歧视最重要的是：
　　A．关心艾滋病患者　　　　　B．加强宣传
　　C．制定法律　　　　　　　　D．以上全部

阅读2

中国的老龄化问题

　　2009年10月26日是农历九月九日重阳节，是传统上爱老、敬老的日子。中央电视台《新闻1＋1》节目专门讨论了中国老人养老问题。讨论嘉宾为著名节目主持人白岩松。他是这样说的：

　　我觉得长期以来，首先有一个数字，在中国这样一个国家里头，是居家养老、养儿防老，是根深蒂固的，目前在中国99％是居家养老，只有1％是社会养老，应该说是三个原因造成的：第一个观念上不太接受，啊，有孩子送出去养了，孩子不孝，后面戳脊梁骨，即使真不孝也要装孝，对吗？这是第一个原因，观念。第二个是经济能力，你想想，包括农村在内，我们这么广泛的，这么多的老年人，现在有多少个有经济能力能把老人送到社会性的

福利机构里？这是很重要的一点。第三，社会福利机构虽然在快速地发展，但是跟不上需求。我们来看这样的一个数字，老年性福利机构，你看到2005年的时候，我们全社会拥有多少张床位，到2005年的时候，在城镇有41万，在农村有89万，然后住养了多少人呢？到2005年的时候，连农村带城镇加起来108万，全国多少老人啊，其实我们现在都知道，我给大家看这么一个数字，大家可能感触就更深了。到现在为止，咱们国家超过60岁的老人已经占总人口的12.79％，也就是1.62亿60岁以上的老人，刚才我们说了，全社会的福利机构才能解决108万老年人的养老问题，杯水车薪。所以这三个因素加在一起就构成了这样一种局面。

从全国的角度来说，99％还是居家养老，但是1％是社会养老。但是别看这99％居家养老，这里有相当多的，怎么说呢，萎缩，这种萎缩是再也不像很多年前那样四合院、四世同堂、三世同堂，或者说在农村大家庭里老人有发言权、有经济决定能力等等。现在这99％虽然还在家里养老，但是发生的状况改变很大：有可能老人是一个人住在那儿，孩子偶尔来看看；有可能在家里一起生活，孩子都忙，陪他说话的都没有。虽然99％的数字还在这儿，但是养老的质量大不如以前了。

从另外一个角度来说，当然我觉得到目前为止，中国应该更加高度地重视老年人的问题，为什么这么说呢？不能说不重视，2006年关于老年人问题的白皮书，国务院领导人的讲话也都很多，但是更多的时候，我们还是把老年人的问题似乎当成是社会福利和慈善这样一个事业来看待，包括比如说老龄委也在做大量的工作，但是还没有获取更大的能量，我觉得对于老年人问题，已经应该当成国家战略来看待。

我去日本采访，专门做了一期节目是关于老年人问题，当时我问日本一个专家，在你们国家什么事情是最重要的？我以为会听到国防、外交、经济发展等等，他说人口问题。一方面日本超过65岁以上的老人已经占全社会20％多；另一方面出生率极低，因此人口问题成了困扰，包括日本说过去这十年都跟人口变化有关。

说到这儿的时候，再回到中国来吧，我再给大家换算一下，大家就明白了，我为什么要提出从更高的政府重视程度和国家战略的角度去看待这个问题：我们现在是1.62亿60岁以上的老人，2009年，也就是说七八个中国人养一个老人。好了，到2020年的时候呢，2.48亿，占总人口17％，60岁以上的老人，我们大约是四五个人要养一个老人。2050年，4.37亿60岁以上的老人，我们不到三个中国人就要养一个老人，请问养得起吗？

我们来看这样一个数字,"9064",首先跟它对应的数字是我刚才说的,过去中国99％是居家养老,1％是社会养老,"9064"是哪儿来的?"9064"是北京,我们再具体看一下,"9064"什么意思?这是北京养老现在已经达成的一种模式,非常让人羡慕,90％的老年人是在居家养老,这还是大比例,我刚才说的,但是已经有6％的老年人是社区养老,还有4％的老年人集中养老。你透过这两个数字就知道中国养老未来的发展趋势,从全国的范围来看,逐渐减少99％的居家养老数字,可能慢慢靠近北京的这种模式。而像北京、上海等等这些大模式城市是逐渐减少90％,而增加6％和4％这样一个概念,我觉得这里最大的空间在中间在社区,所以我们有时间的话,一定会详细地探讨,虽然这4％也会增加,就是说福利院等等,但是我觉得它不是无限的,它不能解决全部的问题。我们说突飞猛进,一夜之间翻番了,我们的福利院能养几百万老人了,但是跟我们的缺口比,跟我们的每年新增加老人比,差远了。

（据央视博客 http://blog.cctv.com/2009年10月27日）

参考词语

1. 老龄化　　lǎolínghuà　　　（动）　　向老年人的趋势发展
2. 居家养老　jūjiā yǎnglǎo　　　　　　　住在家里安度晚年
3. 养儿防老　yǎng'ér fánglǎo　　　　　　为了在老年的时候有人照顾而养育子女
4. 戳脊梁骨　chuō jǐlianggǔ　　　　　　 因为做错事而被人在背后指责批评
5. 福利机构　fúlì jīgòu　　　　　　　　　这里指为照顾人民生活的机构,特别指为老人、病人、灾民、孤儿等弱势群体提供帮助的机构
6. 杯水车薪　bēishuǐ-chēxīn　　　　　　 用一杯水去灭一车着火的木柴,比喻需要的很多而能提供的又很少
7. 萎缩　　　wěisuō　　　　（动）　　变少了,缩小了
8. 模式　　　móshì　　　　　（名）　　一种可供别人学习的样板
9. 社区　　　shèqū　　　　　（名）　　社会里一群人在一个区域内形成的相互关联的大集体

专有名词

重阳节	Chóngyáng Jié	中国一个传统节日,在每年农历的九月九日

文章阅读理解

(1) 关于养老,哪个是白岩松说的观念问题:
　　A. 大部分人觉得家里的条件比养老院好　　B. 大部分人觉得养老院很可怕
　　C. 送老人去养老院的子女不是好孩子　　D. 子女都不愿意把父母送到养老院去

(2) 根据白岩松说的话,我们知道中国老人:
　　A. 农村多　　　　　　　　　　　　B. 城市多
　　C. 城市和农村一样多　　　　　　　D. 不知道

(3) 根据白岩松说的话,在家养老的中国老人:
　　A. 总能得到子女的照顾　　　　　　B. 许多人也很孤单
　　C. 孩子都不管他们了　　　　　　　D. 在家都有发言权

(4) 白岩松说"应该更加高度地重视老年人的问题"是希望:
　　A. 把养老问题当成社会福利问题　　B. 把养老问题当成慈善事业
　　C. 把养老问题当成国家战略　　　　D. 应该加强老龄委的工作

(5) 根据白岩松的话,哪个数字是错的?
　　A. 日本65岁以上的老人超过人口20%
　　B. 中国现在60岁以上老人有2.48亿
　　C. 2050年,60岁以上老人比2020年多了1.89亿
　　D. 现在大概七八个中国人养一个老人

(6) 根据白岩松的话,"9046"这几个数字中他最抱希望的是:
　　A. 增加其中的90　　　　　　　　　B. 增加其中的4和6
　　C. 增加其中的4　　　　　　　　　　D. 增加其中的6

 阅读3

经济发展中的贫富差距问题

　　在近三十年的体制改革和对外开放过程中,中国经济实现了高速增长,社会财富得以迅速积累,这一高速增长直接得益于我国的经济体制改革、对外开放和市场经济的发展。

同时，正如国内外学者所关注的，近年来我国社会的贫富差距正在迅速拉大，我国国民收入分配的基尼系数已从改革前的0.16迅速攀升到了0.47(王远鸿，2006)，已经超过了国际社会公认的临界水平(0.40)，有的学者认为中国已经出现了社会结构中的"断裂"现象。在这样的发展趋势下，如何分析当代中国的社会分层现状与社会流动机制，如何改善中国社会目前贫富差距继续拉大的趋势，积极化解社会矛盾，保持社会稳定，已经成为社会学界普遍关注的问题。

如果我们从最核心的社会结构指标即收入水平入手来分析中国的社会分层现状，当前中国社会发展中出现的比较重要的群体收入差异可以从三个维度来进行分析。一是区域差异，二是行业—职业群体之间的差异，三是族群差异。

1. 区域收入差异

体现的是不同地区居民在人均产值和人均收入等方面的差距，这些差距通常都与各地区在自然资源条件(经纬度、海拔、土壤、降雨、淡水、植被、矿藏等)、经济区位(邻近海湾、河流、经济区域分布格局中的地理位置等)、基础设施建设水平(交通、通信、水利、环境保护设施、城市建设等)、产业结构(传统农牧业、制造业、服务业、新兴高端技术产业、旅游业、文化产业、设计业等)各方面差异相关联。不同区域之间差距的形成，通常也与历史上的政治、经济格局以及生产力水平(如石油的发现及勘探开采技术)相关。

在20世纪80年代曾经一度颇有影响的"梯度发展理论"，强调的就是中国从沿海到中部再到西部的这几个经济区之间在发展条件、实际水平和发展潜力等方面的显著差异，建议在投资与发展战略部署上先易后难，优先投资发展沿海，然后逐步推进到中部，最后再发展西部。

2. 行业—职业收入差异

这是当前中国社会学界在社会分层研究中最予关注的领域，讨论的焦点主要集中在应当如何划分以及根据什么标准来划分中国的社会阶层。区域差异体现的是各地区居民作为一个整体在社会竞争中所处的相对地位和整体水平，而行业—职业差异体现的则是不同产业(农牧业、制造—建筑业、传统服务业、金融—设计—通信等新型服务业)、不同职业(企业管理人员、技术人员、办公人员、制造建筑交通业的操作工人、农牧民等)就业人员在就业机会和收入分配方面的差异。如果排除了个别垄断性行业(如目前中国的金融、电力等行业)的特殊收入机制，在正常市场竞争机制中运行的不同行业—职业就业人员中的收入差异与各行业—职业对于劳动力在教育、技能、工作经验等方面的要求密切相关。例如管理人员、技术人员一般有较高学历和工作经验,因而收入较高,而普通操作工人的学历和工资一般较低。

3. 族群收入差异

族群收入差异一般表现为政府统计资料和学术界社会调查数据所反映的存在于不同族群之间的整体收入差距。西方国家通常使用族群整体(如白人、黑人、亚裔等)的就业率、贫困率、平均收入等统计指标来衡量族群收入差异(马戎,2004:234)。值得注意的是,许多族群社会学的专题研究成果表明:如果研究者采用较大规模的问卷调查,可以发现族群在收入上存在的差距在一定程度上反映的是不同区域(大都市、城镇、乡村、边疆)、教育水平(文盲、小学、中学、大学)和所从事职业(农民、牧民、工人、技术人员、干部等)的差距。

如果各族群的聚居区属于经济和教育发展水平各自不同的地区,各族群劳动力的产业结构、职业结构也必然不同,各族居民的平均收入水平也会因为区域收入差距以及行业、职业的收入差异而出现明显差距。例如中国的经济发达地区主要是沿海汉族人口聚居区,经济发达地区普遍较高的收入水平在客观上使汉族的收入水平整体高于其他少数族群。

(据《北京大学学报(哲社版)》2009 年 1 期马戎文)

参考词语

1.	贫富差距	pínfù chājù		穷人和富人间经济收入方面的差距
2.	族群	zúqún	(名)	依照人群的宗教、出生地、祖籍地、居住地、工作地或语言等对人群分出的类
3.	临界	línjiè	(名)	指由某一种状态转变为另一种状态
4.	经纬度	jīngwěidù	(名)	地球的经度和纬度
5.	区位	qūwèi	(名)	这里指地区、区域
6.	高端	gāoduān	(名)	处于最高位置的部分
7.	勘探	kāntàn	(动)	寻找和探查一个地方的矿藏
8.	开采	kāicǎi	(动)	把矿、石油等物质从地下、海底取出来

专有名词

基尼系数	jīní xìshù	Gini Coefficient/是意大利经济学家基尼（Corrado Gini）提出的一种测定收入分配差异程度，是考察居民贫富差异程度的方法

文章阅读理解

(1) 根据文章，目前中国的贫富差距：
    A. 正常　　　　　　　　　　　B. 出现了一点儿
    C. 迅速拉大　　　　　　　　　D. 没有说

(2) 根据文章，中国几个经济区是：
    A. 沿海、中部、西部　　　　　B. 南部、北部、中部
    C. 外部、内部、中部　　　　　D. 农业、制造业、服务业

(3) 根据文章，交通条件属于下列哪个方面？
    A. 自然条件　　　　　　　　　B. 基础建设水平
    C. 经济区位　　　　　　　　　D. 产业结构

(4) 根据文章，下面哪个是中国的垄断行业？
    A. 农牧业　　　　　　　　　　B. 建筑业
    C. 金融业　　　　　　　　　　D. 传统服务业

(5) 根据文章，正常情况下哪个不是影响职业收入差距的因素？
    A. 教育　　　　　　　　　　　B. 技能
    C. 经验　　　　　　　　　　　D. 相貌

(6) 根据文章，在区域、行业、族群三个因素中，对中国人收入差距影响最小的因素是：
    A. 区域　　　　　　　　　　　B. 行业
    C. 族群　　　　　　　　　　　D. 没有说

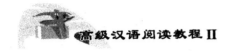

二、挑战阅读

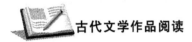古代文学作品阅读

曾子之妻之市,其子随之而泣,其母曰:"女还,顾反为女杀彘。"妻适市来,曾子欲捕彘杀之,妻止之曰:"特与婴儿戏耳。"曾子曰:"婴儿非与戏也。婴儿非有知也,待父母而学者也,听父母之教。今子欺之,是教子欺也。母欺子,子而不信其母,非所以成教也。"遂烹彘也。

(据《韩非子》)

1. 彘　　zhì　　　　猪
2. 女　　nǚ　　　　同"汝",你

1. 字、词、句理解

(1)"曾子之妻之市"中后一个"之"的意思是:
　　A. 的　　　　B. 她　　　　C. 去　　　　D. 有
(2)"其子随之而泣"中"泣"的意思是:
　　A. 哭　　　　B. 叫　　　　C. 生气　　　D. 难过
(3)"女还,顾反为女杀彘"中的"还"的意思是:
　　A. 仍然　　　B. 交回　　　C. 过来　　　D. 回来
(4)"妻适市来"的意思是:
　　A. 妻子来得很合适　　　　B. 妻子从市场回来
　　C. 妻子觉得很舒适　　　　D. 妻子来了就逛街
(5)"妻止之曰"中"止"的意思是:
　　A. 制止　　　B. 停止　　　C. 禁止　　　D. 举止
(6)"婴儿非与戏也"的意思是:
　　A. 孩子非要跟他们游戏　　B. 不能哄骗孩子
　　C. 没有不爱玩的孩子　　　D. 不要跟孩子玩

(7) 下面哪个词语中的"子"跟"今子欺之"中"子"的意思接近：
　　A. 赤子之心　　　　B. 妻离子散　　　　C. 执子之手　　　　D. 子丑寅卯
(8) "母欺子"中"欺"的意思是：
　　A. 欺负　　　　　　B. 欺骗　　　　　　C. 吓唬　　　　　　D. 鼓励
(9) "遂烹彘也"的意思是：
　　A. 说完就马上去杀猪了　　　　　　　　B. 因此就一定要杀猪了
　　C. 所以就到外边去抓猪了　　　　　　　D. 就去把那只猪煮熟了

2. 内容理解

(1) 曾子的妻子说给孩子杀猪是因为：
　　A. 孩子想吃猪肉了　　　　　　　　　　B. 她要给孩子增加营养
　　C. 她哄孩子不要跟着她　　　　　　　　D. 她需要杀猪到市场去卖
(2) 曾子杀猪的原因是：
　　A. 他想杀猪给孩子吃　　　　　　　　　B. 猪已经长大了
　　C. 他想让孩子看他怎么杀猪　　　　　　D. 他想教孩子恪守承诺
(3) 曾子觉得"子而不信其母"：
　　A. 是个人成功的关键　　　　　　　　　B. 是非常不好的事情
　　C. 是锻炼孩子的方法　　　　　　　　　D. 是经常发生的事情

3. 口头回答问题

(1) 见到曾子要杀猪，他妻子的态度是什么？
(2) 曾子一定要杀猪的理由是什么？

白话文参考译文

　　曾子的妻子要上街去，他的儿子跟在后面哭着要去。曾子的妻子没有办法，对儿子说："你回去吧，我从街上回来了杀猪给你吃。"

　　曾子的妻子刚从街上回来，曾子便准备把猪抓来杀了，他的妻子劝阻他说："我只是哄小孩才说要杀猪的，不过是玩笑罢了。"曾子说："小孩不可以这样哄着玩的。小孩子并不懂事，什么知识都需要从父母那里学来，需要父母的教导。现在你如果哄骗他，这就是教导小孩去哄骗他人。母亲哄骗小孩，小孩就不会相信他的母亲，这不是用来教育孩子成为正人君子的办法。"说完，曾子便杀了猪煮熟给孩子吃。

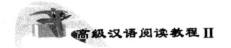

 笑话阅读

复述这个笑话,并说明它的意思

某村长一心想干一番大事业,经过周密的调查后向上级领导送了一份计划书,主要内容是:

"给长城贴上瓷砖,给赤道镶上金边,给太平洋围上栏杆,给珠穆朗玛峰装上电梯。"

领导看了以后批示:"不要好高骛远,多干点实事、小事。"

于是村长又进行了一番调查,接着上书一封。这次写的是:

"世界上害虫很多,祸害人类,我们计划做下面的小事:给苍蝇戴上手套,给蚊子戴上口罩,给老鼠戴上脚镣,给蟑螂戴上安全套。"

参考答案

幽默的关键在于村长所谓"计划"的荒谬,不管是"大事"还是"小事",都看出村长的极度幼稚可笑,更深的含义是影射了一部分人愚蠢的不切实际和好高骛远。

注意村长的计划书,它是利用了汉语对仗、押韵的手段,注意每个句子的长短和最后一个字的读音。

第八课

犯罪问题

一、导　读

犯罪就是违反法律,做出危害他人、社会或国家的行为。在当今世界,犯罪已经成为一个严重的社会问题,如有人将未成年人犯罪列为继环境污染、贩毒吸毒之后的第三大世界性问题。预防和防止犯罪对当今世界的任何一个国家来说都是一个非常巨大的挑战。也正因为如此,世界各国都十分重视这个问题。

犯罪的原因很复杂,它是一个与政治、经济、社会关系非常密切的社会问题。预防犯罪、减少犯罪、惩治罪犯是需要全社会共同考虑的。

本课的三篇文章都与犯罪有关,其中有往往被人们忽视的罪犯未成年子女的生活状况问题、有法院判决书、有对美国犯罪问题的分析。我们希望这些文章能够帮助大家了解有关犯罪和法律方面的情况,学习有关这方面的汉语知识。

阅读1

中国服刑人员子女状况调查(节选)

监狱服刑人员未成年子女是近年来社会变革中逐渐衍生和正在形成的一个特殊群体。为了清晰地勾勒这个凸显的社会问题,司法部于2005年中期组成课题组,集中力量开展"监狱服刑人员未成年子女基本问题"的调研工作。本次调查以全国31个省(区、市)所有在押的有18周岁以下未成年子女的服刑人员为总体,分别抽取了12个省、区、市的36座监狱中(重型犯监狱、普通犯监狱、女犯监狱各占1/3)有未成年子女的服刑人员样本11527个,采集数据超出50万条。在此基础上,对我国监狱服刑人员未成年子女的基本情况进行了归纳和整理:截至2005年底,在我国监狱服刑的156万名在押犯中,有未成年子女的服刑人员近46万人,占押犯总数的30%

左右,服刑人员未成年子女总数逾60万。

1. 家庭经济陷入困境,半数以上的服刑人员未成年子女生活堪忧

调查结果显示:45.9%的监狱服刑人员表示,孩子目前的生活状况没有保障,原居住地在农村的监狱服刑人员中,有52.8%认为其未成年子女的生活状况没有保障;25%的监狱服刑人员表示,对孩子目前的生活状况是否有保障不清楚;不足30%的服刑人员认为孩子目前的生活状况处于有保障状态。

2. 辍学现象严重,服刑人员未成年子女受教育权得不到保障

统计结果显示:服刑人员未成年子女中辍学的人数占被调查服刑人员未成年子女总数的13.1%。其中,户口居住地为大中城市的服刑人员的未成年子女辍学率为6.6%,户口居住地为小城市(含县、镇)的服刑人员的未成年子女辍学率为10.1%,户口居住地为农村的服刑人员的未成年子女辍学率16.1%。

统计结果同时显示:服刑人员未成年子女中的辍学群体在其父(母)亲入狱后显著增大。被调查的服刑人员中,其未成年子女在父(母)入狱前就已经辍学的占未成年子女辍学总人数的17.56%,在父(母)入狱后辍学的为82.43%。

3. 服刑人员未成年子女流浪、乞讨现象令人担忧

统计结果显示:监狱服刑人员未成年子女在社会上流浪、乞讨的占服刑人员未成年子女总数的2.5%。其中,居住在大城市、小城市(含县、镇)和农村的服刑人员未成年子女在外流浪、乞讨的人数在该类未成年子女总数中所占的比例依次呈递增态势,分别为1.4%、2.4%和3%。令人担忧的是,多达1/5的服刑人员(占被调查总人数的22.3%)因为种种原因,不知道孩子现在的情况,更不清楚他们是否已经在社会上流浪或者乞讨。

4. 监狱服刑人员未成年子女犯罪率远远高于全社会未成年人犯罪率

统计显示:2006年未成年在押犯占全国在监狱服刑人员总数的百分比为1.41%。

本次统计结果显示:被调查的服刑人员未成年子女违法犯罪的人数占被调查人员未成年子女总量的1.2%。

统计结果同时显示:有9.4%的被调查人员表示并不清楚自己的孩子是否有违法犯罪行为。

为了慎重起见，课题组在结束了全国大规模的抽样调查以后，专门到北京市未成年犯管教所对在押的所有未成年犯进行了全员调查。调查结果显示，未成年犯父母一方或双方被判刑的占未成年犯总量的9%。广东司法厅调查显示，截至2005年5月，广东省未成年管教所收押的未成年服刑人员中有15%是父(母)服刑或有家庭缺陷的。调查结果从不同的角度印证了监狱服刑人员未成年子女的犯罪率要远远高于全社会未成年人犯罪率的结论。

　　5. 不发达地区和农村贫困地区服刑人员未成年子女的生活是"弱者更弱"，雪上加霜

　　在相对不发达或者是比较贫困的农村地区和一些小城市(含县、镇)，原本家庭经济收入就比较低的服刑人员未成年子女的生活在父母服刑后更是雪上加霜，沦于更加贫弱的境地，更加不断地被社会边缘化。这种因地区差异导致的服刑人员未成年子女中的"弱者更弱"的现象值得关注。

　　6. 遭遇双重家庭变故的监狱服刑人员未成年子女其父母的监护职责形同虚设

　　统计结果显示：12%以上的服刑人员未成年子女父母双方均受到过刑罚处罚，全国目前大约有近6万个服刑人员家庭的未成年子女的监护权发生事实上的丧失或者缺损，他们的生活状况、教育状况受到严重的威胁。

　　(据中国法律信息网《司法部发布服刑人员未成年子女基本情况调查报告》)

参考词语

1.	服刑	fúxíng	（动）	被判刑后正在监狱执行刑期
2.	衍生	yǎnshēng	（动）	从这里产生出来
3.	勾勒	gōulè	（动）	描绘或表现出
4.	在押	zàiyā	（动）	(犯人)被羁押控制
5.	归纳	guīnà	（动）	从个别到整体，从特殊到普遍的一种推理总结
6.	辍学	chuòxué	（动）	停止(学校的)学习
7.	未成年犯	wèichéngniánfàn	（名）	没有成年的罪犯
8.	管教所	guǎnjiàosuǒ	（名）	中国关押管教未成年犯的机构
9.	雪上加霜	xuěshàngjiāshuāng		比喻在糟糕的情况下遇到更加糟糕的新情况

文章阅读理解

(1) 文章中说到的中国监狱有：
    A. 一种　　　　B. 两种　　　　C. 三种　　　　D. 四种

(2) 文章中说中国的监狱一共有：
    A. 36 座　　　　B. 11527 座　　C. 50 万座　　　D. 没有说

(3) 根据文章,中国 2005 年底在监狱服刑人员的未成年子女一共有：
    A. 156 万　　　B. 46 万　　　　C. 60 万　　　　D. 没有说

(4) 根据文章,服刑人员的未成年子女的辍学情况是：
    A. 农村好于小城市,小城市好于大中城市
    B. 大中城市好于小城市,小城市好于农村
    C. 大中城市好于农村,小城市好于大中城市
    D. 农村好于大中城市,大中城市好于小城市

(5) 关于服刑人员未成年子女的辍学问题,与文章意思最接近的是：
    A. 原先不存在,父母服刑后才出现
    B. 父母服刑前就存在,跟父母是否服刑没关系
    C. 父母服刑前存在,父母服刑后变得很严重
    D. 父母服刑前存在,父母服刑后就不存在了

(6) 父母服刑后未成年子女流浪乞讨的情况是：
    A. 多达 1/5 的服刑人员的未成年子女流浪、乞讨
    B. 22.3％的服刑人员未成年子女流浪、乞讨
    C. 服刑人员未成年子女总数的 2.5％在流浪、乞讨
    D. 以上全部

(7) 根据文章,父母服刑后未成年子女犯罪的情况是：
    A. 1.41％的服刑人员未成年子女犯罪
    B. 被调查服刑人员中的 1.2％未成年子女犯罪
    C. 9.4％的被调查服刑人员未成年子女犯罪
    D. 以上全部

(8) 根据文章,我们知道：
    A. 在北京,9％未成年犯的父母一方或双方都被判刑
    B. 在广东,15％未成年犯父或母在服刑或家庭有缺陷
    C. 6 万个服刑人员家庭的未成年子女的监护权有问题
    D. 以上全部

(9) 根据文章,服刑人员的未成年子女的整体状况：
    A. 在城市的稍微好些　　　　　　B. 在农村的稍微好些
    C. 城市和农村一样　　　　　　　D. 没有说

北京市房山区人民法院刑事判决书

2009 年房刑初字第 00054 号

公诉机关:北京市房山区人民检察院

被告人臧×,男,25 岁(1983 年 5 月 20 日出生),汉族,出生地北京市,初中文化,农民,住北京市房山区韩村河镇赵各庄村三区 45 号。因涉嫌犯寻衅滋事罪,于 2008 年 8 月 20 日被羁押,同年 9 月 23 日被逮捕。现羁押在北京市房山区看守所。

被告人赵×,男,33 岁(1975 年 7 月 28 日出生),汉族,出生地北京市,初中文化,农民,住北京市房山区琉璃河镇兴礼村东区 42 号。曾因犯强奸罪,于 1991 年 11 月被判处有期徒刑三年,曾因犯盗窃罪,于 2002 年 6 月被判处有期徒刑一年零六个月。因涉嫌犯寻衅滋事罪,于 2008 年 8 月 20 日被羁押,同年 9 月 23 日被逮捕。现羁押在北京市房山区看守所。

被告人方×,男,22 岁(1986 年 7 月 18 日出生),汉族,出生地北京市,中专文化,居民,住北京市房山区石楼镇杨驸马庄村五区 14 号。曾因犯寻衅滋事罪,于 2006 年 10 月 31 日被判处有期徒刑十个月,缓刑一年。因涉嫌犯寻衅滋事罪,于 2008 年 9 月 9 日被羁押,同年 9 月 23 日被逮捕。现羁押在北京市房山区看守所。

北京市房山区人民检察院以京房检刑诉(2008)644 号起诉书指控被告人臧×、赵×、方×犯寻衅滋事罪,于 2008 年 12 月 26 日向本院提起公诉。本院依法组成合议庭,公开开庭审理了本案。北京市房山区人民检察院指派代理检察员赵××出庭支持公诉,被告人臧×、赵×、方×到庭参加诉讼,现已审理终结。

经审理查明,2007 年 7 月 9 日 22 时 30 分左右,被告人臧×与张××等人在房山区城关街道永安西里小区门口对面的烧烤摊喝酒时,因敬酒与雷×等人发生口角,后被告人臧×与张××在房山区城关镇立交桥处分别打电话共纠集被告人赵×、方×等人持砍刀、镐把等物,再次回到房山区城关街道永安西里小区门口,对被害人雷×进行殴打,造成雷×身体多处受伤。经房山分局法医检验鉴定所鉴定,被害人雷×身体所受损伤程度为轻伤。被告人臧×、赵×、方×分别于 2008 年 8 月 20 日、9 月 9 日被北京市公安局房山分局查获归案。

上述事实,被告人臧×、赵×、方×在开庭审理过程中均无异议,且有被告人臧×、赵×、方×的供述,同案犯张××、王×、胡×的供述,报案记录,到案经过,被害人雷×的陈述,证人赵××、张××、葛××、孙××、任××、于××、姜××、毛××的证言,鉴定结论,户籍证明,前科证明,现场勘查笔录及照片等证据在案证实,足以认定。

本院认为,被告人臧×、赵×、方×无视国家法律,随意殴打他人,情节严重,其行为均已构成寻衅滋事罪,依法应予惩处。北京市房山区人民检察院指控被告人臧×、赵×、方×犯有寻衅滋事罪的事实清楚,证据确实、充分,罪名成立,本院予以支持。被告人赵×刑满释放后五年内又重新犯罪,系累犯,应从重处罚,被告人方×在缓刑期间内重新犯罪,应依法撤销缓刑,与所犯新罪并罚,鉴于被告人臧×、赵×、方×已赔偿被害人经济损失,认罪态度较好,可酌予从轻处罚。根据三被告人犯罪的事实、犯罪的性质、情节和对社会的危害程度,依照《中华人民共和国刑法》第二百九十三条第(一)项,第二十五条第一款,第六十五条,第七十七条第一款,第六十九条第一款的规定,判决如下:

一、被告人臧×犯寻衅滋事罪,判处有期徒刑八个月。(刑期从判决执行之日起计算。判决执行以前先行羁押的,羁押一日折抵刑期一日,即自2008年8月20日起至2009年4月19日止。)

二、被告人赵×犯寻衅滋事罪,判处有期徒刑一年。(刑期从判决执行之日起计算。判决执行以前先行羁押的,羁押一日折抵刑期一日,即自2008年8月20日起至2009年8月19日止。)

三、被告人方×犯寻衅滋事罪,判处有期徒刑八个月,撤销本院(2006)房刑初字第529号刑事判决书主文第四项即"被告人方×犯寻衅滋事罪,判处有期徒刑十个月缓刑一年"的缓刑部分,决定执行有期徒刑一年四个月。(刑期从判决执行之日起计算。判决执行以前先行羁押的,羁押一日折抵刑期一日,即自2008年9月9日起至2010年1月8日止。)

如不服本判决,可在接到判决书的第二日起十日内,通过本院或者直接向北京市第一中级人民法院提出上诉,书面上诉的,应当提交上诉状正本一份,副本三份。

审判长　王××
人民陪审员　姚××
人民陪审员　单××
2009年2月11日
书记员　××

(据北京法院网 http://bjgy.chinacourt.org/cpws/)

参考词语

1.	刑事	xíngshì	（名）	违反刑法的犯罪活动,与民事相对
2.	涉嫌	shèxián	（动）	没有判罪,但是有犯罪的嫌疑
3.	寻衅滋事	xúnxìn zīshì		故意挑衅或制造事端来违反法律、侵害公众和公民利益
4.	羁押	jīyā	（动）	被关押
5.	看守所	kānshǒusuǒ	（名）	临时关押尚未审判的犯罪嫌疑人的场所。在中国,一些被判处两年以下徒刑的罪犯也可交看守所监督
6.	有期徒刑	yǒuqī túxíng		有时间限制的徒刑
7.	缓刑	huǎnxíng	（名）	是指对被判处一定刑罚的罪犯,在一定期间内附有条件暂缓执行原判刑罚的一种制度
8.	合议庭	héyìtíng	（名）	按照中国法律,法院审理第一审民事案件,由审判员、陪审员共同组成合议庭或者由审判人员组成合议庭。合议庭的成员人数必须是单数
9.	诉讼	sùsòng	（动）	是指国家司法机关依照法定程序,解决纠纷、处理案件的专门活动
10.	审理	shěnlǐ	（动）	审查和处理案件
11.	终结	zhōngjié	（动）	结束、做完了
12.	口角	kǒujiǎo		争吵、吵架
13.	归案	guī'àn	（动）	罪犯被逮捕、押解到司法机关,以等待审讯
14.	供述	gòngshù	（动）	刑事诉讼证据的一种,又称被告人口供,是指被告人就案件事实所做的陈述
15.	前科	qiánkē	（名）	以前有过犯罪记录
16.	惩处	chéngchǔ	（动）	惩罚、处罚
17.	累犯	lěifàn	（名）	犯过很多次罪的人
18.	折抵	zhédǐ	（动）	用价值相等的事物作为赔偿或补偿
19.	陪审员	péishěnyuán	（名）	为保证司法公正,法院在审理案件时请一些非职业法官,与职业法官或职业审判员一起审判案件,这些参与审理案件的人就是陪审员

文章阅读理解

(1) 根据判决书,参与犯罪的人中曾经有过犯罪记录的人有:
    A. 三名   B. 两名   C. 一名   D. 没有说

(2) 根据判决书,案件中参与打人的人有:
    A. 三名   B. 四名   C. 五名   D. 六名

(3) 根据判决书,案件中打人的原因是:
    A. 买东西时发生口角   B. 喝酒时发生口角
    C. 打电话时发生口角   D. 烧烤时发生口角

(4) 被打的人:
    A. 受了重伤   B. 受了轻伤   C. 跟打人者是老乡   D. 年纪很大

(5) 根据判决书,被判刑最重的人是:
    A. 臧×   B. 赵×   C. 方×   D. 没有说

(6) 根据判决书,判刑后实际服刑时间最长的罪犯是:
    A. 臧×   B. 赵×   C. 方×   D. 没有说

阅读 3

美国犯罪原因初探(节选)

    美国刑法中关于犯罪原因理论的学说很多,比较新的观点是从美国的社会和文化背景来考察产生犯罪的原因,因为每一个社会制定的法律都反映出它的价值观和文化传统。在一个传统的社会,法律可以世代不变,每个社会成员都了解和接受社会的准则,所以犯罪很少发生。而在一个飞速变化的工业化社会里,价值观可能急速变化,使旧的法律和新的价值观脱节。举例来说,许多美国人认为,现行法律对性关系和别的"欢快的"活动,诸如赌博、酗酒和使用其他兴奋剂等表现出一种压抑的、清教徒式的态度。在坚持旧价值观和接受新价值观的人们之间常常发生冲突。一些人认为现行法律太宽容了,而另一些人则又同样强烈地感觉太压抑了。

    在分析犯罪的原因和如何防止犯罪的问题上产生的冲突部分地反映了对待犯罪的新旧态度。传统的解释将罪犯看做是"邪恶的、鬼迷心窍的人",或者从生物学角度断言"某些人生来就有犯罪倾向",或者从社会学角度,认为"只有下层阶级的人才犯罪"。本文试图从社会原因、环境因素和道德准则等方面,阐述美国社会的犯罪原因。

工业时代的到来和愈来愈有效的工业生产体系的出现，使大量农村人口涌进城市。这种人口迁移导致了全球规模的城乡分裂。由于美国处于技术进步的前沿阵地，这种人口大迁移就具有特别深远的影响。

在一个急剧变革的社会里，人们的行动比社会稳定的时期更有可能背离他们文化的价值标准。因为原有的价值标准已无助于指导人们去适应已经变化了的情况。当价值标准的约束力减弱，而且一般不起作用时，社会角色和行为方式就会发生混乱，导致大量的社会问题。

贫富悬殊。美国《华盛顿邮报》1996年报道，1974年美国大公司总裁的收入是一般工人的35倍，而到1995年，他们的工资增至工人工资的120倍。在过去20多年的时间里，80％的美国家庭的实际收入下降或原地踏步，且在很大程度上失去了经济保障。而美国1％最富有家庭却占有全国40％的财富。

种族歧视。黑人等少数民族始终是二等公民。黑人占全国总人口的12％，而在各级经选举产生的职位里只占5％，在参议院只有1％的席位。相比之下，黑人的失业率却是白人的2倍。拉美裔人、印第安人的贫困率均在30％以上，为白人的3倍。司法中的种族歧视也极为严重。黑人和拉美裔等少数民族不到美国人口的1/4，却占美国全部服刑罪犯的2/3，即全部监狱在押犯的70％。据联合国1994年10月的一项调查报告，在美国犯有同样的罪，黑人及有色人种往往受到比白人重2—3倍的惩罚，杀害白人被判死刑的黑人是杀害黑人被判死刑的白人的4倍。

居住环境拥挤。由于许多不同种族的人大量集中在都市中心，频繁地导致了各种特殊利益集团间的冲突。在少数民族居住区，卖淫、吸毒、随意的性行为以及犯罪的比例很高，形成了一种使人感到不安和紧张的环境。许多黑人男子遗弃家庭，致使单身女性带着孩子艰难度日，影响到生活在种族聚居区的儿童的正常成长。这些直接导致了青少年犯罪。

在交通不发达的农村，生活的范围有限，人们世世代代居住在一起，开枝散叶的一家大小常常生活在一个屋檐下，彼此之间非常熟悉。人们不是亲戚，就是同族和邻居，形成了一个很密切的生活环境，很少有犯罪发生。而在现代化的社区环境中，交通四通八达，公路网密布，人口流动大大增强，即使同住一个社区，也可能形同陌路。

失业、贫困、种族歧视，居住条件恶化以及城市人口流动性的增大，使许多人充满了空虚、绝望、自卑和愤怒的情绪，成为随时都可能与社会发生冲突的"会走路的定时炸弹"。以上分析，足以说明工业化和都市化与犯罪之间存在着某种规律性的联系。

(据中华法律网(www.chinafalv.com))

参考词语

1. 准则　　　zhǔnzé　　　　　（名）　最基本的原则
2. 兴奋剂　　xīngfènjì　　　　（名）　让人兴奋的药物等
3. 压抑　　　yāyì　　　　　　（动）　控制或者觉得不自由的心理状况
4. 清教徒　　qīngjiàotú　　　（名）　基督教新教的一个派别，通常指美国的清教徒。清教徒认为每个人可以直接与上帝交流，反对形式主义，他们主张简单、实在、上帝面前人人平等
5. 宽容　　　kuānróng　　　　（形）　理解、原谅或宽恕
6. 邪恶　　　xié'è　　　　　　（形）　与正义善良意义相反，凶恶
7. 鬼迷心窍　guǐmíxīnqiào　　　　　不正确的东西影响了思想（而做出奇怪和不合理的事情）
8. 卖淫　　　màiyín　　　　　（动）　一般指女性出卖身体
9. 遗弃　　　yíqì　　　　　　（动）　不负责任，抛弃应该照顾的人
10. 开枝散叶　kāizhīsànyè　　　　　指扎下根并且使家族人口扩大
11. 屋檐　　　wūyán　　　　　（名）　房屋排水向下的那部分，这里指共同的生活空间
12. 形同陌路　xíngtóngmòlù　　　　　虽然认识却好像是不认识的人一样
13. 空虚　　　kōngxū　　　　　（形）　不充实
14. 定时炸弹　dìngshí zhàdàn　　　　一种按照设定好的时间爆炸的炸弹

专有名词

1. 拉美　　　Lā-Měi　　　　　　拉丁美洲的简称
2. 印第安人　Yìndì'ānrén　　　　美洲大陆除了爱斯基摩人以外的土著居民，属蒙古人种美洲支系

文章阅读理解

（1）根据文章，在变化大的社会中犯罪现象多是因为：
  A. 价值观发生改变　　　　　　　B. 法律发生改变
  C. "欢快的"活动太多　　　　　　D. 法律太宽容了

(2) 根据文章,作者认为罪犯的产生是因为他们：
　　A. 是邪恶的　　　　　　　　　B. 天生就有犯罪倾向
　　C. 是下层阶级　　　　　　　　D. 受社会等诸多因素影响
(3) 根据文章,哪个说法正确？
　　A. 美国1%最富有家庭却占有全国40%的财富
　　B. 1995年,美国大公司总裁的工资是工人工资的120倍
　　C. 在过去20多年里,80%美国家庭的实际收入下降或没有改变
　　D. 以上全部
(4) 根据文章,哪个说法不正确？
　　A. 黑人的失业率是白人的2倍
　　B. 在押犯的70%是黑人和拉美裔等少数民族
　　C. 白人杀害黑人被判死刑的数量是黑人的4倍
　　D. 白人的贫困率在10%左右
(5) 根据文章,少数民族居住区犯罪比例高是因为：
　　A. 语言不同　　　　　　　　　B. 文化冲突
　　C. 居住拥护和利益冲突　　　　D. 有人吸毒
(6) 根据文章的看法：
　　A. 农村的人不容易犯罪　　　　B. 城市的人不容易犯罪
　　C. 流动的人不容易犯罪　　　　D. 熟悉的人在一起容易犯罪
(7) 关于犯罪,下面哪个不是作者说到的原因？
　　A. 贫富悬殊　　B. 种族歧视　　C. 居住环境　　D. 教育程度

二、挑战阅读

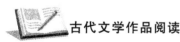
古代文学作品阅读

某山隅有一老圃,早失偶,惟一女远适他乡。猎者怜其孤,赠以猴。老者爱如赤子,每出必从,不链不掣,而不离不逸。如是者五年。一日,老者暴卒,猴掩门,奔其姐,泪如雨。曰："父死乎？"领之,乃俱归。老者家徒壁立,无以为养,猴遍哭于乡,乡人乃资而掩。姐引之去,猴揖谢之,仍牢守故宅,撷果自食。每逢五必哭祭,似念老父养之五年,哀伤殊甚。未三月而僵卧坟间。乡人怜之,乃葬于老者之侧,勒石其上,曰"义猴之墓"。

(据(清)李印绶《杏林集》)

注释

1. 隅　　　yú　　　角落
2. 颔　　　hàn　　　点头
3. 偃　　　yǎn　　　仰面倒下

1. 字、词、句理解

(1) "早失偶"中"偶"的意思是：
　　A. 偶然　　　B. 配偶　　　C. 偶尔　　　D. 偶像

(2) "如是者五年"中"如是者"的意思是：
　　A. 一直是　　B. 好像是　　C. 像这样　　D. 如果是

(3) "老者暴卒"中"暴"的意思是：
　　A. 突然　　　B. 暴力　　　C. 凶恶　　　D. 暴露

(4) "乃俱归"中的"俱"的意思是：
　　A. 恐怕　　　B. 马上　　　C. 一起　　　D. 准备

(5) "乡人乃资而掩"中"资"的意思是：
　　A. 出钱　　　B. 安排　　　C. 金钱　　　D. 本钱

(6) "仍牢守故宅"中"故宅"的意思是：
　　A. 没有人的房子　B. 自己的房子　C. 破旧的房子　D. 以前的房子

(7) "哀伤殊甚"中"殊"的意思是：
　　A. 特别　　　B. 痛苦　　　C. 感动　　　D. 自己

(8) "义猴之墓"中"义"的意思是：
　　A. 定义　　　B. 道义　　　C. 正义　　　D. 意义

2. 内容理解

(1) 老人的女儿不跟老人在一起是因为：
　　A. 在外地工作　B. 在外地学习　C. 去旅行了　D. 出嫁了

(2) 老人的猴子是：
　　A. 买的　　　B. 别人送的　　C. 自己跑来的　D. 自己抓的

(3) 通过文章我们知道这只猴子：
　　A. 会说话　　B. 懂人话　　C. 会写字　　D. 懂看病

(4) 猴子死去的最大可能是：
    A. 伤心而死　　　　　　　　B. 饿死的
    C. 病死的　　　　　　　　　D. 被打死

(5) 猴子死了以后：
    A. 老人的女儿埋葬了它　　　B. 埋在山上
    C. 埋在老人旁边　　　　　　D. 跟老人埋在一起

3. 口头回答问题

(1) 老人和猴子在一起时的情形是怎么样的？
(2) 老人死了以后猴子怎么做？
(3) 老人是怎么被安葬的？
(4) 乡里的人是如何看待这只猴子的？

白话文参考译文

    某山脚下有一个老人，妻子很早就去世了，只有一个女儿嫁到很远的地方。打猎的人可怜他，于是就送给他一只猴子。老人十分喜欢，对待它就好像对亲生儿子一样。每次出门猴子都跟着他，(猴子)不用链子锁着不用绳牵着，也又不会离开他。这样过了五年。

    一天，老人突然死了，猴子关上门，奔到老人女儿家里，泪如下雨。(老人的女儿)问："父亲死了？"猴子点了点头。(她)于是就和猴子一同回去。老人什么值钱的东西也没有，没有钱给他办后事，猴子在乡里到处大哭，于是乡里的人出钱为老人办了后事。老人的女儿要带猴子走，猴子拱手拒绝了，仍然守着老人原来的故居，每天摘果子吃。每隔五天就为老人大哭一场，好像是纪念老人养了它五年的恩情，样子十分哀伤。这样不到三个月就死在了老人的坟前。乡里的人可怜他，于是把它葬在老人的坟墓旁边，为它立了一块墓碑，上面写着：义猴之墓。

 笑话阅读

　　话说有一天,有侍郎、尚书和御史三位大人走在路上,看见一只小狗从三人面前跑过。御史就借机会问侍郎:"是狼是狗?"侍郎一听,气呼呼的回答:"是狗。"于是,尚书大人和御史大人都大笑起来,问道:"你怎么知道是狗?"侍郎大人也回了一句:"看尾巴就知道了,下垂是狼,上竖是狗。"侍郎接着严肃地说:"是狼是狗也可以从食性看。狼是肉食,只吃肉类;可狗就不一样啦,狗是遇肉吃肉,遇屎吃屎。"

参考答案

　　利用谐音字是汉语幽默和笑话最常用的方法。谐音字:是狼是狗＝侍郎是狗;上竖是狗＝尚书是狗;遇屎吃屎＝御史吃屎。

　　可笑之处在于御史和尚书一唱一和要羞辱侍郎,因为"狗"在中国文化里有下贱的含义。既然御史是在用汉语谐音羞辱侍郎,那侍郎也以其人之道,还治其人之身,他同样用了谐音的方法来反击御史和尚书,而且更加刻薄。

　　注:侍郎、尚书、御史都是中国古代高级官员的官职名。

第九课

国际经济

一、导读

不可否认,现代人的生活跟外部世界的关系越来越密切,全球化和世界经济一体化使那种自给自足的生活离我们远去,个人的经济状况与国家、世界的经济息息相关。

中国经济在过去30年发生天翻地覆的变化,作为世界上人口最多的大国,中国人的实际生活状况究竟怎么样?本课有两篇文章介绍了这方面的内容:第一篇是中国国家统计局的年度报告,它用数字科学、准确、真实地反映了中国人的生活;第二篇是世界著名信用卡公司对他们的信用卡在中国使用情况的报告,从一个方面反映了中国经济的情况。第三篇文章是关于国际经济的,主要是通过对匹兹堡金融峰会的报道,阐述了在金融危机情况下世界经济格局的变化。

中华人民共和国2008年国民经济和社会发展统计公报(节选)
中华人民共和国国家统计局
2009年2月26日

九、教育和科学技术

全年研究生教育招生44.6万人,在学研究生128.3万人,毕业生34.5万人。普通高等教育招生607.7万人,在校生2021.0万人,毕业生512.0万人。各类中等职业教育招生810.0万人,在校生2056.3万人,毕业生570.6万人。全国普通高中招生837.0万人,在校生2476.3万人,毕业生836.1万人。全国初中招生1856.2万人,在校生5574.2万人,毕业生1862.9万人。普通小学招生1695.7万人,在校生10331.5万人,毕业生1865.0万人。特殊教育招生6.2万人,在校生41.7万人。幼儿园在园幼儿2475.0万人。

十、文化、卫生和体育

年末全国共有艺术表演团体 2575 个,文化馆 3171 个,公共图书馆 2825 个,博物馆 1798 个。广播电台 257 座,电视台 277 座,广播电视台 2069 座,教育台 45 个。有线电视用户 16342 万户,有线数字电视用户 4503 万户。年末广播节目综合人口覆盖率为 96.0%,电视节目综合人口覆盖率为 97.0%。全年生产故事影片 406 部,科教、纪录、动画和特种影片 73 部。出版各类报纸 445 亿份,各类期刊 30 亿册,图书 69 亿册(张)。年末全国共有档案馆 3987 个,已开放各类档案 7267 万卷(件)。

年末全国共有卫生机构 30.0 万个,其中医院、卫生院 6.0 万个,社区卫生服务中心(站)2.8 万个,妇幼保健院(所、站)3020 个,专科疾病防治院(所、站)1344 个,疾病预防控制中心(防疫站)3560 个,卫生监督所(中心)2591 个。卫生技术人员 492 万人,其中执业医师和执业助理医师 205 万人,注册护士 162 万人。医院和卫生院床位 369 万张。乡镇卫生院 3.9 万个,床位 82 万张,卫生技术人员 87.4 万人。全年甲、乙类法定报告传染病发病人数 354.1 万例,报告死亡 12433 人;报告传染病发病率 268.01/10 万,死亡率 0.94/10 万。

全年运动健儿在 24 个项目中共获得了 120 个世界冠军,11 人 2 队 16 次创 16 项世界纪录。在北京奥运会上,我国运动员共获得 51 枚金牌,21 枚银牌,28 枚铜牌,奖牌总数 100 枚,位列奥运会金牌榜第一,奖牌榜第二。在北京残奥会上,我国运动员共获得 89 枚金牌,70 枚银牌,52 枚铜牌,蝉联金牌榜和奖牌榜的第一位。群众体育运动蓬勃开展。

十一、人口、人民生活和社会保障

年末全国总人口为 132802 万人,比上年末增加 673 万人。全年出生人口 1608 万人,出生率为 12.14‰;死亡人口 935 万人,死亡率为 7.06‰;自然增长率为 5.08‰。出生人口性别比为 120.56。

表 15　2008 年人口数及其构成

单位:万人

指标	年末数	比重%
全国总人口	132802	100.0
其中:城镇	60667	45.7
乡村	72135	54.3
其中:男性	68357	51.5
女性	64445	48.5

续表

其中:0—14岁	25166	19.0
15—59岁	91647	69.0
60岁及以上	15989	12.0
其中:65岁及以上	10956	8.3

全年农村居民人均纯收入4761元,扣除价格上涨因素,比上年实际增长8.0%;城镇居民人均可支配收入15781元,实际增长8.4%。农村居民家庭食品消费支出占家庭消费总支出的比重为43.7%,城镇居民家庭为37.9%。按2008年农村贫困标准1196元测算,年末农村贫困人口为4007万人。

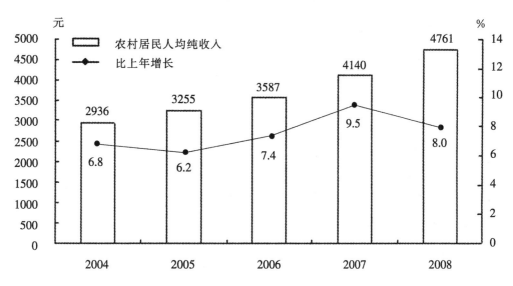

图14　2004—2008年农村居民人均纯收入及其增长速度

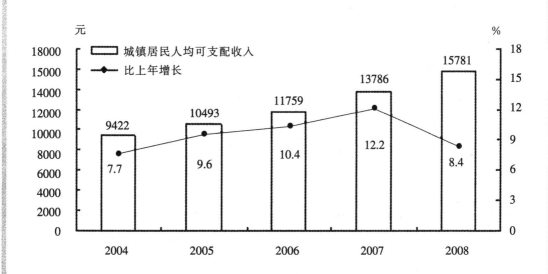

图15　2004—2008年城镇居民人均可支配收入及其增长速度

年末全国参加城镇基本养老保险人数为21890万人,比上年末增加1753万人。其中参保职工16597万人,参保离退休人员5293万人。参加城镇基本医疗保险的人数31698万人,增加9387万人。其中,参加城镇职工基本医疗保险人数20048万人,参加城镇居民基本医疗保险人数11650万人。参加城镇医疗保险的农民工4249万人,增加1118万人。参加失业保险的人数12400万人,增加755万人。参加工伤保险的人数13810万人,增加1637万人。其中参加工伤保险农民工4976万人,增加996万人。参加生育保险的人数9181万人,增加1406万人。2729个县(市、区)开展了新型农村合作医疗工作,新型农村合作医疗参合率91.5%。新型农村合作医疗基金累计支出总额为429亿元,累积受益3.7亿人次。全年城市医疗救助513万人次,比上年增长16.0%。农村医疗救助936万人次,增长148.0%。民政部门资助农村合作医疗的人数达2780万人次。

　　年末全国领取失业保险金人数为261万人。全年2334万城市居民得到政府最低生活保障,比上年增加62万人;4291万农村居民得到政府最低生活保障,增加725万人。

　　年末全国各类收养性社会福利单位床位235万张,收养各类人员189万人。城镇建立各种社区服务设施10.9万个,社区服务中心9871个。全年销售社会福利彩票604亿元,筹集福利彩票公益金211亿元,直接接收社会捐赠款482亿元。

(据中华人民共和国国家统计局网站)

参考词语

1.	覆盖	fùgài	(动)	范围包括
2.	档案馆	dàng'ànguǎn	(名)	保存重要资料的机构或场所
3.	妇幼保健院	fùyòu bǎojiànyuàn		保障妇女儿童身体健康的医疗机构
4.	防疫站	fángyìzhàn	(名)	防止传染病发生和传播的机构
5.	执业	zhíyè	(动)	律师、医生、会计等某些中介服务机构的人员等进行业务活动

6. 民政部门	mínzhèng bùmén		中国政府中负责专项社会行政事务管理、基层民主政治建设、社会救助与福利、服务军队和国防建设等方面工作的部门
7. 彩票	cǎipiào	（名）	一种证券，上面印有编号，按票面价格出售。开奖后，持有中将号码彩票的即可按规定领奖
8. 公益	gōngyì	（名）	公共的利益

文章阅读理解

(1) 根据统计，中国现在在校的高中、初中、小学生分别是：

　　A. 2476.3万，5574.2万，10331.5万

　　B. 837.0万，1856.2万，1695.7万

　　C. 836.1万，1862.9万，1865.0万

　　D. 810.0万，2056.3万，570.6万

(2) 根据统计，下面哪种说法正确？

　　A. 中国全年生产各种影片406部

　　B. 中国执业医师和注册护士超过360万人

　　C. 中国全年因为传染病发病死亡人数为354.1万例

　　D. 中国在北京奥运会上获得120个世界冠军

(3) 根据统计，关于中国人口哪种说法不对？

　　A. 中国男性比女性多

　　B. 中国农村人比城市人多

　　C. 中国每年出生的人比死亡的人多

　　D. 60岁以上老人比14岁以下孩子多

(4) 根据统计，哪种说法不对？

　　A. 中国城镇居民比农民收入高

　　B. 中国农民比城镇居民花了更多的钱买食品

　　C. 中国城镇居民2007年的收入最高

　　D. 中国农民2007年收入增长最快

(5) 根据统计，我们知道哪项不对：

　　A. 中国全年参加失业保险的人数是12400万人

　　B. 新型农村合作医疗基金累计支出总额为429亿元

　　C. 中国离退休人员是5293万人

　　D. 农村医疗救助的次数比城市医疗救助多

阅读2

VISA发布《中国旅游业展望》报告

VISA公司今天发布了最新《中国旅游业展望》报告(以下简称"报告")。报告指出,国际游客2008年通过VISA网络在中国各类商户进行刷卡消费的总额超过46亿美元,比2007年上升了7%。

该报告还指出,尽管全球经济仍然存在不确定性,但中国旅游经济在2009—2010年,甚至之后仍将面临诸多发展机遇。VISA中国区总经理李胜表示:"北京2008年奥运会和残奥会的举办令中国成为世界瞩目的焦点,同时也大力推动了国内基础设施的建设,而这一切,也将在今后几年中助力中国旅游经济的发展。"

VISA长期以来一直致力于推动全球旅游业的发展,此次发布的《中国旅游业展望》报告是基于VISA持卡人提供的消费数据分析得出来的结果,目的是为中国的旅游业提供建设性的建议,从而持续促进旅游业为中国的国民经济做出贡献。此外,本报告还反映出境外游客对中国作为一个未来的旅游目的地市场的看法与认识。

VISA的《中国旅游业展望》报告指出,有超过半数的受访者表示,北京2008年奥运会的举办,提高了他们对中国作为旅游目的地市场的认知。

报告同时指出,来自美国和亚洲地区的国际游客仍然是对中国入境旅游收入贡献最大的群体。2008年,境外游客在中国透过VISA网络进行刷卡消费的总额为46亿美元,其中,56%的消费总额来自美国、日本、韩国和中国台湾、香港的入境游客。

然而,被中国吸引的国际游客绝不仅限于北美和亚洲地区的游客,全球越来越多的游客开始对中国感兴趣。在25个中国最主要的入境旅客源市场中,巴西、印度、俄罗斯和南非各国的游客透过VISA网络的刷卡消费额和交易量的年度增长率均达到了历史最高水平。

在北京奥运会成功举办一周年之后,国际游客到中国旅游的兴趣依然非常浓厚。10%的受访者表示他们可能会在未来两年内到中国旅游。这些受访者主要是来自韩国、日本、俄罗斯和澳大利亚。

此次调查还显示,北京和上海是最受国际游客青睐的国内旅游目的地,2008年,境外游客透过VISA网络在两地的刷卡消费额分别占他们在华持卡消费总额的21%和25%,此外,深圳(7%)、广州(5%)和东莞(3%)等地也日益成为国际游客消费的重点城市。

基于零售商户的购物消费仍然是来华游客通过VISA网络刷卡消费的主要领域。2008年,按交易额排序,中国入境旅游消费主要流向了以下几大领域:一般零售(45%)、住宿(31%)、餐饮(5%)、百货商场(4%)、航空公司(3%)。

2008年,透过VISA网络的一般零售消费(21亿美元)与航空公司(1.46亿美元)的刷卡交易额均实现11%的增长。其他显著增长的领域还包括:快餐(67%)、体育用品商店(32%)和收音机、电视与音响商店(27%)。

尽管全球经济呈疲软态势,中国游客仍对出境旅游表现出强烈的兴趣。VISA的旅游报告指出,过去一年疲软的经济形势并没有影响中国受访者出境旅游的意愿。几乎有70%的受访者表示,他们计划在今后两年内多次出国旅游;仅有不到20%的受访者表示,其出境旅游的意愿有所降低;38%的中国受访者表示,他们较之上一年相比,出国旅游的意愿更高,但计划在今后出游时将更为审慎,他们可能会选择在淡季或旅游费用较低的目的地出游。调查显示,中国受访者希望前往的旅游目的地包括:美国、澳大利亚、日本、法国和中国香港。

本报告还指出,旅游收入的增长与支付卡在当地的受理环境,即可受理支付卡的商户和场所的数量密切相关。受访者在调查中将信用卡作为出境旅游时"首选支付方式"的结果就进一步证明了这一点。76%的中国受访者将信用卡作为出游时的首选支付方式,而选择现金的比例仅为9%。中国受访者选择他们所喜爱的支付方式的三个主要因素是:方便(79%)、安全(68%)和中奖的可能性(48%)。

今天在中国大陆,VISA国际卡的发行量已超过5800万张,较之2001年中国赢得奥运会主办权的时候相比几乎增长了一倍。除此之外,VISA目前在中国还拥有超过26万家特约商户和约10万台ATM自动取款机,较七年前相比,分别上升了65%和93%。

(据上海热线 http://rich.online.sh.cn 2009-09-24)

参考词语

1. 展望　　zhǎnwàng　　（动）　　对事物发展前途进行观察与预测
2. 刷卡　　shuākǎ　　　（动）　　使用信用卡付钱（一般用POS机）
3. 瞩目　　zhǔmù　　　（形）　　被别人注意的
4. 认知　　rènzhī　　　（名）　　认识和理解
5. 青睐　　qīnglài　　　（动）　　特别喜欢
6. 零售　　língshòu　　（名）　　针对最终用户的销售，与"批发"相对
7. 疲软　　píruǎn　　　（形）　　不硬，很弱
8. 审慎　　shěnshèn　　（形）　　小心、仔细
9. 淡季　　dànjì　　　（名）　　不兴旺的季节（一般指商业活动）
10. 特约　　tèyuē　　　（形）　　指定的，特别约定好的

文章阅读理解

(1) 根据报告，在中国使用VISA信用卡的国外客户没有说到：
　　A. 美国　　　　B. 韩国　　　　C. 德国　　　　D. 日本

(2) 根据报告，哪个说法不对？
　　A. 奥运会使得很多人乐意到中国旅行
　　B. 奥运会后很多人不再热衷到中国旅行
　　C. 奥运会对吸引国外游客到中国有用
　　D. 奥运会对基础建设有推动的作用

(3) 根据报告，国际旅客刷卡消费额最多的中国城市是：
　　A. 北京　　　　B. 上海　　　　C. 深圳　　　　D. 广州

(4) 根据报告，下面哪种说法不正确？
　　A. 不到20％的中国人出国旅游的意愿有所降低
　　B. 中国人觉得使用信用卡比较安全、方便
　　C. 中国人更倾向于选择价格便宜的时间和地点去旅行
　　D. 中国人出国旅行不习惯使用信用卡付款

(5) 根据报告，下面哪种说法不正确？
　　A. 中国使用信用卡的人数有5800万人
　　B. 中国可以使用信用卡的地方多了
　　C. 因为使用信用卡方便，游客就会付更多钱买东西
　　D. 很多中国人希望使用信用卡能中奖

阅读3

金融危机下的世界经济格局变迁
——聚焦匹兹堡金融峰会

2009年9月25日,由美国、英国、日本、法国、德国、加拿大、意大利、俄罗斯、澳大利亚、中国、巴西、阿根廷、墨西哥、韩国、印尼、印度、沙特阿拉伯、南非、土耳其、欧盟和布雷顿森林机构组成的20国集团(G20)第三次金融峰会在匹兹堡闭幕,与会领导人就金融体制改革等一系列问题达成共识,发表《领导人声明》。

20国集团成员人口占全球人口的2/3,国内生产总值占全球90%,贸易占80%,在国际货币基金组织和世界银行所占的股权份额约65%。集团在全球经济中占有重要地位。

自去年9月金融危机爆发以来,世界经济陷入二战以来最严重的衰退。处于金融风暴中心的美欧发达国家经济大幅下滑,"金砖四国"等新兴和发展中经济体所受影响明显较小,最有希望率先走出危机,成为世界经济发展的新动力。而其在20国集团中的角色也日益活跃,话语权和参与度不断提高,世界经济格局正在发生改变。

据国际货币基金组织7月公布的《世界经济展望》更新报告预测,2009年全球经济将萎缩1.4%,而新兴和发展中经济体则将增长1.5%。

新兴经济体中,巴西、俄罗斯、印度和中国等"金砖四国"在金融危机中的表现尤为突出。2008年,"金砖四国"经济总量占到全球的15%,按购买力平价计算对世界经济增长贡献率超过50%。据高盛集团最新预测,全球经济今年将萎缩超过1%,而"金砖四国"经济增长率仍将接近5%。

目前,美国等西方发达国家经济虽已出现复苏迹象,但很微弱。而经济合作与发展组织则早在6月24日就发布经济展望报告指出,部分新兴经济体经济已开始复苏,并将于明年先于发达经济体大幅反弹。

中国则因为在危机中的出色表现而被看成拉动世界经济走出泥潭的希望。韩国《中央日报》日前公布的一项调查结果显示,在受访的84名国内外专家中,42.1%的人认为中国将成为金融危机后世界经济的引领者,比例高于看好美国的33.3%。

金融危机爆发后,20国集团分别于去年11月、今年4月和9月举行了华盛顿金融峰会、伦敦金融峰会和匹兹堡金融峰会，协调各国经济和金融市场政策。

作为1997年亚洲金融危机的产物，成立于1999年的20国集团原本是发达国家和新兴经济体共商国际金融体制改革的国际论坛。在过去10年间，20国集团虽然每年都举行非正式的部长级会议，却不像八国集团那样引人关注。金融危机爆发后，20国集团在全球经济治理中发挥了更为积极的作用。

在全球经济治理中，发展中国家已不再只是"观众"，而是积极发出自己的声音，逐渐成为参与者、规则制定方和维护发展中国家整体利益的重要力量。

这种变化反映出多年来国际力量对比的天平正在向发展中国家倾斜。传统发达国家的相对经济地位在减弱，新的力量对全球经济的影响越来越突出，没有这些力量的参与和支持，很多问题都将无法解决。

随着新兴和发展中经济体的经济实力相对增强，及其在世界经济中发挥的作用日益增大，其在国际金融机构中得到更大话语权的诉求也日益强烈。

"金砖四国"作为新兴经济体的代表，从集体呼吁寻找美元储备的替代方案，到为扩大国际货币基金组织特别提款权而一致努力，再到9月4日共同发表公报提议国际货币基金组织和世界银行分别转移7％和6％的份额和股权，以保证发达国家和发展中国家享有平等的投票权，其在国际金融机构中争取更多代表权和发言权的脚步从未停止。

目前，改革国际货币基金组织和世界银行、让发展中国家拥有更多话语权已成为大家的共识。美国也正在推动两项国际货币基金组织改革建议，即将该组织执行董事席位从目前的24个降至20个，发展中国家已有席位数量不变；发达国家将5％的国际货币基金组织份额转给发展中国家。

但专家指出，这些让步体现了经济全球化和世界多极化发展的必然性，是发达国家在保证自己主导地位不被撼动前提下对发展中国家不得不做出的妥协。而要建立一个更公正、更合理的国际金融和货币体系，使发展中国家获得与其经济力量相符的话语权，却仍将是一个漫长的过程。

(据山西新闻网，作者：新华社记者乔继红)

参考词语

1.	聚焦	jùjiāo	（动）	原来指使光线或电子束等集中于一点，现在用来比喻大家很关注
2.	股权	gǔquán	（名）	其实就是股东持有股票数的份额，就是所占的比例。因为股东的权利大小是按照他拥有的股票比例来决定的
3.	话语权	huàyǔquán	（名）	说话的权利，其实是指决定的权利
4.	参与度	cānyùdù	（名）	参与的程度
5.	复苏	fùsū	（动）	恢复，苏醒
6.	反弹	fǎntán	（动）	物体运动时遇到障碍向相反的方向弹回，用来比喻价格、行情回升
7.	泥潭	nítán	（名）	小污水坑、泥坑，多用来比喻麻烦而且难以脱身的处境
8.	诉求	sùqiú	（名）	（向别人请求获得的）要求
9.	撼动	hàndòng	（动）	使某个东西发生动摇

专有名词

1.	匹兹堡	Pǐzībǎo	Pittsburgh/美国城市名
2.	国际货币基金组织	Guójì Huòbì jījīn zǔzhī	International Monetary Fund(IMF)/与世界银行并列为世界两大金融机构之一，其职责是监察货币汇率和各国贸易情况，提供技术和资金协助，确保全球金融制度运作正常
3.	金砖四国	jīnzhuān sì guó	巴西、俄罗斯、印度、中国四国字母的第一个合在一起，正好是BRICs，由于BRICs读音与砖bricks相似，故称为"金砖四国"

4. 特别提款权　　　tèbié tíkuǎnquán　　special drawing right（SDR）/是国际货币基金组织（IMF）创设的一种储备资产和记账单位，亦称"纸黄金（Paper Gold）"。它是基金组织分配给会员国的一种使用资金的权利

文章阅读理解

（1）20国集团不包括：
　　A. 巴西　　　　　B. 西班牙
　　C. 意大利　　　　D. 土耳其

（2）金融危机爆发后：
　　A. 发达国家受到的影响大
　　B. 发展中国家受到的影响大
　　C. 发达国家和发展中国家受到的影响一样大
　　D. 以上全部

（3）对于美国和中国在世界经济危机中的表现：
　　A. 认为美国表现好、作用大的人多
　　B. 认为中国表现好、作用大的人多
　　C. 认为美国跟中国一样表现好、作用大的人多
　　D. 以上全部

（4）根据文章，关于20国集团，哪个说法不正确：
　　A. 以前不太受重视
　　B. 现在不太受重视
　　C. 它是1999年成立的
　　D. 现在在全球经济中作用很大

（5）文章说的"新兴经济体"可能说的是：
　　A. 新成立的国家
　　B. 经济非常发达的那些国家
　　C. 经济现在很快发展的非传统发达国家
　　D. 发展中国家

（6）从文章看，哪种情况是不正确的？
　　A. 发达国家要对发展中国家做一些让步
　　B. 发达国家依然控制着世界经济
　　C. 有人提出要改变世界经济中美元的地位
　　D. 发展中国家的经济已经超过发达国家

二、挑战阅读

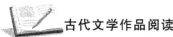

> 孔子过泰山侧,有妇人哭于墓者而哀。夫子式而听之,使子路问之,曰:"子之哭也,壹似重有忧者。"而曰:"然。昔者吾舅死于虎,吾夫又死焉,吾子又死焉。"夫子问:"何为不去也?"曰:"无苛政。"夫子曰:"小子识之,苛政猛于虎也。"
>
> (据《礼记·檀弓下》)

注释

1. 式　　　　shì　　　　同"轼",车上扶手的横木
2. 壹　　　　yī　　　　　真是,实在
3. 苛政　　　kēzhèng　　苛刻的政府管理,繁多的苛捐杂税

1. 字、词、句理解

(1) "使子路问之"中"使"的意思是:
　　A. 派　　　　B. 用　　　　C. 被　　　　D. 由

(2) "昔者吾舅死于虎"中"昔者"的意思是:
　　A. 打猎　　　B. 以前　　　C. 已经　　　D. 因为

(3) "何为不去也"中"去"的意思是:
　　A. 前往　　　B. 出发　　　C. 到达　　　D. 离开

(4) "吾夫又死焉"中"吾"的意思是:
　　A. 我　　　　B. 他　　　　C. 你　　　　D. 这

(5) "小子识之"中"识"的意思是:
　　A. 认识　　　B. 记住　　　C. 了解　　　D. 知识

2. 内容理解

(1) 女人家里的人死去是因为:
　　A. 战争　　　B. 老虎　　　C. 政府　　　D. 疾病

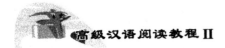

(2) 女人家里这次死去的是：

　　A. 儿子　　　　B. 舅舅　　　　C. 丈夫　　　　D. 父亲

(3) 通过女人的事情，孔子想让学生知道：

　　A. 坏的政府比老虎还可怕　　　　B. 不要住在有老虎的地方

　　C. 好的政府应该保护人民　　　　D. 老虎会给人民带来痛苦

3. 口头回答问题

(1) 孔子是在什么情况下遇到那个女人的？

(2) 那个女人为什么哭？

(3) 那个女人为什么还要留在这里？

白话文参考译文

孔子路过泰山时，看见有一个女人在坟墓前十分悲伤地哭。孔子扶着车的扶手听，派子路去问她。说："你这么哭，真好像有很多伤心的事。"她说："是啊，我的公公被老虎吃了，我的丈夫被老虎吃了，现在我的儿子也被老虎吃了。"孔子问："那为什么不离开这里呢？"回答说："这里没有苛政。"孔子说："弟子们记着，苛刻的政治比老虎还厉害。"

笑话阅读

搭配下列歇后语，并说出后一部分词语的意思

1. 老太婆的裹脚布——
2. 外甥打灯笼——
3. 孔夫子搬家——
4. 太平洋的警察——
5. 矮子放屁——
6. 板上钉钉子——
7. 半山腰倒水——
8. 厕所里的茅缸——

9. 十五个吊桶打水——
10. 飞机上挂马桶——
11. 泥菩萨过河——
12. 哑巴吃黄连——
13. 竹篮打水——
14. 擀面杖吹火——
15. 厨房里的垃圾——
16. 白骨精放屁——
17. 水仙不开花——
18. 狗掀门帘——
19. 百货大楼卖西装——
20. 包子张嘴——

A.装蒜 B.有苦说不出 C.照旧 D.净是输 E.低声下气 F.管得宽 G.妖里妖气 H.一套一套的 I.全凭一张嘴 J.稳扎稳打 K.七上八下 L.臭名远扬 M.一场空 N.又臭又长 O.露馅 P.自身难保 Q.不成 R.一窍不通 S.装死（屎） T.鸡毛蒜皮

参考答案

歇后语是汉语的一种特殊的固定结构,它由前后两部分组成:前一部分起引子作用,像谜语;后一部分起后衬的作用,像谜底,十分自然贴切。在一定的语言环境中,通常说出前半截,"歇"去后半截,就可以领会和猜想出它的本意,所以就称为歇后语。它常利用汉语谐音字,是汉语幽默和笑话最常用的方法。

歇后语的前一部分是说明一个情况,而后面一部分常常是用惯用语、成语、俗语等,与前一部分互相呼应,并且常常采用谐音的方式,理解和使用时需要对汉语有比较高的了解。

第十课

国际政治(1)

一、导读

在当今世界,国际关系错综复杂,由于政治、经济、宗教、种族、资源、历史等原因,各方冲突不断。各种分裂主义势力、恐怖主义势力和宗教极端势力给国际社会不断带来危害,给世界和平和人民生命财产带来巨大的损害,而且这种冲突在某些地区和国家愈演愈烈。

和平与发展是当今人类面临的两大课题。世界要和平,国家要发展,社会要进步,经济要繁荣,生活要提高,已经成为各国人民的普遍要求。

本课的三篇文章都是关于国际政治和关系的。第一篇是中东的巴勒斯坦问题,大家都知道这是一个老大难问题,已经困扰中东和全世界人民好多年了,至今仍然没有彻底解决。通过文章,我们可以对这个问题有所了解。本课的第二篇文章讲的是斯里兰卡的冲突问题,这个存在了好多年的问题最近似乎解决了。第三篇文章是一个联合国决议。大家知道联合国是世界上最重要的国际组织,它给自己的定义就是"一个以促进全世界政府在国际法、国际安全、经济发展和社会平等上的合作的联合组织"。联合国为维护世界和平、促进人类进步发挥了不可替代的作用。

巴勒斯坦问题

巴勒斯坦古称迦南,位于亚洲西部,地中海东岸,面积约2.7万平方公里,人口506万(1988年,包括流落在其他国家的巴勒斯坦人)。巴勒斯坦最早的居民是迦南人。约4000年前,希伯来人、腓力斯人先后迁到这里,希伯来人于公元前1020年建立了第一个希伯来人的王国。公元前586年,巴比伦王国将大批犹太人掳到巴比伦。公元前538年,波斯帝国允许被掳的部分犹太人返回巴勒斯坦。公元前1世纪,罗马帝国征服巴勒斯坦,犹太人被赶出巴勒斯坦,流亡世界各地。公元7世纪,巴勒斯坦成为阿拉伯帝国的一部分,阿拉伯人不断迁入,形成当地的巴勒斯坦阿拉伯人。

19世纪末,生活在欧洲的犹太人发动犹太复国运动,并于1897年在赫茨尔领导下在瑞士的巴塞尔召开犹太复国大会,成立了世界犹太复国组织,目标是"在巴勒斯坦为犹太民族建立一个由公正法律所保障的犹太人之家"。

1917年,英国发表《贝尔福宣言》,"赞成在巴勒斯坦建立一个犹太民族之家"。1922年7月,国际联盟通过了英国对巴勒斯坦的"委任统治训令",巴勒斯坦沦为英国的"委任统治地"。在英国统治期间,大批犹太人从世界各地迁入巴勒斯坦。巴勒斯坦的犹太居民从1917年《贝尔福宣言》发表前的5万人增加到1939年的44.5万人。犹太人和巴勒斯坦阿拉伯人由于土地等原因不断发生暴力冲突。

1947年,英国无法控制巴勒斯坦的局势,宣布从巴勒斯坦撤军,并将这一问题提交给联合国。同年11月29日,联合国大会以33票同意、13票反对、10票弃权通过对巴勒斯坦实行分治的第181号决议。决议规定在巴勒斯坦建立两个独立国家,将巴勒斯坦2.7万平方公里土地中的1.52万平方公里划归以色列国,1.15万平方公里划归巴勒斯坦国。耶路撒冷国际化,由联合国托管,面积为176平方公里。

1948年5月,犹太人建立了以色列国。以色列建国后,遭到周围阿拉伯国家的军事打击,但它成功地捍卫了自己的主权和领土。1964年5月,巴勒斯坦民族解放运动组织(法塔赫)成立,通过了主张军事对抗犹太国的宪章,从此,巴勒斯坦人民争取民族权利的斗争进入了新阶段。1987年12月8日,被占领土约旦河西岸和加沙地带巴勒斯坦人民发动起义,强烈要求恢复民族权利,建立独立的国家。

1988年10月,巴解组织在突尼斯召开领导机构和各派别领导人联席会议,为建立巴勒斯坦国做准备。同年11月15日,在阿尔及尔举行的巴勒斯坦全国委员会第19次特别会议通过了《独立宣言》,宣布在巴勒斯坦土地上建立首都为耶路撒冷的巴勒斯坦国,并表示接受联合国关于巴勒斯坦分治的第181号决议和倡导以土地换和平的联合国第338号和第242号决议。1989年7月7日,联合国大会通过决议,提高巴勒斯坦在联合国的地位,有100多个国家正式承认巴勒斯坦国。但因没有自己的国土,巴勒斯坦国仍不是一个真正意义上的国家。

冷战结束后,国际局势发生变化,和平与发展成了世界的主流,阿以争端出现了新的变化。经过长时间的秘密谈判，巴以双方于1993年9月13日签署了《巴以关于巴勒斯坦临时自治安排原则宣言》，即奥斯陆协议。协议确定巴勒斯坦人首先在加沙和约旦河西岸的杰里科地区实行自治，临时过渡期为5年，从自治第3年开始，双方通过谈判解决加沙和杰里科的永久地位和其他悬而未决的问题，最后地位的谈判应于1999年5月4日结束。

1999年5月4日，巴以双方签订了关于实施加沙—杰里科自治原则宣言的最后协议，即开罗协议。同年7月1日，巴解领导人阿拉法特回到了巴勒斯坦的土地，并在加沙建立了巴勒斯坦民族权力机构。1995年9月24日，巴以双方签订了扩大巴勒斯坦自治范围的塔巴协议，协议规定自治范围将扩大到约旦河西岸30%的地区。1996年4月，巴勒斯坦全国委员会删除了宪章中消灭以色列的条款，5月，巴以进行了关于巴勒斯坦最后阶段谈判的首轮会谈。1996年5月29日，内塔尼亚胡在以色列大选获胜。他提出了"以安全换和平"的原则，明确反对建立独立的巴勒斯坦国，要求巴勒斯坦人接受自治为最终解决方式。中东和平进程严重受挫。

参考词语

1.	掳	lǔ	（动）	抢来，抓来
2.	托管	tuōguǎn	（动）	委托某人或某组织机构等管理
3.	起义	qǐyì	（动）	反对某个政权或统治者的武装暴力活动
4.	删除	shānchú	（动）	不再需要而将其从文字、记录中拿掉
5.	宪章	xiànzhāng	（名）	宪法、章程
6.	条款	tiáokuǎn	（名）	法律、规定等的条目
7.	受挫	shòucuò	（动）	不顺利，失败，不成功

专有名词

1.	巴勒斯坦	Bālèsītǎn	地名，在中东
2.	希伯来	Xībólái	Hebrew/产生于中东的一种文化，对人类文明有重大影响
3.	巴比伦	Bābǐlún	古代巴比伦在今天伊拉克首都巴格达以南90公里处、幼发拉底河右岸，是古代人类文明发祥地之一

4. 耶路撒冷	Yēlùsālěng	西亚古城,位于巴勒斯坦中部,古代西亚各族人民宗教活动中心之一,犹太教、基督教和伊斯兰教圣地
5. 巴勒斯坦民族解放运动组织(法塔赫)	Bālèsītǎn Mínzú Jiěfàng Yùndòng Zǔzhī(Fǎtǎhè)	巴勒斯坦解放组织,是巴勒斯坦人最重要的武装力量,其中的法塔赫又是这支武装力量中最大的一派
6. 加沙	Jiāshā	巴勒斯坦西部、地中海沿岸与埃及接壤的一片土地
7. 阿尔及尔	Ā'ěrjí'ěr	阿尔及利亚首都,位于非洲北部
8. 奥斯陆	Àosīlù	挪威首都,位于欧洲北部
9. 开罗	Kāiluó	埃及首都,位于非洲北部
10. 阿拉法特	Ālāfǎtè	人名,已故巴勒斯坦民族解放运动组织领导人
11. 内塔尼亚胡	Nèitǎníyàhú	人名,以色列领导人

文章阅读理解

(1) 根据文章,下面哪个说法不对?
 A. 希伯来人首先在巴勒斯坦建国　　　　B. 波斯帝国把犹太人赶出了巴勒斯坦
 C. 是罗马人把希伯来人赶出巴勒斯坦的　　D. 阿拉伯人7世纪后不断迁入巴勒斯坦

(2) 根据文章,犹太人大规模迁入巴勒斯坦是:
 A. 1897年后　　B. 1917年后　　C. 1922年后　　D. 1939年后

(3) 根据文章,1947年联合国决议的主要内容是:
 A. 在巴勒斯坦建立两个独立国家　　B. 英国从巴勒斯坦撤军
 C. 联合国托管巴勒斯坦　　　　　　D. 以上全部

(4) 根据文章,在色列建国后,以下哪个说法是错误的?
 A. 阿拉伯国家与以色列发生了战争　　B. 以色列在与阿拉伯人的战争中胜利了
 C. 阿拉伯国家很反对以色列建国　　　D. 巴勒斯坦建立了阿拉伯人国家

(5) 根据文章,下面哪个说法不对?
 A. 1988年10月,巴勒斯坦宣布建立国家　　B. 有很多国家正式承认巴勒斯坦国
 C. 以色列不反对建立独立的巴勒斯坦国　　D. 巴勒斯坦国跟其他真正的国家不同

(6) 根据文章,下面不正确的是:
 A. 巴勒斯坦民族权力机构与以色列有接触
 B. 巴勒斯坦全国委员会表示与对以色列和解
 C. 巴以双方签订的开罗协议同意巴勒斯坦建国
 D. 以色列接受巴勒斯坦自治

阅读 2

斯里兰卡种族问题和泰米尔伊拉姆猛虎解放组织

斯里兰卡的民族矛盾始于英国殖民统治时期。在斯里兰卡这个多民族的国家,信奉佛教的僧伽罗族约占全国人口的74%,他们大部分居住在人口最集中、经济较为发达的西部和西南部沿海地区和中部山区,在政治上占主导地位;信奉印度教的泰米尔族约占全国人口的18%,主要聚集在贾夫纳半岛和东部沿海地区,他们中有相当一部分是19世纪中叶英国种植园主从印度南部招来的工人,许多人至今没有斯里兰卡国籍,政治和社会地位相对较低。两族历史上曾和睦相处,共御外侮。自16世纪初欧洲殖民主义者入侵后,尤其在1948年独立前受英国殖民统治的150余年中,英殖民主义者在斯里兰卡推行分而治之的策略,使两族结下积怨。

1948年独立后,占斯里兰卡人口绝大多数的僧伽罗人和人口较少的泰米尔人就因利益之争产生矛盾。政治上处于劣势的泰米尔人对由僧伽罗人主持的政府在语言、就业、教育和宗教等方面的政策深感不满,长期对立导致两个民族之间的矛盾日益激化,并多次发生流血冲突。1976年18个泰米尔人政党组成联合解放阵线,一些激进分子后分裂出来组成泰米尔伊拉姆猛虎解放组织(简称猛虎组织),最高领导人为韦卢皮莱·普拉巴卡兰。猛虎组织成立后即开始从事反政府武装活动,并谋求在泰米尔人聚居的东部和北部地区建立独立的泰米尔族国家。1983年7月,猛虎组织成员在斯北部贾夫纳半岛打死13名政府军士兵,从而引发了持续至今的内战,造成全国7万多人丧生,数百万人流离失所。

数十年来,猛虎组织以贾夫纳半岛为大本营,不断扩充力量,与政府军抗衡。该组织曾一度发展到1.1万人的规模,并控制了斯北部和东部约1.5万平方公里的地区。

为对重要人物和目标实施自杀式袭击,猛虎组织还专门组建了"黑虎"部队。印度前总理拉吉夫·甘地、斯里兰卡前总统普雷马达萨等高官政要都是在"黑虎"部队的袭击中遇难的。此外,猛虎组织还经常对斯政府建筑、商业中心、军用设施甚至佛教圣地发动恐怖袭击。猛虎组织的上述行为遭到国际社会的强烈谴责,印度、美国、英国、加拿大和欧盟等先后将其列入恐怖组织名单,同时切断了其境外资金来源。

在国际社会、特别是在挪威的积极斡旋下,2002年2月,猛虎组织与斯政府签署了一份永久性停火协议。尽管双方此后进行了多轮直接谈判，但它们之间的武装冲突从未间断，停火协议名存实亡。2006年7月，斯政府开始对猛虎组织发动新一轮军事打击，并逐步收复了猛虎组织控制的区域。

2009年5月18日，猛虎组织最高领导人普拉巴卡兰在斯北部被政府军打死。反政府武装泰米尔猛虎组织当天承认与政府军长达25年的战争以失败告终，宣布放下武器，结束与政府军的战斗。19日，斯里兰卡总统拉贾帕克萨说，斯政府军彻底击败了猛虎组织，收复了该组织所占据的"每寸土地"。但斯里兰卡政府仍面临四大挑战：

第一，如何解决难民问题。据官方数据，今年初以来，先后有两批泰米尔族难民逃离原猛虎组织控制区。现在共有25万名泰米尔族人因战争流离失所。

第二，如何守住前猛虎组织控制区。在从2006年7月开始的本轮军事行动中，斯政府收复了东部省和北部省1.5万平方公里的猛虎组织控制区，约占斯国土面积的1/4。由于这些地区传统上是泰米尔族人聚居区，近几十年来猛虎组织的势力很大，而斯政府军几乎由清一色的僧伽罗族人组成，通晓泰米尔语的人少之又少。因此，防止猛虎组织卷土重来将是斯政府巩固军事胜利的关键所在。

第三，提出和实施政治解决方案是关键的关键。斯里兰卡的民族问题归根结底是政治问题而不是军事问题，因为僧伽罗族、泰米尔族及其他民族之间的利益冲突是斯长期动荡的根源。

第四，如何修复与西方国家的关系。最近几个月来，斯政府为了取得军事上的胜利，顶住了西方国家施加的种种压力，但西方国家现在仍不依不饶，继续对斯政府横加指责。

（据新华网科伦坡2009年5月18日电，新华社记者刘咏秋、陈占杰）

参考词语

1. 和睦	hémù	（形）	和谐友好
2. 共御外侮	gòngyù wàiwǔ		共同抵御外来的侮辱侵略等
3. 分而治之	fēn'érzhìzhī		分开来管治
4. 积怨	jīyuàn	（名）	积累了很久的不满和怨恨
5. 劣势	lièshì	（名）	处于不利的地位
6. 丧生	sàngshēng	（动）	死亡

7.	流离失所	liúlíshīsuǒ		离开家园,失去住所
8.	遇难	yùnàn	(动)	死亡
9.	谴责	qiǎnzé	(动)	很严厉地批评责怪
10.	斡旋	wòxuán	(动)	在冲突双方之间调和
11.	聚居区	jùjūqū	(名)	居住在一起的区域
12.	卷土重来	juǎntǔchónglái		失败的一方又一次回来
13.	不依不饶	bùyī-bùráo		不原谅不饶恕,一直不停地批评埋怨

专有名词

1.	斯里兰卡	Sīlǐlánkǎ	国家名,在南亚
2.	泰米尔伊拉姆猛虎解放组织	Tàimǐ'ěr Yīlāmǔ Měnghǔ Jiěfàng Zǔzhī	Liberation Tigers of Tamil Eelam (LTTE)/斯里兰卡泰米尔族的反政府武装组织,1976年成立
3.	贾夫纳半岛	Jiǎfūnà Bàndǎo	地名,位于斯里兰卡最北部的一个半岛
4.	挪威	Nuówēi	国家名,在欧洲北部

文章阅读理解

(1) 根据文章,哪个说法不对?
    A. 斯里兰卡大部分人信佛教　　B. 斯里兰卡大部分人是僧伽罗族
    C. 斯里兰卡民族比较少　　D. 斯里兰卡泰米尔族信印度教

(2) 根据文章,泰米尔族:
    A. 很多是从印度来的工人　　B. 在斯里兰卡地位很高
    C. 在印度的社会地位很高　　D. 从来就跟僧伽罗族不和

(3) 根据文章,泰米尔族成立武装组织对抗政府是:
    A. 1948年　　B. 1976年　　C. 1983年　　D. 没有说

(4) 根据文章,哪个不是泰米尔伊拉姆猛虎解放组织反对政府的原因:
    A. 泰米尔人政治上处于劣势　　B. 僧伽罗人控制政府
    C. 两个民族利益上产生矛盾　　D. 有外国政府支持

(5) 根据文章,泰米尔伊拉姆猛虎解放组织反政府活动的主要形式是:
    A. 议会斗争　　B. 恐怖袭击　　C. 直接谈判　　D. 宗教宣传

(6) 根据文章,泰米尔伊拉姆猛虎解放组织反政府活动宣告失败的标志是:
A. 与斯政府签署了一份永久性停火协议　　B. 最高领导人在北部被政府军打死
C. 猛虎组织控制的区域被政府收复　　　　D. 多个国家将其列入恐怖组织名单

(7) 根据文章,哪个选项不对?
A. 政府军里懂泰米尔语的人很少　　　　　B. 政府军几乎都是僧伽罗族人
C. 西方支持斯里兰卡政府的行动　　　　　D. 猛虎组织控制区的人是泰米尔族人

阅读 3

联合国第 1887(2009)号决议
(2009 年 9 月 24 日安全理事会第 6191 次会议通过)

1. 强调应提请安全理事会注意不遵守不扩散义务的情势,由安理会认定该情势是否构成对国际和平与安全的威胁,并强调安全理事会在应对此类威胁方面的首要责任。

2. 吁请《不扩散核武器条约》缔约国全面遵守该条约规定的所有义务并履行根据该条约做出的承诺。

3. 指出缔约国只有自身遵守《不扩散核武器条约》规定的义务,才能确保享受该条约带来的益处。

4. 吁请未加入《不扩散核武器条约》的所有国家作为无核武器国家加入该条约,以尽早实现该条约的普遍性,并在加入该条约之前,恪守该条约的各项条款。

5. 吁请《不扩散核武器条约》缔约国依照该条约第六条的规定,承诺就有关核武器削减和裁军的有效措施并就一项在严格有效国际监督下的全面彻底裁军条约真诚地进行谈判,吁请所有其他国家加入这一努力。

6. 吁请《不扩散核武器条约》所有缔约国开展合作,以使不扩散核武器条约 2010 年审议大会能够成功加强该条约,并围绕该条约的所有三个支柱:不扩散、和平利用核能和裁军,订立可以实现的现实目标。

7. 吁请所有国家不进行核试爆,签署并批准《全面禁止核试验条约》(《全面禁试条约》),从而使该条约早日生效。

8. 吁请裁军谈判会议尽早就禁止生产核武器或其他核爆炸装置用裂变材料谈判一项条约,欢迎裁军谈判会议以协商一致方式通过其 2009 年工作计划,请所有会员国开展合作,引导裁军谈判会议早日开始实质性工作。

9. 回顾第984(1995)号决议注意到五个核武器国家各自做出的声明,其中做出了不对《不扩散核武器条约》的无核武器缔约国使用核武器的安全保证,申明此种安全保证强化了核不扩散机制。

10. 对安全理事会已经采取行动的不扩散机制当前面临的重大挑战甚表关切,要求有关各方全面遵守安全理事会有关决议规定的各项义务,再次吁请有关各方早日通过谈判解决这些问题。

11. 鼓励谋求维持或发展本国相关领域能力的国家在降低扩散风险和恪守保障监督、安全和安保方面国际最高标准的框架下,为确保开发核能和平利用而做出的努力。

12. 强调《不扩散核武器条约》第四条确认该条约缔约国拥有按照该条约第一和第二条的规定不受歧视地开展为和平目的而研究、生产和使用核能的不容剥夺的权利,并在此回顾《不扩散核武器条约》第三条和《国际原子能机构规约》第二条的规定。

13. 吁请各国对核燃料循环相关敏感物项和技术的出口实行更加严格的国家管制。

14. 鼓励国际原子能机构在核燃料循环多边措施方面所做的工作,包括核燃料供应保障和有关措施,以此作为满足对核燃料和核燃料服务的不断扩大的需求和尽量降低扩散风险的有效手段,并敦促国际原子能机构理事会尽快为此商定各项措施。

15. 申明国际原子能机构有效地保障监督对防止核扩散和促进和平利用核能领域的合作必不可少,在这方面:

  a. 吁请尚未使全面保障监督协定或经修订的"小数量议定书"生效的《不扩散核武器条约》所有无核武器缔约国立即使这些文书生效。

  b. 吁请所有国家签署、批准并履行附加议定书,该议定书与全面保障监督协定构成国际原子能机构保障监督体系的基本要素。

  c. 着重指出所有会员国均须确保国际原子能机构继续拥有一切必要的资源和授权,以核查核材料和设施的申报用途和不存在未申报的活动,并使原子能机构能酌情向安理会相应报告情况。

16. 鼓励各国向国际原子能机构提供必要合作,使其能够核查一国是否遵守其保障监督义务,并申明安全理事会决心按照《联合国宪章》的授权,支持原子能机构为此做出努力。

17. 承诺毫不拖延地处理任何国家通知将退出《不扩散核武器条约》的情况,包括相关国家按照该条约第十条规定在声明中所述的事件,同时注意到在对《不扩散核武器条约》进行审议的过程中,就确定《不扩散核武器条约》缔约国可以集体回应退约通知书的办法所进行的讨论,申明按照国际法,一国仍须对其在退出《不扩散核武器条约》以前实施的违约行为承担责任。

参考词语

1. 扩散　　　kuòsàn　　　（动）　　扩大散播
2. 情势　　　qíngshì　　　（名）　　情况、形势
3. 恪守　　　kèshǒu　　　（动）　　严格遵守自己的承诺
4. 削减　　　xuējiǎn　　　（动）　　减少
5. 裁军　　　cáijūn　　　（动）　　减少军人数量
6. 申明　　　shēnmíng　　（动）　　明确表示
7. 不容　　　bùróng　　　　　　　　不容许,不可以
8. 剥夺　　　bōduó　　　　（动）　　强行取消或拿走权利
9. 酌情　　　zhuóqíng　　（副）　　按照实际的情况（考虑）

专有名词

1. 安全理事会　　　Ānquán Lǐshìhuì　　　Security Council/简称安理会,是联合国的重要机构
2. 国际原子能机构　Guójì Yuánzǐnéng Jīgòu　International Atomic Energy Agency/是一个致力推广和平使用核能的国际组织

文章阅读理解

(1) 根据联合国决议我们知道：
  A. 五个核武器国家才可以加入《不扩散核武器条约》
  B. 安全理事会在不扩散核武器问题上不用负太大责任
  C. 联合国呼吁所有国家不进行核试爆
  D. 五个核武器国的声明是不够和没有意义的

(2) 下列哪项与联合国决议不符：
  A. 《不扩散核武器条约》缔约国能在履行义务时获得好处
  B. 《不扩散核武器条约》三个支柱是不扩散、和平利用核能和裁军
  C. 《全面禁止核试验条约》已经得到签署并批准，而且已经生效
  D. 吁呼就禁止生产核武器或其他核爆炸装置用裂变材料进行谈判

(3) 根据联合国决议我们知道，联合国认为：
  A. 所谓为和平目的而研究、生产和使用核能是不能接受的
  B. 吁请各国禁止对核燃料循环相关敏感物项和技术的出口
  C. 所有会员国开展合作，引导裁军谈判会议早日开始实质性工作
  D. 国际原子能机构核查核材料和设施的申报用途的权利应该受到限制

(4) 根据联合国决议，下面说法不正确的是：
  A. 有些国家还没有加入《不扩散核武器条约》
  B. 所有国家都应该签署、批准并履行附加议定书
  C. 如果有国家退出《不扩散核武器条约》，就要受到所有会员国制裁
  D. 退出《不扩散核武器条约》的国家要对以前实施违约行为承担责任

二、挑战阅读

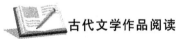
古代文学作品阅读

　　天宝中，有书生旅次宋州。时李勉少年贫苦，与一书生同店。而不旬日，书生疾作，遂死不救，临绝语勉曰："某家住洪州，将于北都求官，于此得疾且死，其命也。"因出囊金百两遗勉，曰："某之仆使，无知有此者，足下为我毕死事，余金奉之。"勉许为办事，余金乃密置于墓中而同葬焉。后数年，勉尉开封。书生兄弟赍洪州牒来，而寻生行止，至宋州，知李为主丧事，专诣开封，诘金之所。勉请假至墓所，出金付焉。

(据《尚书谈录》)

注释

1. 天宝　　　Tiānbǎo　　　唐朝皇帝李隆基（玄宋）的年号（公元 742—755 年）
2. 尉　　　　wèi　　　　　县尉。此处用做动词，做县尉
3. 赍　　　　jī　　　　　　带着
4. 牒　　　　dié　　　　　文件，证件
5. 行止　　　xíngzhǐ　　　行踪、历史
6. 诣　　　　yì　　　　　　到，旧时特指到尊长那里去
7. 诘　　　　jié　　　　　询问

1. 字、词、句理解

（1）"有书生旅次宋州"中"旅次"的意思是：
　　A. 学习　　　　B. 任职　　　　C. 游学　　　　D. 屡次

（2）"而不旬日，书生疾作"中"疾"与下面哪个词语中的"疾"意思接近：
　　A. 疾恶如仇　　B. 疾驶　　　　C. 顽疾　　　　D. 疾行

（3）"遂死不救"中"不救"的意思是：
　　A. 不去救　　　B. 不好救　　　C. 不想救　　　D. 救不了

（4）"临绝语勉曰"的意思是：
　　A. 临别的时候告诉李勉　　　　B. 决定告诉李勉一件事
　　C. 快死的时候告诉李勉　　　　D. 临时决定把秘密告诉李勉

（5）"某家住洪州"中"某"的意思应该是：
　　A. 我　　　　　B. 原来　　　　C. 现在　　　　D. 谋求

（6）"因出囊金百两遗勉"中"遗"的意思是：
　　A. 忘　　　　　B. 给　　　　　C. 交　　　　　D. 递

（7）"足下为我毕死事"中"足下"的意思是：
　　A. 请求　　　　B. 差不多　　　C. 您　　　　　D. 足够

（8）"余金奉之"的意思是：
　　A. 应该可以剩很多钱　　　　　B. 剩下的钱可能不多了
　　C. 我的钱就捐献给别人　　　　D. 剩下的钱给您

（9）与"勉许为办事"中"许"的意思接近的词语是：
　　A. 许诺　　　　B. 或许　　　　C. 赞许　　　　D. 许愿

（10）"诘金之所"的意思是：
　　A. 没有说金子的事情　　　　　B. 想做生意
　　C. 询问金子的下落　　　　　　D. 想买房子

2. 内容理解

(1) 李勉认识书生是因为：
    A. 他们是老乡　　　　　　　B. 他们是同学
    C. 他们住在一起　　　　　　D. 他们是生意伙伴

(2) 关于书生的钱，我们知道：
    A. 很多　　　　　　　　　　B. 有百金
    C. 放在包里　　　　　　　　D. 以上全部

(3) 关于李勉，我们知道：
    A. 他很诚实　　　　　　　　B. 他后来当了官
    C. 他小时候很穷　　　　　　D. 以上全部

(4) 关于李勉埋金的事，我们知道：
    A. 只有李勉知道　　　　　　B. 书生的弟弟知道
    C. 书生的仆人知道　　　　　D. 以上全部

3. 口头回答问题

(1) 说说李勉和书生的关系？
(2) 书生临死前是怎样交代李勉的？
(3) 说说李勉怎么处理那笔钱的？
(4) 简单说说李勉的人生经历。
(5) 你认为李勉是一个怎样的人？他这样做有道理吗？

白话文参考译文

天宝年间，有书生游学住在宋州。当时李勉年少穷困，和一个书生住在同一个店里。没过多长时间，书生患了病，无法医治。书生临死告诉李勉说："我家住在洪州，我将到北都（今太原）谋求官职，在这里得病将要死了，这是命啊。"并从口袋里拿出百两金子给李勉，说："我的家丁仆人，都不知道这个事，您为我处理后事，余下的钱送给您了。"李勉答应他为他办后事，剩下的金子秘密放在坟墓里和书生一同埋葬了。几年以后，李勉做了开封县尉。书生的兄弟带着洪州官府的证明，沿路打听书生的行路、住宿，到了宋州，知道是李勉为书生主持的丧事，专门到开封面见他，询问金子的下落。李勉向上级请假到了墓地，挖出金子交给了他们。

 笑话阅读

请根据下面的提示找到合适的成语,并说明为什么会出现这样的错误,最后解释成语的意思

( )1. 一只蜜蜂停在一本日历上。
( )2. 牛、马、羊参加100米赛跑。跑完后牛、马都气喘吁吁。
( )3. 一个人骑在羊背上用手摸羊角,摸不到。
( )4. 一只狗过了一座独木桥,然后就不叫了。
( )5. 哪一种蝙蝠不用休息。
( )6. 手机不可以掉到马桶里。
( )7. 拿筷子吃饭。
( )8. 有十只羊,九只蹲在羊圈,一只蹲在猪圈。
( )9. 餐厅把不新鲜的鱼卖给客人。

A. 不修边幅　B. 扬眉吐气　C. 滥竽充数　D. 机不可失　E. 脍炙人口
F. 过目不忘　G. 风和日丽　H. 抑扬顿挫　I. 扬长避短

参考答案

成语是一个非常固定的结构,其中的每个字都不能随意改变,意思也很固定。如果换了其中的字,成语原先的意思将完全改变,也就不是原先的成语了。

这里的幽默就是用谐音字替换了成语里原先的字,完全改变了成语本来的意思:风和日历、羊没吐气、羊长臂短、过木不汪、不休蝙蝠、机不可湿、筷至人口、一羊蹲错、烂鱼充数。

第十一课

国际政治(2)

一、导读

各国从来没有像今天这样重视反对恐怖主义。20世纪60年代以后,恐怖主义活动日益频繁,在西欧、中东、拉丁美洲和南亚等地区蔓延,严重威胁着国际社会的安全和秩序。许多国家纷纷采取对策,先后颁布了反恐怖主义的法令,建立了反恐怖部队,并加强了国际间的合作。

"9.11"事件以后,世界各国对恐怖主义有了新的认识,各国加强了反恐合作,加大了对恐怖主义的打击力度,反恐成了世界各国的共同责任。本课有一篇讨论国际恐怖主义的文章。

海盗作为一种古老的历史现象,在现代社会又卷土重来,并和全球其他有组织的犯罪活动,如毒品走私、人口贩卖、军火交易,甚至与恐怖主义同流合污,从而成为当今世界的一项重要威胁。本课有一篇介绍索马里海盗的文章。

本课最后一篇文章是2009年联合国毒品报告,报告了2009年世界范围内不同毒品在不同地区的泛滥、分布情况。

阅读1

国际恐怖主义全球"本土化"

"9·11"事件以后,以"基地"组织为代表的国际恐怖势力呈全球化发展态势,目前已基本形成一个以伊拉克和阿富汗为中心、分散在全球各地的相互密切勾连的恐怖网络,且这一网络正在向外辐射,及于中东、北高加索、中亚、南亚、东南亚、欧洲、北非、西非、东非。其中伊拉克已成为国际恐怖分子实战训练、战术交流、招募新人和筹集资金的温床,并由此进一步向其他国家和地区扩散。

国际恐怖活动与伊拉克、阿富汗等地区热点问题相互作用，国际反恐形势日趋严峻，恐怖活动的危害程度不断加剧。南亚的印度和巴基斯坦国内恐怖势力和宗教极端势力气焰嚣张，恐怖活动和教派冲突有增无减。

非洲部分国家政局不稳，安全形势脆弱，武装割据和战乱不止，民族和宗教矛盾错综复杂，极易被恐怖分子利用制造事端。可以预见，恐怖威胁在非洲将长期存在，被列为"基地"组织恐怖活动大本营之一的非洲之角地区尤为突出。

中亚国家经济发展普遍比较落后、贫富差距悬殊，诸如此类的条件，为恐怖组织和极端组织提供了滋生蔓延的土壤和条件。俄罗斯境内反恐形势近年虽有所好转，恐怖袭击总量减少，但车臣非法武装始终没有放弃，在俄南部地区和莫斯科、圣彼得堡等大中城市多次制造血案。

东南亚地区的"伊斯兰祈祷团"、菲律宾境内"阿布沙耶夫组织"和"摩洛伊斯兰解放阵线"等恐怖组织以及泰国南部分离主义势力等目前仍具有较强活动能力，恐怖袭击此起彼伏，不能说与"基地"组织没有关系。

"9·11"事件至今已7个年头，国际恐怖主义发展迅速，甚至于出现了"越反越恐"的灾难性局面。这既源于霸权主义和强权政治的外部因素激化，也出自恐怖主义和极端思想的内部基因变异。其中最为明显的就是本土化和全球化的相互作用。本土化是恐怖主义赖以生存的基础，全球化反过来加速本土化。

在本土化进程中，恐怖组织利用本土难以防范的优势，运用"不对称"的战术手段，频繁出击，同时与国际恐怖势力里应外合、内外夹击，造成相当程度的全球影响。"红色清真寺"事件、塔利班劫持韩国人质事件、伊拉克北部连环爆炸事件，均被视为2007年全球具有影响力的大事。它们都是本土化恐怖事件。

在全球化发展中，一些伊斯兰极端恐怖组织发现很容易在非伊斯兰国家招募到新成员，如欧洲国家的穆斯林人群在融入当地社会时遇到很多困难，恐怖组织就利用这些困难来招募新人。

当代新型恐怖主义越来越注重本土化并"以点带面"，进一步通过网络化实现全球化的发展。互联网现已成为国际恐怖势力的新"战场"，早在2004年初在互联网上就发现有"招募600名穆斯林参加'网络圣战'"的广告。

当前，国际恐怖势力中最为猖獗的几股力量，即"基地"组织及其各分支组织，塔利班、车臣非法武装和"伊斯兰祈祷团"、"阿布沙耶夫组织"等均在"基地"组织的主导下,积极促进组织成员的本土化、活动地域的全球化和组织结构的网络化。它们或以提供优厚条件为诱饵,非法招收对象国人员赴伊斯兰国家留学进修,借机向其灌输宗教激进思想,"学成"后再返国传经布道;或通过兴办阿拉伯语宗教学校、网站、公司及其他组织,宣扬宗教激进意识;或通过境内代理人,建立秘密据点,网罗人员,交流战术,壮大实力。

这些新一代恐怖分子是"在本土成长起来的",他们通过互联网和光碟、录像带,不用到训练营就被培训为"圣战者"。而且,用于圣战宣传的音像制品越来越多地使用英语,或至少编辑有英文字幕,这样西方国家的穆斯林无需出国即可接受"熏陶"。

综上所述,国际恐怖势力本土化、活动地域全球化和组织结构网络化正在不断发展,国际反恐斗争形势将日趋复杂。

(据2008年3月3日《半月谈》,孔龙文)

参考词语

1.	辐射	fúshè	(动)	原指热力、电波等向外传播,这里指影响向外传播
2.	招募	zhāomù	(动)	招人(参加自己的组织等)
3.	温床	wēnchuáng	(名)	原指人工加温培育幼苗的苗床,这里比喻产生某种事物的条件或环境
4.	严峻	yánjùn	(形)	指形势和情况都很困难
5.	宗教极端势力	zōngjiào jíduān shìlì		是一股在宗教名义掩盖下的、传播极端主义思想主张,并从事恐怖活动或分裂活动的社会政治势力
6.	气焰嚣张	qìyànxiāozhāng		指邪恶势力很猖狂
7.	有增无减	yǒuzēng-wújiǎn		只有增加,没有减少
8.	割据	gējù	(动)	武力占据一块地方,在一个国家内部形成一种不受控制的对抗局面
9.	滋生	zīshēng	(动)	产生、发展
10.	里应外合	lǐyìng-wàihé		内部和外部配合行动
11.	内外夹击	nèiwàijiājī		内部也打,外部也打

12. 劫持	jiéchí	（动）	用暴力控制人或运输工具等，并以此来为自己谋求利益
13. 人质	rénzhì	（名）	被一方强制扣留并以其生命作为抵押迫使另一方接受某些条件的人
14. 诱饵	yòu'ěr	（名）	原指用来捕获动物的食物等，现也指为引诱某人上当受骗而故意设置的好处
15. 传经布道	chuánjīng-bùdào		传播宗教思想
16. 熏陶	xūntáo	（动）	被一种思想、品行、习惯所影响而渐趋同化

专有名词

1. 基地组织	Jīdì Zǔzhī	是一极端伊斯兰教恐怖组织，20世纪80年代末成立于阿富汗，领导人是本·拉登
2. 车臣	Chēchén	车臣共和国是俄罗斯联邦的南部联邦管区的一个共和国，位于北高加索山区，居民多信奉伊斯兰教
3. 伊斯兰祈祷团	Yīsīlán Qídǎotuán	是一个东南亚的伊斯兰武装组织。活动范围遍及印尼、新加坡、文莱、马来西亚、泰国南部及菲律宾
4. 阿布沙耶夫组织	Ābùshāyēfū Zǔzhī	是东南亚一个伊斯兰恐怖组织，其势力范围包括菲律宾南部岛屿
5. 摩洛伊斯兰解放阵线	Móluò Yīsīlán Jiěfàng Zhènxiàn	菲律宾最大的穆斯林反政府民族武装组织，主张在棉兰老岛建立一个独立、严格的伊斯兰国家
6. 塔利班	Tǎlìbān	阿富汗的一个伊斯兰教组织。塔利班在波斯语中是学生的意思，它的大部分成员是阿富汗难民营伊斯兰学校的学生，故又称伊斯兰学生军。1996年到2001年建立政权，后被美国推翻。现在依然在反抗美国以及阿富汗政府

文章阅读理解

(1) 文章说成为国际恐怖主义实战训练的地方是：
　　A. 阿富汗　　　　　　　B. 伊拉克
　　C. 东南亚　　　　　　　D. 东非

(2) 非洲国家产生恐怖主义的条件没有提到的是：
　　A. 武装割据　　　　　　B. 经济
　　C. 宗教　　　　　　　　D. 战乱

(3) 关于中亚和俄罗斯的恐怖主义我们知道：
　　A. 俄罗斯的恐怖活动越来越少
　　B. 俄罗斯的恐怖活动次数比以前多
　　C. 中亚国家经济比较发达
　　D. 俄罗斯大城市比较安全

(4) 哪个不是文章中提到的恐怖主义组织：
　　A. 伊斯兰祈祷团
　　B. 塔利班
　　C. "基地"组织
　　D. "网络圣战"

(5) 文章说："'9·11'事件至今已7个年头，国际恐怖主义发展迅速，甚至于出现了'越反越恐'的灾难性局面。"请问"越反越恐"的意思是：
　　A. 越来越注意和加强反恐
　　B. 恐怖主义越严重就越要反恐
　　C. 越加强反恐可恐怖主义越来越严重
　　D. 如果恐怖主义越来越多就成为灾难

(6) 根据文章我们知道：
　　A. 加入恐怖组织的都是伊斯兰国家的人
　　B. 加入恐怖组织的新人没有欧洲人
　　C. 恐怖组织互利用联网来招收新人
　　D. 恐怖分子一般是袭击国外的目标

(7) 根据文章，哪个不是恐怖分子加入恐怖组织的原因：
　　A. 恐怖组织的领导人亲自接见他们
　　B. 恐怖组织提供优厚条件
　　C. 圣战宣传材料越来越多使用英语
　　D. 可以在自己国家加入恐怖组织

阅读2

索马里海盗:恐怖新势力

2008年以来,海盗们制造的劫持事件比往年增加了两倍,据国际海事组织海盗监控中心提供的数据,自1月以来,索马里附近海域有95艘船只遇抢,40艘被劫,600多名船员遭绑架,现至少还有18艘船只和200多名船员掌控在海盗手中。

在金融危机蔓延之际,索马里的匪患成为一根让全球化的世界痛上加痛的盲肠,当各种行业都在大萧条中艰辛度日时,这个饱受战乱和干旱的东非国家的"海盗产业"却逆势上扬,成为部落生意。海盗人数也从2005年的大约100人上升到现在的1000多人。

目前,国际社会正在积极寻求打击海盗活动、实现索马里和平与稳定的整体协调措施。分析人士认为,在采取海上军事行动的同时,促进索马里和平进程和国家经济发展、消除贫困和不安全因素是打击海盗活动的根本途径。

索马里海盗活动猖獗的亚丁湾位于印度洋和红海之间,是连接亚、非、欧三大洲和太平洋、印度洋、大西洋三大洋的海上咽喉,被称做世界航运的生命线。每年约有100个国家和地区的近2万艘船只经过这里,世界14%的海运贸易和30%的石油运输要过往此地。而如今,由于索马里海盗的存在,这条"黄金航线"成为各类船只的"百慕大"。

在海盗活动的海域,不论是货船、客轮还是油轮,甚至军火船,都面临威胁,其中包括9月25日遭劫的乌克兰军火船"费那号",11月15日被劫、价值超过1亿美元的超级油轮"天狼星"号以及11月14日被劫的中国渔船"天裕8号"。2008年11月30日,他们第一次盯上大型客轮,向一艘载客1000人的美国邮轮连开8枪。

海盗是如何滋生的,这是一个沉重的话题。海盗的猖獗与索马里政治局势有着直接的关系,自1991年1月西亚德政权被推翻后,索马里就陷入军阀割据状态,内战不断,整个国家处于无政府状态。1994年联合国从索撤走维和部队。

近20年的内战导致索马里成千上万人死亡。如今,反政府武装控制着索马里大部分地区,而2004年在联合国支援下成立的索马里过渡政府,只控制首都摩加迪沙以及拜多阿等几个重要城镇。常年的战乱导致民不聊生,约1/3索马里人需要人道主义援助。

可以说,索马里海盗的猖獗,反映的正是常年战乱带来的一种普遍的绝望心态。在许多索马里人的心中,昨天是黑暗的,充满饥饿、恐惧与失去亲人的痛苦;明天是空洞的,没有希望和目标;顾得上的只有今天。

在数年前,索马里海盗劫持船只的赎金数额还在1万—10万美元之间,到了2008年,已经在50万—200万之间,甚至更高。9月25日,载有33辆T-72型主战坦克和大量弹药的乌克兰货轮遭劫持后,海盗开出的价码高达3500万美元。联合国秘书长索马里问题特别代表艾哈迈杜·乌尔德·阿卜杜拉在2008年底表示,索马里海盗2008年的收入可能达到创纪录的1.2亿美元,这几乎相当于一些小国家一年的GDP。

如今猖獗的索马里海盗已让世界各大航运公司战栗。因为如果要避开索马里,运送原油的轮船公司不得不绕过好望角,把航线拉长到非洲大陆南端,这将使运输费用提高数百万英镑。

一个令人担忧的动向是,索马里海盗正在把手伸向更遥远的海域。2007年,索马里海盗活动的区域还仅仅是该国南部的一小片海岸线附近,但如今,红海、亚丁湾都成了海盗们为非作歹的地盘。

如今,海盗们的行动已成为一个精良的运作系统,海盗们通常以改装过的普通民用船作为"母船",航行到距离较远的外海并找到目标后再放下快艇对目标船只实施包围,迅速靠近并登船,必要时开枪甚至动用火箭弹阻止目标船只逃跑。掌握海上情况的前渔民成为劫船行动策划者,那些在多年的内战中学会使用武器的前武装分子是执行者。据说,海盗还要招募年轻的计算机专家,这些人知道如何操作用于跟踪目标、协调攻击、进行赎金谈判的GPS全球定位系统和卫星电话等通信装备。

索马里海盗的频繁挑衅激怒了国际社会,各国都已意识到独木难支,必须联合起来共同打击海盗,才能维护海上航运安全。

(据《环球》杂志2009年第1期,汤水富文)

参考词语

1.	海盗	hǎidào	（名）	海上的强盗，主要在海上从事抢劫等犯罪活动
2.	盲肠	mángcháng	（名）	人身体的一部分，位于人体右下腹，它连接小肠和大肠。人的盲肠功能已退化。现常指没有好处却常常带来麻烦、应该被清除的那些东西
3.	大萧条	dàxiāotiáo	（形）	不繁荣，不热闹的。常指经济情况
4.	咽喉	yānhóu	（名）	是人体呼吸道的重要器官，由于喉在人的脖子中央，也比喻那些关键之处和要害部门
5.	军阀	jūnfá	（名）	拥有武装部队、割据一方、自成派系的人
6.	民不聊生	mínbùliáoshēng		人民生活艰难，没有办法生活下去
7.	空洞	kōngdòng	（形）	没有实际意义的
8.	战栗	zhànlì	（动）	发抖
9.	动向	dòngxiàng	（名）	行动或事态发展的方向
10.	为非作歹	wéifēi-zuòdǎi		做非法的事和坏事
11.	火箭弹	huǒjiàndàn	（名）	武器的一种，用火箭发射
12.	策划者	cèhuàzhě	（名）	制订计划的人
13.	赎金	shújīn	（名）	指在绑架事件里绑架者向对方索要的用于交换人质的钱财
14.	激怒	jīnù	（动）	让人生气发怒
15.	独木难支	dúmùnánzhī		单独很难做成事情

专有名词

1.	百慕大	Bǎimùdà	国家名，位于北大西洋西部的一个独立岛国，曾为英国的自治殖民地。附近海域有很多神秘的传说
2.	维和部队	wéihé bùduì	负责维持和平的部队
3.	摩加迪沙	Mójiādíshā	索马里首都
4.	好望角	Hǎowàngjiǎo	地名，位于非洲大陆的最西南角，是印度洋和太平洋的交界处

文章阅读理解

(1) 根据文章,现在被索马里海盗绑架的船员大概有:
　　A. 100 多人　　　　　　　B. 200 多人
　　C. 600 多人　　　　　　　D. 1000 多人

(2) 根据文章,解决索马里海盗问题的办法没有包括:
　　A. 军事行动　　　　　　　B. 消除贫困
　　C. 促进和平进程　　　　　D. 发展经济

(3) 关于海盗,哪个说法不对?
　　A. 他们活跃在亚丁湾一带　B. 他们抢过军火船
　　C. 他们劫持船只索要赎金　D. 他们杀死很多被劫持船员

(4) 索马里现在的情况是:
　　A. 政局稳定　　　　　　　B. 国家没有政府
　　C. 反政府武装控制的地区很大　D. 驻有联合国维和部队

(5) 索马里海盗索要的赎金最高达到:
　　A. 1 万—10 万美元　　　　B. 50 万—200 万美元
　　C. 3500 万美元　　　　　　D. 1.2 亿美元

(6) 索马里海盗劫持船时的方法不包括:
　　A. 使用武力　　　　　　　B. 拥有科技能力,动用科技手段
　　C. 渔民和武装分子合作　　D. 海盗装成官员用欺骗的手段登船

阅读 3

联合国 2009 年世界毒品报告(节选)

　　2008 年,可卡因和海洛因产量有所降低,令人鼓舞。毒品和犯罪问题办公室与受影响的国家合作,每年在大量生产这些毒品的国家进行作物调查。这些调查显示,阿富汗罂粟种植减少了 19%,哥伦比亚古柯种植减少了 18%。其他生产国的趋势有升有降,但都不足以抵消这两个主要生产国的下降数量。尽管数据不够完备,不足以准确估计全球鸦片和古柯产量减少了多少,但几乎可以肯定,实际上确有减少。

　　其他非法药物的产量较难跟踪,吸毒情况的有关数据也很有限。但对大麻、可卡因和阿片剂的世界最大市场中的吸毒者进行调查后发现,这些市场正在萎缩。最近对西欧、北美和大洋洲年轻人的调查称,这些区域吸食

大麻的现象似乎正在减少。来自世界最大的可卡因消费区域——北美洲的数据显示,数量有所降低,欧洲市场似乎正在趋于稳定。来自传统吸食鸦片的东南亚国家的报告也显示,该区域吸食鸦片的现象可能正在减少。西欧吸食海洛因的现象似乎保持稳定。

相比之下,有一些迹象表明,全球的苯丙胺类兴奋剂问题正在日益严重。全球缉获量正在上升,有苯丙胺类兴奋剂生产的国家越来越多,生产地点和工艺各不相同。2007年全球缉获量中将近30％来自近东和中东,这些区域吸食苯丙胺的情况可能也很严重。甲基苯丙胺前体越来越多地被贩运到中南美洲,以便为北美市场制造苯丙胺类兴奋剂,当地的吸食情况似乎也在增加。在东亚,苯丙胺类兴奋剂的市场很大,可能仍在增长。但是,苯丙胺类兴奋剂的有关信息特别模糊,毒品和犯罪问题办公室正在进行协调努力,以改进对该领域趋势的监测工作。

当然,所有这些市场都是秘密的,要跟踪变动情况需要使用各种估算办法。信息十分缺乏,发展中世界尤其如此,而且在许多问题上的不确定性也很高。本年度的《世界毒品报告》首次明确表示了不确定性的程度,列出一个范围区间而非定点估计数。由于这一变动,要比较本年度的估计数和往年《世界毒品报告》的估计数就相当复杂,但这是向提供准确估计数迈出的不可或缺的一步。

在古柯和罂粟的种植方面,不确定性最低,因为在一些产量大的国家进行了科学作物调查。还做了作物产量科学研究,但对这些毒品产量的确定性低于毒品作物种植。合成药物和大麻几乎可以在世界任何地方生产,因而对其产量了解较少。贩运方式是通过缉获信息体现的,这种综合指标既反映了基本流动情况,也反映了相应的执法行动情况。关于吸毒的数据来自调查和治疗信息,但只有少数几个国家收集了这类信息。各种毒品类型和各区域的吸毒情况不确定的程度也不统一。例如,上年苯丙胺类兴奋剂和大麻吸食者的估计数与阿片剂和可卡因吸食者的估计数相比,确定性较低;对欧洲和南北美洲吸毒情况了解较多,对非洲以及亚洲一些地区的吸毒情况了解较少。

据毒品和犯罪问题办公室估计,2007年有17200—25000万人至少使用了一次非法药物。但这些庞大数字包括许多偶然使用者,可能一整年里只试过一次毒品。因此必须另行估计重度吸毒者或"问题"吸毒者的人数。这一群体的消费量在毒品的年度使用量中占绝大部分,他们很可能对毒品有依赖性,治疗会对他们有益,对公共卫生和公共秩序的许多影响很可能与他们的吸毒量有关。毒品和犯罪问题办公室所做的估计表明,2007年15—64岁的问题吸毒者在1800万—3800万之间。

不同的毒品对不同区域造成的问题也各不相同。例如,在非洲和大洋洲,因大麻问题接受治疗的人比因其他任何毒品接受治疗的人多(非洲为63%;澳大利亚和新西兰为47%)。相比之下,在亚洲和欧洲,治疗所针对的主要毒品是阿片剂(分别为65%和60%)。可卡因在北美洲(34%)和南美洲(52%)比在其他地区盛行;苯丙胺类兴奋剂较为盛行的区域是亚洲(18%)、北美洲(18%)和大洋洲(20%)。自1990年代后期以来,在欧洲、南美洲和大洋洲,大麻戒毒治疗所占比例越来越大。目前在南北美洲,因使用苯丙胺类兴奋剂而进行戒毒治疗的所占比例超过往年。

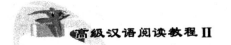

参考词语

1.	可卡因	kěkǎyīn	(名)	又叫古柯碱,是一种从古柯树中提炼出来的毒品。原产于南美洲安第斯山脉
2.	海洛因	hǎiluòyīn	(名)	一种从鸦片中提炼出来的毒品
3.	罂粟	yīngsù	(名)	一种植物,可以从它的果实里提炼毒品鸦片和海洛因
4.	古柯	gǔkē	(名)	一种植物,可以用它的叶子里提取毒品可卡因
5.	抵消	dǐxiāo	(动)	相抵消除。就是正反两方力量数量相当,达到双方平衡
6.	鸦片	yāpiàn	(名)	一种毒品,从罂粟中提取
7.	大麻	dàmá	(名)	一种毒品,其毒性比海洛因和可卡因要低一些
8.	阿片剂	āpiànjì	(名)	含鸦片的制剂,可用于催眠、麻醉
9.	苯丙胺类	běnbǐngàn lèi		也叫安非他命,一种化学合成的精神类药物
10.	缉获	jīhuò	(动)	拿获,查获
11.	甲基苯丙胺	jiǎjī běnbǐng'àn		俗称冰毒,是一种化学合成的毒品
12.	前体	qiántǐ	(名)	变化产生另一化合物之前的化合物
13.	戒毒	jièdú	(动)	戒除毒瘾,不再吸毒了

专有名词

哥伦比亚　　　　Gēlúnbǐyà　　　　国家名，在南美洲

文章阅读理解

(1) 关于毒品我们知道：
　　A. 2008年可卡因和海洛因产量减少了19%
　　B. 阿富汗种植罂粟
　　C. 东南亚国家的吸毒者主要吸食可卡因
　　D. 北美洲国家的吸毒者主要吸食鸦片

(2) 关于新型毒品苯丙胺类兴奋剂我们知道：
　　A. 它的价钱比传统毒品便宜
　　B. 吸食苯丙胺类兴奋剂在大洋洲比较盛行
　　C. 吸食苯丙胺类兴奋剂在欧洲很严重
　　D. 世界最大生产地是中南美洲

(3) 关于吸毒我们知道：
　　A. 2007年有17200万—25000万人吸过毒
　　B. 2007年有1800万到3800万问题吸毒者
　　C. 欧洲和南北美洲吸毒的人较多
　　D. 非洲以及亚洲地区吸毒的人较少

(4) 关于吸毒的习惯我们知道：
　　A. 非洲和大洋洲吸食大麻的多
　　B. 可卡因在北美洲和南美洲盛行
　　C. 亚洲和欧洲的主要毒品是可卡因
　　D. 以上全部

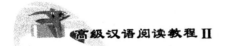

二、挑战阅读

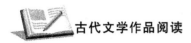 古代文学作品阅读

　　周处年少时，凶强侠气，为乡里所患。又义兴水中有蛟，山中有白额虎，并皆暴犯百姓。义兴人谓为三横，而处尤剧。

　　或说处杀虎斩蛟，实冀三横唯余其一。处即刺杀虎，又入水击蛟。蛟或浮或没，行数十里，处与之俱。经三日三夜，乡里皆谓已死，更相庆。

　　竟杀蛟而出，闻里人相庆，始知为人情所患，有自改意。

　　乃入吴寻二陆。平原不在，正见清河，具以情告，并云："欲自修改，而年已蹉跎，终无所成。"清河曰："古人贵朝闻夕死，况君前途尚可。且人患志之不立，何忧令名不彰邪？"处遂改励，终为忠臣孝子。

（据（南朝宋）刘义庆《世说新语》）

蛟　　jiāo　　古代传说中一种能发洪水的龙

1. 字、词、句理解

(1) "为乡里所患"中的"患"字与下面哪个词语中的"患"字意思接近？

　　A. 患病　　　　　　B. 患得患失
　　C. 防患于未然　　　D. 患者

(2) "义兴人谓为三横"中"横"与下面哪个词里的"横"字意思相当？

　　A. 横竖　　　　　　B. 横行
　　C. 纵横　　　　　　D. 横心

(3) "而处尤剧"的意思是：

　　A. 而且处于剧烈的状态
　　B. 但是处理起来很难
　　C. 而周处特别地厉害
　　D. 养尊处优尤其好

(4) "闻里人相庆"中"闻"的意思是：
    A. 听说   B. 打听
    C. 看见   D. 生气

(5) "终无所成"的意思是：
    A. 所以最后有这样的结果   B. 不可能找到场所
    C. 终于取得了成功   D. 最后也没有什么成就

(6) "古人贵朝闻夕死"中"贵"的意思是：
    A. 尊重历史   B. 认为宝贵
    C. 有地位   D. 不便宜

(7) 与"况君前途尚可"中"况"字的意思是：
    A. 比况   B. 近况
    C. 况且   D. 情况

(8) "且人患志之不立"中"患"的意思是：
    A. 担忧   B. 难过
    C. 考虑   D. 思想

(9) "何忧令名不彰邪"中"彰"的意思是：
    A. 显扬   B. 记录
    C. 遗忘   D. 保存

(10) "终为忠臣"的意思是：
    A. 终于被忠臣感动了   B. 最后想当忠臣
    C. 最后成了忠臣   D. 别人认为他是忠臣

2. 文章阅读理解

(1) 关于周处我们知道：
    A. 他从小就受到大家喜爱   B. 他是乡里的领导人
    C. 他年轻时很坏   D. 他是农村的猎人

(2) 下面哪件事情不是周处做的？
    A. 欺负百姓   B. 杀虎
    C. 杀龙   D. 互相庆祝

(3) 周处决定改正错误是因为：
    A. 村里的老百姓劝他   B. 他看到大家都希望他死
    C. 他的家人要求他改正   D. 以上全部

(4) 周处杀虎杀龙是因为：
    A. 别人让他做的   B. 他自己想去做的
    C. 他想证明自己的能力   D. 他想保护老百姓

3. 回答问题

(1) 周处年轻时乡里的人们是怎么看待他的？
(2) 周处是如何杀虎、杀龙的？
(3) 陆清河是怎么开导周处的？

白话文参考译文

周处年轻时，为人蛮横强悍，任侠使气，是当地一大祸害。义兴的河中有条蛟龙，山上有只白额虎，都祸害百姓。义兴的百姓称他们是三大祸害，三害当中周处最为厉害。

有人劝说周处去杀死猛虎和蛟龙，实际上是希望三个祸害相互拼杀后只剩下一个。周处立即杀死了老虎，又下河斩杀蛟龙。蛟龙在水里有时浮起有时沉没，漂游了几十里远，周处始终同蛟龙一起搏斗。经过了三天三夜，当地的百姓们都认为周处已经死了，奔走相告表示庆贺。

结果周处杀死了蛟龙从水中出来了。他听说乡里人以为自己已死而对此庆贺的事情，才知道大家实际上也把自己当做一大祸害，因此有了悔改的心意。

于是他便到吴郡去找陆机和陆云两位有修养的名人。当时陆机不在，只见到了陆云，他就把全部情况告诉了陆云，并说："我想要改正错误，可是岁月已经荒废了，怕最终没有什么成就。"陆云说："古人珍视道义，认为'哪怕是早晨明白了道理，晚上就死去也甘心'，况且你还是有希望的。再说人就怕立不下志向，只要能立志，又何必担忧好名声不能传扬呢？"周处听后就改过自新，终于成为一名忠臣孝子。

笑话阅读

请指出下面词语、句子中的错误并改正，同时说明错误产生了什么歧义

1. 人贱人爱　　　2. 女娲补锅　　　3. 罗密欧要煮你爷
4. 梁山伯揍英台　5. 牛郎侄女　　　6. 贵妃出狱
7. 临死抱佛脚　　8. 植树造零　　　9. 白收起家
10. 勤捞致富　　　11. 择油录取　　12. 检查宴收
13. 大力支吃　　　14. 提钱释放　　15. 跑部钱进

参考答案

人见人爱、女娲补天、罗密欧与朱丽叶、梁山伯与祝英台、牛郎织女、贵妃出浴、临时抱佛脚、植树造林、白手起家、勤劳致富、择优录取、检查验收、大力支持、提前释放、跑步前进。

出现这些笑话基本是因为汉语谐音的问题,如"人见人爱",本来的意思是说一个东西(也可以指人)很可爱,大家看了都喜欢。可是说成了"人贱人爱","贱"是低贱下流的意思,这样一来,意思就变成了"只要人下流,大家都喜欢"的意思,这就是可笑之处。

第十二课

一、导　读

　　本课我们提供给大家的是三篇有关遗传基因、气候变化、传染病的文章。现代科学已经证明遗传基因与人类很多疾病有关，这里就给大家介绍有关遗传基因的一些知识。

　　气候变暖是全球最热门的话题，也是大家最关注的问题之一。那么气候为什么会发生这样的变化？这样的变化会对我们人类产生什么样的影响？本课将做专门的介绍。

　　本课还有一篇关于传染病的文章。传染病是威胁人类健康的大敌，随着全球化的推进，世界范围的流动会越来越密切，传染病也有了在更大范围内传播的可能，因此人们需要对传染病有更多的了解。本课就向大家介绍有关传染病的一些知识。

　　其实，遗传基因、气候变化、传染病不是互相孤立的，因为科学已经证明气候变化和传染病流行、甚至基因改变都有关系。

 阅读 1

遗传基因

　　基因（Gene, Mendelian factor），也称为遗传因子。是指携带有遗传信息的 DNA 或 RNA 序列，是控制性状的基本遗传单位。基因通过指导蛋白质的合成来表达自己所携带的遗传信息，从而控制生物个体的性状表现。

　　基因有两个特点：一是能忠实地复制自己，以保持生物的基本特征；二是基因能够"突变"，突变的绝大多数会导致疾病，另外的一小部分是非致病突变。非致病突变给自然选择带来了原始材料，使生物可以在自然选择中被选择出最适合自然的个体。

　　含特定遗传信息的核苷酸序列，是遗传物质的最小功能单位。除某些病毒的基因由核糖核酸（RNA）构成以外，多数生物的基因由脱氧核糖核酸

(DNA)构成,并在染色体上做线状排列。基因一词通常指染色体基因。在真核生物中,由于染色体都在细胞核内,所以又称为核基因。位于线粒体和叶绿体等细胞器中的基因则称为染色体外基因、核外基因或细胞质基因,也可以分别称为线粒体基因、质粒和叶绿体基因。

基因最初是一个抽象的符号,后来证实它是在染色体上占有一定位置的遗传的功能单位。大肠杆菌乳糖操纵子中的基因的分离和离体条件下转录的实现进一步说明基因是实体。今已可以在试管中对基因进行改造甚至人工合成基因。对基因的结构、功能、重组、突变以及基因表达的调控和相互作用的研究始终是遗传学研究的中心课题。

目前,由多国科学家参与的"人类基因组计划",正力图在21世纪初绘制出完整的人类染色体排列图。众所周知,染色体是DNA的载体,基因是DNA上有遗传效应的片段,构成DNA的基本单位是四种碱基。由于每个人拥有30亿对碱基,破译所有DNA的碱基排列顺序无疑是一项巨型工程。与传统基因序列测定技术相比,基因芯片破译人类基因组和检测基因突变的速度要快数千倍。

通过使用基因芯片分析人类基因组,可找出致病的遗传基因。癌症、糖尿病等,都是遗传基因缺陷引起的疾病。医学和生物学研究人员将能在数秒钟内鉴定出最终会导致癌症等的突变基因。借助一小滴测试液,医生能预测药物对病人的功效,可诊断出药物在治疗过程中的不良反应,还能当场鉴别出病人受到了何种细菌、病毒或其他微生物的感染。利用基因芯片分析遗传基因,将使10年后对糖尿病的确诊率达到50%以上。

基因来自父母,几乎一生不变,但由于基因的缺陷,对一些人来说天生就容易患上某些疾病,也就是说人体内一些基因型的存在会增加患某种疾病的风险,这种基因就叫疾病易感基因。

只要知道了人体内有哪些疾病的易感基因,就可以推断出人们容易患上哪一方面的疾病。然而,我们如何才能知道自己有哪些疾病的易感基因呢?这就需要进行基因的检测。

基因检测是如何进行的呢?用专用采样棒从被测者的口腔黏膜上刮取脱落细胞,通过先进的仪器设备,科研人员就可以从这些脱落细胞中得到被测者的DNA样本,对这些样本进行DNA测序和SNP单核苷酸多态性检测,就会清楚地知道被测者的基因排序和其他人有哪些不同,经过与已经发现的诸多种类疾病的基因样本进行比对,就可以找到被测者的DNA中存在哪些疾病的易感基因。

基因检测不等于医学上的医学疾病诊断,基因检测结果能告诉你有多高的风险患上某种疾病,但并不是说您已经患上某种疾病,或者说将来一定会患上这种疾病。

　　通过基因检测,可向人们提供个性化健康指导服务、个性化用药指导服务和个性化体检指导服务。就可以在疾病发生之前的几年甚至几十年进行准确地预防,而不是盲目地保健;人们可以通过调整膳食营养、改变生活方式、增加体检频度、接受早期诊治等多种方法,有效地规避疾病发生的环境因素。

　　基因检测不仅能提前告诉我们有多高的患病风险,而且还可能明确地指导我们正确地用药,避免药物对我们的伤害。将会改变传统被动医疗中的乱用药、无效用药和有害用药以及盲目保健的局面。

参考词语

1.	因子	yīnzǐ	(名)	factor/生物学上把细胞中读取DNA基因片段所产生的物质叫做因子。因子是主要用来在细胞内传递信号,以控制细胞内的遗传与代谢
2.	蛋白质	dànbáizhì	(名)	protein/是维持动物健康、生长发育的六大营养素之一,其余的是碳水化合物、脂肪、矿物质、维生素及水分
3.	核苷酸序列	hégānsuān xùliè		nucleotide sequence/指DNA或RNA中碱基的排列顺序
4.	线状	xiànzhuàng	(名)	linear;wirelike/事物呈直线形排列的一种状态
5.	染色体	rǎnsètǐ	(名)	chromosome/是遗传物质的主要载体,每一个染色体是由一个线性DNA分子和蛋白质构成
6.	细胞核	xìbāohé	(名)	karyon;nucleolus/是遗传物质携带者,是细胞的控制中心,在细胞的代谢、生长、分化中起着重要作用

7. 线粒体	xiànlìtǐ	（名）	mitochondrion/一种半自主性的细胞器,是细胞内氧化磷酸化和形成ATP的主要场所,有细胞"动力工厂"之称
8. 叶绿体	yèlùtǐ	（名）	chloroplast/光合营养的真核生物的光合作用细胞器
9. 大肠杆菌乳糖操纵子	dàchánggǎnjūn rǔtáng cāozòngzǐ		escherichia coli operon/是一个在大肠杆菌及其他肠道菌科细菌内负责乳糖的运输及代谢的操纵子
10. 效应	xiàoyìng	（名）	它是指实践取得的效果和反应
11. 碱基	jiǎnjī	（名）	bases/指嘌呤和嘧啶的衍生物,是核酸、核苷、核苷酸的成分
12. 芯片	xīnpiàn	（名）	chip/这里指的是生物芯片,即bio chip,简单说,生物芯片就是在一块玻璃片、硅片、尼龙膜等材料上放上生物样品,然后由一种仪器收集信号,用计算机分析数据结果
13. 糖尿病	tángniào bìng		常见的疾病,血液里血糖成分高,典型病例是多尿、多饮、多食、消瘦,即"三多一少"症状
14. 微生物	wēishēngwù	（名）	microorganism, microbe/包括细菌、病毒、真菌以及一些小型的原生动物等在内的一大类生物群体,它个体微小,却与人类生活密切相关
15. 感染	gǎnrǎn	（动）	infection/微生物存在于或侵入正常组织并引起炎症反应称为感染
16. 黏膜	niánmó	（名）	指口腔、鼻腔、肠管、阴道等与外界相通体腔的湿润衬里
17. 规避	guībì	（动）	设法避开

文章阅读理解

(1) 根据文章,说法正确的是:
　　A. 基因能忠实地复制自己而从不发生任何改变
　　B. 基因的遗传信息通过蛋白质的合成来表达
　　C. 基因发生了突然的变化一定会导致疾病
　　D. 基因在染色体上不做线状排列

(2) 关于基因,哪个说法不对?
　　A. 基因不可以人工合成　　　　B. 染色体基因就是核基因
　　C. 有些病毒的基因是 RNA　　　D. 生物多数基因是 DNA

(3) 根据文章,下面有关碱基的知识不正确的是:
　　A. DNA 的基本单位是 4 种碱基　　B. 每个人拥有 30 亿对碱基
　　C. 破译所有 DNA 的碱基排列顺序很难　　D. 碱基的直径比病毒大 4 倍

(4) 与"破译所有 DNA 的碱基排列顺序无疑是一项巨型工程"中"破译"意思相近的是:
　　A. 破坏翻译　　　　　　　　　B. 不完整的翻译
　　C. 揭开秘密　　　　　　　　　D. 排列组合

(5) 根据文章我们知道不正确的是:
　　A. 基因芯片的使用将提高对糖尿病的确诊率
　　B. 癌症是一种遗传基因缺陷引起的疾病
　　C. 可以发现并及时修补人类有缺陷的基因
　　D. 采集口腔黏膜上的脱落细胞可以测试基因

(6) 关于基因检测,下面哪种说法不对?
　　A. 大部分疾病都可以完全治疗好
　　B. 我们可以大致知道自己可能患什么病
　　C. 我们可以避免浪费和错误保健
　　D. 它主要是 DNA 测序和 SNP 单核苷酸多态性检测

 阅读 2

气候变化

《联合国气候变化框架公约》(UNFCCC)第一款,将"气候变化"定义为:"经过相当一段时间的观察,在自然气候变化之外由人类活动直接或间接地改变全球大气组成所导致的气候改变。"UNFCCC 因此将因人类活动而改变大气组成的"气候变化"与归因于自然原因的"气候变率"区分开来。

气候变化的原因可能是自然的内部进程,或是外部强迫,或者是人为地持续对大气组成成分和土地利用的改变。既有自然因素,也有人为因素。在人为因素中,主要是由于工业革命以来人类活动特别是发达国家工业化过程的经济活动引起的。化石燃料燃烧和毁林、土地利用变化等人类活动所排放温室气体导致大气温室气体浓度大幅增加,温室效应增强,从而引起全球气候变暖。据美国橡树岭实验室研究报告,自1750年以来,全球累计排放了1万多亿吨二氧化碳,其中发达国家排放约占80%。

气候变化的影响是多尺度、全方位、多层次的,正面和负面影响并存,但它的负面影响更受关注。全球气候变暖对全球许多地区的自然生态系统已经产生了影响,如海平面升高、冰川退缩、湖泊水位下降、湖泊面积萎缩、冻土融化、河(湖)冰迟冻与早融、中高纬生长季节延长、动植物分布范围向极区和高海拔区延伸、某些动植物数量减少、一些植物开花期提前等等。自然生态系统由于适应能力有限,容易受到严重的,甚至不可恢复的破坏。正面临这种危险的系统包括:冰川、珊瑚礁岛、红树林、热带雨林、极地和高山生态系统、草原湿地、残余天然草地和海岸带生态系统等。随着气候变化频率和幅度的增加,遭受破坏的自然生态系统在数目上会有所增加,其地理范围也将增加。

气候变化对国民经济的影响可能以负面为主。农业可能是对气候变化反应最为敏感的部门之一。气候变化将使未来农业生产的不稳定性增加,产量波动大;农业生产部门布局和结构将出现变动;农业生产条件改变,农业成本和投资大幅度增加。气候变暖将导致地表径流、旱涝灾害频率和一些地区的水质等发生变化,特别是水资源供需矛盾将更为突出。对气候变化敏感的传染性疾病(如疟疾和登革热)的传播范围可能增加,与高温热浪天气有关的疾病和死亡率增加。气候变化将影响人类居住环境,尤其是江河流域和海岸带低地地区以及迅速发展的城镇,最直接的威胁是洪涝和山体滑坡。人类目前所面临的水和能源短缺、垃圾处理和交通等环境问题,也可能因高温多雨加剧。

尽管还存在一点不确定因素,但大多数科学家仍认为及时采取预防措施是必需的。全球气候变化问题引起了国际社会的普遍关注。针对气候变化的国际响应是随着联合国气候变化框架条约的发展而逐渐成形的。1979年第一次世界气候大会呼吁保护气候;1992年通过的《联合国气候变化框架公约》确立了发达国家与发展中国家"共同但有区别的责任"原则。阐明了其行动框架,力求把温室气体的大气浓度稳定在某一水平,从而防止人类活动对气候系统产生负面影响;1997年通过的《京都议定书》(以下简称《议定书》)确定了发达国家2008—2012年的量化减排指标;2007年12月达成的巴厘路线图,确定就加强UNFCCC和《议定书》的实施分头展开谈判,并将于2009年12月在哥本哈根举行缔约方会议。

到目前为止,UNFCCC已经收到来自185个国家的批准、接受、支持或添改文件,并成功地举行了6次有各缔约国参加的缔约方大会。尽管目前各缔约方还没有就气候变化问题综合治理所采取的措施达成共识,但全球气候变化会给人带来难以估量的损失,气候变化会使人类付出巨额代价的观念已为世界所广泛接受,并成为广泛关注和研究的全球性环境问题。

全球气候变化问题,不仅是科学问题、环境问题,而且是能源问题、经济问题和政治问题。

参考词语

1.	温室效应	wēnshì xiàoyìng		由于污染等原因,地球所处环境越来像温室,表现为温度升高
2.	二氧化碳	èryǎnghuàtàn	(名)	CO_2/一种在常温下无色无味无臭的气体
3.	中高纬	zhōnggāowěi	(名)	中纬度,高纬度
4.	珊瑚礁岛	shānhújiāo dǎo		海洋中由珊瑚虫的骨骼而堆积成的岛屿
5.	极地	jídì	(名)	一般指南极或北极地区
6.	生态系统	shēngtài xìtǒng		ecosystem/指一定范围内,各生物成分和非生物成分之间,通过能量流动和物质循环而相互作用、相互依存所形成的一个统一整体
7.	草原湿地	cǎoyuán shīdì		草原上常年积水和过湿的土地
8.	残余	cányú	(名)	残留下来的,剩下来的
9.	地表径流	dìbiǎo jìngliú		水落到地面后,那些在地面流动的水
10.	频率	pínlǜ	(名)	指在一个周期内的重复次数,重复越多,频率就越高
11.	疟疾	nüèji	(名)	malaria/以疟蚊为媒介,由疟原虫引起的一种急性传染病

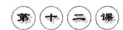

12. 登革热	dēnggérè	（名）	dengue fever/是一种经由病媒蚊传播登革病毒的热带传染病,常见于东南亚、南亚、太平洋区、非洲、中美洲及南美洲等地区	
13. 缔约国	dìyuēguó	（名）	缔结条约的国家	

文章阅读理解

(1) 文章说的"气候变化"是指：

    A. 自然气候变化

    B. 人类活动直接或间接地改变气候

    C. 气候变率

    D. 自然的内部进程的变化

(2) 文章说造成气候变化的原因不包括：

    A. 化石燃料燃烧

    B. 毁林

    C. 土地利用变化

    D. 经济发达

(3) 关于气候变化,哪个不是文章的观点：

    A. 发达国家的责任不大

    B. 温室气体导致温室效应增强

    C. 动植物数量减少导致气候变化

    D. 海平面升高导致气候变化

(4) 气候变化的危害不表现为：

    A. 冰川退缩

    B. 海平面升高

    C. 一些植物开花时间比原先晚

    D. 一些动物开始在原来很冷的地方生长

(5) 根据文章,面临威胁的生态系统不包括：

    A. 草原湿地

    B. 热带雨林

    C. 沙漠戈壁

    D. 珊瑚礁岛

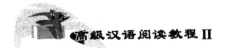

(6) 根据文章,关于气候变化,哪个说法有错误?
   A. 对农业的影响主要是气温的改变
   B. 对人类居住的影响主要是跟水有关
   C. 气候变化会导致传染病传播范围增加
   D. 跟高温天气有关的疾病会导致更多人死亡

(7) 根据文章,关于气候变化,哪个说法正确?
   A. 国际社会没有认识到这个问题的严重性
   B. 发展中国家不用承担综合治理的责任
   C. 国际社会还没有就这个问题通过任何协议
   D. 气候变化问题不是科学家可以解决的问题

阅读 3

传染病

传染病是由各种病原体引起的能在人与人、动物与动物或人与动物之间相互传播的一类疾病。病原体中大部分是微生物,小部分为寄生虫,寄生虫引起者又称寄生虫病。有些传染病,防疫部门必须及时掌握其发病情况,及时采取对策,因此发现后应按规定时间及时向当地防疫部门报告,称为法定传染病。中国目前的法定传染病有甲、乙、丙3类,共38种。

一、常见的传染病

1. **呼吸道传染病**:流行性感冒、肺结核、腮腺炎、麻疹、百日咳等(空气传播)。

2. **消化道传染病**:蛔虫病、细菌性痢疾、甲型肝炎等(水、饮食传播)。

3. **血液传染病**:乙型肝炎、疟疾、流行性乙型脑炎,丝虫病等(生物媒介等传播)。

4. **体表传染病**:血吸虫病、沙眼、狂犬病、破伤风、淋病等(接触传播)。

二、传染病的传播途径

1. **空气传染**:有些病原体在空气中可以自由散布,直径通常为5微米,能够长时间浮游于空气中,做长距离的移动,主要借由呼吸系统感染,有时亦与飞沫传染混称。

2. **飞沫传染**:飞沫传染是许多感染原的主要传播途径,借由患者咳嗽、打喷嚏、说话时,喷出温暖而潮湿的液滴,病原附着其上,随空气扰动飘散短时间、短距离地在风中漂浮,由下一位宿主因呼吸、张口或偶然碰触到眼睛表面时黏附,造成新的宿主受到感染。例如:细菌性脑膜炎、水痘、普通感冒、流行性感冒、腮腺炎、结核、麻疹、德国麻疹、百日咳等等。由于飞沫质、量均小,难以承载较重之病原,因此寄生虫感染几乎不由此途径传染其他个体。

3. 粪口传染:常见于发展中国家卫生系统尚未健全、教育倡导不周的情况下,未处理之废水或受病原沾染物,直接排放于环境中,可能污损饮水、食物或碰触口、鼻黏膜等器具,以及如厕后清洁不完全,借由饮食过程可导致食入者感染,主要病原可为病毒、细菌、寄生虫,如霍乱、A型肝炎、小儿麻痹、轮状病毒、弓形虫感染症(T. gondii),发达国家也可能发生。有时,某些生物因体表组织构造不足以保护个体,可能因接触患者的排泄物而受到感染,正常情况下在人类族群中不会发生这种特例。

4. 接触传染:经由直接碰触而传染的方式称为接触传染,这类疾病除了直接触摸、亲吻患者,也可以透过共享牙刷、毛巾、刮胡刀、餐具、衣物等贴身器材,或是因患者接触后,在环境留下病原达到传播的目的。因此此类传染病较常发生在学校、军队等物品可能不慎共享的场所。例如:真菌感染的香港脚、细菌感染的脓包症(impetigo)、病毒在表皮引起增生的疣,而梅毒的情况特殊,通常是健康个体接触感染者的硬性下疳(chancre)所致。

性传染疾病包含任何可以借由性行为传染的疾病,因此属于接触传染的一种,但因艾滋病在世界流行状况甚为严重,医学中有时会独立探讨。通常主要感染原为细菌或病毒,借由直接接触生殖器的黏膜组织、精液、阴道分泌物或甚至直肠所携带之病原,传递至性伴侣导致感染。若这些部位存有伤口,则病原可能使血液感染带至全身各处。

5. 垂直传染:垂直传染专指胎儿由母体得到的疾病。拉丁文以"inutero"表示"在子宫"的一种传染形式,通常透过此种传染方式感染胎儿之疾病病原体,多以病毒和活动力高的小型寄生虫为主,可以经由血液输送,或是具备穿过组织或细胞的能力,因此可以透过胎盘在母子体内传染,例如AIDS和B型肝炎。细菌虽较罕见于垂直感染,但是梅毒可在分娩过程,由于胎儿的黏膜部位或眼睛接触到母体阴道受感染的黏膜组织而染病,且有少数情况则是在哺乳时透过乳汁分泌感染新生儿。后两种路径也都属于垂直感染的范畴。

6. 血液传染:主要透过血液、伤口的感染方式,将疾病传递至另一个体身上的过程即血液传染。常见于医疗使用注射器材、输血技术的疏失,因此许多医疗院所要求相关医疗程序的施行,必须经过多重、多人的确认以免伤害患者,于捐血、输血时,也针对捐赠者和接受者进一步检验相关生理状况,减低此类感染的风险,但由于毒品的使用,共享针头的情况可造成难以预防的感染,尤其对于艾滋病的防范更加困难。

参考词语

1. 病原体　　　bìngyuántǐ　　　（名）　pathogen/任何引起疾病的媒介,通常用于活物
2. 寄生虫　　　jìshēngchóng　　（名）　parasite/寄生在别的动物或植物体内或体表的动物
3. 防疫　　　　fángyì　　　　　（动）　预防传染病
4. 肺结核　　　fèijiéhé　　　　（名）　pulmonary tuberculosis/一种发生在肺部的传染病
5. 腮腺炎　　　sāixiànyán　　　（名）　parotitis; mumps/一种以儿童和青少年感染为主要对象的急性呼吸道传染病
6. 麻疹　　　　mázhěn　　　　　（名）　measles/一种由麻疹病毒引起的以发热、出疹为特征的急性病毒性传染病,该病传染性强,致死率高
7. 百日咳　　　bǎirìké　　　　（名）　whooping cough/一种由细菌起的传染病。多见于5岁以下的小儿。症状是阵发性连续咳嗽,咳后深吸气时有特殊的高音哮喘声
8. 蛔虫病　　　huíchóng bìng　　　　ascariasis/人体常见的一种寄生虫病,是因为人吞入蛔虫卵而被感染
9. 细菌性痢疾　xìjūnxìng lìji　　　bacillary dysentery/是由痢疾杆菌引起的一种假膜性肠炎
10. 甲型肝炎　　jiǎxíng gānyán　　　hepatitis A/是由甲型肝炎病毒引起的以肝组织损害为特征的急性传染病
11. 乙型肝炎　　yǐxíng gānyán　　　hepatitis B/是由乙型肝炎病毒引起的以肝组织损害为特征的传染病
12. 乙型脑炎　　yǐxíng nǎoyán　　　japanese encephalitis/是一种蚊传的乙脑病毒所致的感染性疾病,主要在亚洲流行

13. 丝虫病	sīchóng bìng		filariasis/由丝虫寄生于人体组织所引起的慢性疾病。也叫血丝虫病
14. 体表	tǐbiǎo	（名）	身体表面
15. 血吸虫病	xuèxīchóng bìng		schistosomiasis/是由于人或哺乳动物感染了血吸虫所引起的一种传染性疾病
16. 沙眼	shāyǎn	（名）	trachoma/是由沙眼衣原体(chla mydia)引起的一种慢性传染性结膜角膜炎
17. 狂犬病	kuángquǎn bìng		rabies/一种病毒引起的急性传染病。常见于狗、猫等家畜，人或其他家畜被患狂犬病的狗或猫咬伤时也会感染
18. 破伤风	pòshāngfēng	（名）	tetanus/是伤口中感染了破伤风杆菌引起的一种疾病
19. 淋病	línbìng	（名）	gonorrhea/是由淋球菌引起的泌尿生殖系统化脓性炎性疾病
20. 微米	wēimǐ	（量）	micro/长度单位，1微米相当于1米的一百万分之一
21. 宿主	sùzhǔ	（名）	host/指病毒、细菌、螺旋体、真菌、原虫、昆虫等寄生物所寄生的植物、动物或人
22. 细菌性脑膜炎	xìjūnxìng nǎomóyán		bacterial meningitis/是小儿常见的一种严重的中枢神经系统感染性疾病
23. 水痘	shuǐdòu	（名）	varicella；chickenpox/由病毒引起的一种急性传染病。病原体是一种病毒，患者多为儿童
24. 霍乱	huòluàn	（名）	cholera/一种由霍乱弧菌所致的烈性肠道传染病
25. 小儿麻痹	xiǎo'ér mábì		poliomyelitis/也叫脊髓灰质炎，是由脊髓灰质炎病毒引起的一种急性传染病
26. 轮状病毒	lúnzhuàng bìngdú		rotavirus/一种病毒，是婴幼儿腹泻的主要病原

27.	弓形虫感染症	gōngxíngchóng gǎnrǎnzhèng		toxoplasmosis/由于受弓形虫感染而引起的一种疾病
28.	排泄物	páixièwù	(名)	这里指人类的粪便等
29.	真菌	zhēnjūn	(名)	fungus;eumycetes/是具有真核和细胞壁的异养生物
30.	增生	zēngshēng	(动)	hyperplasia/细胞通过分裂繁殖而数目增多的现象。病理性的增生往往有害于机体
31.	疣	yóu	(名)	由于感染了病毒,皮肤上长出的良性赘生物
32.	梅毒	méidú	(名)	syphilis/是一种慢性接触性传染病
33.	直肠	zhícháng	(名)	rectum/人类大肠三部分之一
34.	分娩	fēnmiǎn	(动)	雌性或女性产子

文章阅读理解

(1) 根据文章我们知道:
　　A. 传染病主要是微生物传播　　　　B. 传染病主要是寄生虫传播
　　C. 肺结核是消化道传染病　　　　　D. 乙型肝炎通过空气传播

(2) 根据文章,通过咳嗽、打喷嚏、说话传播的疾病是:
　　A. 艾滋病　　　　　　　　　　　　B. 小儿麻痹
　　C. 狂犬病　　　　　　　　　　　　D. 腮腺炎

(3) 根据文章,如果饮用不干净的水而导致了传染病,传染的途径是:
　　A. 粪口传染　　　　　　　　　　　B. 接触传染
　　C. 垂直传染　　　　　　　　　　　D. 空气传染

(4) 根据文章,得艾滋病不可能是因为:
　　A. 母亲传给孩子　　　　　　　　　B. 喝了受污染的水
　　C. 性接触　　　　　　　　　　　　D. 共用注射器

(5) 根据文章,性传染病的病原体一般是:
　　A. 细菌　　　　　　　　　　　　　B. 病毒
　　C. 寄生虫　　　　　　　　　　　　D. A 和 B

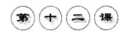

二、挑战阅读

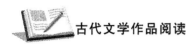 古代文学作品阅读

　　陈康肃公尧咨善射,当世无双,公亦以此自矜。尝射于家圃,有卖油翁释担而立,睨之,久而不去。见其发矢十中八九,但微颔之。

　　康肃问曰:"汝亦知射乎? 吾射不亦精乎?"翁曰:"无他,但手熟尔。"康肃忿然曰:"尔安敢轻吾射!"翁曰:"以我酌油知之。"乃取一葫芦置于地,以钱覆其口,徐以勺酌油沥之,自钱孔入,而钱不湿。因曰:"我亦无他,惟手熟尔。"康肃笑而遣之。

(据(宋)欧阳修)

1. 睨　　　nì　　　　　斜着眼睛看
2. 矢　　　shǐ　　　　箭头

1. 字、词、句理解

(1) "陈康肃公尧咨善射"中"善"的意思是:
　　A. 亲善　　　　　　　　B. 友善
　　C. 和善　　　　　　　　D. 善于

(2) 与"当世无双"意思接近的词语是:
　　A. 一箭双雕　　　　　　B. 盖世英雄
　　C. 独一无二　　　　　　D. 比翼双飞

(3) 跟"尝射于家圃"中"尝"意思最接近的是:
　　A. 曾经　　　　　　　　B. 尝试
　　C. 经常　　　　　　　　D. 过去

(4) 与"有卖油翁释担而立"中的"释"意思最接近的词是:
　　A. 撑　　　　　　　　　B. 拿
　　C. 背　　　　　　　　　D. 放

(5) "见其发矢十中八九"中"十中八九"的意思是：
    A. 在中间的是大部分   B. 按着顺序进行
    C. 大部分打中   D. 很多种方法
(6) "尔安敢轻吾射"中"轻"的意思是：
    A. 轻率   B. 轻易
    C. 轻视   D. 轻柔
(7) "徐以杓酌油沥之"中"徐"的意思是：
    A. 慢   B. 他
    C. 然后   D. 突然
(8) "无他,但手熟尔"中"无他"的意思是：
    A. 没有什么特别   B. 没有人可以比较
    C. 其他的人不可以   D. 可以这样做的人不是没有

2. 内容理解

(1) 陈尧咨射箭射得好,他自己觉得：
    A. 很了不起   B. 还差得远
    C. 是别人故意夸奖   D. 没什么了不起
(2) 卖油翁让陈尧咨不高兴是因为：
    A. 卖油翁说他射得不好   B. 卖油翁说他也能射得一样好
    C. 卖油翁说这没什么了不起 D. 卖油翁看了以后没有表示敬佩
(3) 卖油翁把一个葫芦放在地上后：
    A. 把钱从葫芦口里扔进去 B. 把一个钱放在葫芦口上
    C. 把钱放在嘴巴上   D. 从葫芦口里倒出一个钱
(4) "钱不湿"是因为：
    A. 卖油翁的技术高超   B. 钱孔比较大
    C. 油不会弄湿钱   D. 钱没有掉进油里

3. 口头回答问题

(1) 卖油翁是怎么样看陈尧咨射箭的？
(2) 陈尧咨看到卖油翁的表情后是什么态度？
(3) 卖油翁用什么方法让陈尧咨明白了一个什么道理？

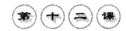

白话文参考译文

　　陈尧咨擅长射箭,当时没有人能和他相比,他也凭着这一点自夸。一次,他曾在自家的园圃里射箭,有个卖油的老翁放下挑着的担子,站在一旁,不在意地斜着眼看他,久久不离去。老翁见到陈尧咨射出的箭十支能中八九支,只不过微微地点点头赞许。

　　康肃公问道:"你也会射箭吗?我射箭的本领不也很精湛吗?"老翁说:"没有什么别的奥秘,只不过是手熟罢了。"康肃公听后愤愤地说:"你怎么敢轻视我射箭的武艺!"老翁说:"凭着我倒油的经验就可懂得这个道理。"于是老翁取过一个葫芦立放在地上,用铜钱盖在它的口上,慢慢地用勺子把油倒进葫芦,油从铜钱的孔中注进去,却不沾湿铜钱。老人说:"我这点手艺也没有什么别的奥秘,只是手熟罢了。"陈尧咨见此,只好笑着将老翁打发走了。

笑话阅读

请指出小学生造句中的错误并造一个正确的句子

1. **难过**
小朋友写:我家门前有条水沟很难过。
老师评语:老师更难过……

2. **如果**
小朋友写:汽水不如果汁有营养。/假如果汁不好喝就不要喝。
老师评语:Orz……

3. **干脆**
小朋友写:饼干脆脆的很好吃!
老师评语:(无语)……………

4. **天才**
小朋友写:我三天才洗一次澡。
老师评语:你这么淘气,要每天洗才干净。

5. **一……便……**
小朋友写:我一走出门,对面就是便利商店。/哥哥一吃完饭,就大便。
老师评语:造句不要乱来……

6. ……边……边……

小朋友写：我的左边有人，我的右边也有。

老师评语：……

7. 果然

上课小朋友说：昨天我吃了水果，然后又喝了凉水。

老师：这是词组，不能分开造句。

小朋友又说：老师，我还没说完呢，果然晚上我拉肚子了！

老师：…………

8. 瓜分

小朋友：大傻瓜分不清是非。

老师：小傻瓜也分不清。

9. 况且

小朋友：一辆火车经过，况且况且况且况且……

老师：我死了算了。

10. 陆陆续续

小朋友写：下班了，爸爸陆陆续续地回家了。

老师批语：你到底有几个爸爸呀？

11. 欣欣向荣

小朋友写：欣欣向荣荣告白。

老师批语：连续剧不要看太多了！

12. 先……再……

小朋友写：先生，再见！

老师批语：想象力超过了地球人的智慧。

13. 吃香

小朋友写：我很喜欢吃香蕉。

老师评语：小心噎着！

14. 从前

小朋友写：小明从前门进来。

老师评语：那怎么出去呢？

15. 天真

小朋友写：今天真热。

老师评语：你真天真！

16. 十分

小朋友写:我今天考十分。

老师评语:我会跟你爸妈说。

17. 一……就……

小朋友写:一只娃娃就要一百块。

老师评语:老师笑到不行……

18. 马上

小朋友写:我骑在马上。

老师评语:马上来找老师!

19. 皮开肉绽

小朋友写:停电的夜晚,到处很黑,我吓得皮开肉绽!

老师评语:看到这句……老师佩服你……

参考答案

这些句子通过小学生对汉语词语的错误理解,说明了几个汉语的基本特点:一是理解汉语词语不能只看每个汉字的意思,要有词的概念,也更明白地说明现代汉语双音节词占大多数的基本状况,还说明作为一个词是不能随意拆开使用的。如果拆开就会产生笑料,如"难过"。二是作为关联词语,是起连接作用的词语,它们的意思是固定的,前后搭配,一定不能随意改变。如表示承接关系的"一……,便……"意思是做了第一件事以后接着出现的情况,就是"一……,就……",而小学生把"一"和"便"分开理解,于是闹出了大笑话。

科学(2)

一、导 读

本课我们提供给大家的是三篇有关核能、转基因、克隆技术的文章,这些都是当今世界最受关注的现代科学技术,也都是充满争议的技术,因为我们还不能十分肯定它们究竟能给人类带来什么。

当核能、转基因、克隆技术越来越多地进入我们的生活,不管我们喜欢还是不喜欢,我们都应该有所了解。

 阅读 1

核能发电

核能发电就是利用核反应堆中核裂变所释放出的热能进行发电。它与火力发电极其相似,只是以核反应堆及蒸汽发生器来代替火力发电的锅炉,以核裂变能代替矿物燃料的化学能。

1954年,苏联建成世界上第一座装机容量为5兆瓦(电)的核电站。英、美等国也相继建成各种类型的核电站。到1960年,有5个国家建成20座核电站,装机容量1279兆瓦(电)。由于核浓缩技术的发展,到1966年,核能发电的成本已低于火力发电的成本,核能发电真正迈入实用阶段。1978年全世界22个国家和地区正在运行的30兆瓦(电)以上的核电站反应堆已达200多座,总装机容量已达107776兆瓦(电)。80年代因化石能源短缺日益突出,核能发电的进展更快。到1991年,全世界近30个国家和地区建成的核电机组为423套,总容量为3.275亿千瓦(电),其发电量占全世界发电总量的16%。

核能发电的能量来自核反应堆中可裂变材料（核燃料）进行裂变反应所释放的裂变能。裂变反应指铀—235、钚—239、铀—233等重元素在中子作用下分裂为两个碎片，同时放出中子和大量能量的过程。反应中，可裂变物的原子核吸收一个中子后发生裂变并放出两三个中子。若这些中子除去消耗，至少有一个中子能引起另一个原子核裂变，使裂变自持地进行，则这种反应称为链式裂变反应。实现链式反应是核能发电的前提。

要用反应堆产生核能，需要解决以下四个问题：① 为核裂变链式反应提供必要的条件，使之得以进行。② 链式反应必须能由人通过一定装置进行控制。失去控制的裂变能不仅不能用于发电，还会酿成灾害。③ 裂变反应产生的能量要能从反应堆中安全取出。④ 裂变反应中产生的中子和放射性物质对人体危害很大，必须设法避免它们对核电站工作人员和附近居民的伤害。

利用核能的最终目标是要实现受控核聚变。裂变时靠原子核分裂而释出能量，聚变时则由较轻的原子核聚合成较重的原子核而释出能量。最常见的是由氢的同位素氘（又叫重氢）和氚（又叫超重氢）聚合成较重的原子核如氦而释出能量。

核聚变较之核裂变有两个重大优点。一是地球上蕴藏的核聚变能远比核裂变能丰富得多。据测算，每升海水中含有0.03克氘，所以地球上仅在海水中就有45万亿吨氘。1升海水中所含的氘，经过核聚变可提供相当于300升汽油燃烧后释放出的能量。地球上蕴藏的核聚变能约为蕴藏的可进行核裂变元素所能释出的全部核裂变能的1000万倍，可以说是取之不竭的能源。至于氚，虽然自然界中不存在，但靠中子同锂作用可以产生，而海水中也含有大量锂。二是既干净又安全。因为它不会产生污染环境的放射性物质，所以是干净的。同时受控核聚变反应可在稀薄的气体中持续地稳定进行，所以是安全的。

目前实现核聚变已有不少方法。最早的著名方法是"托卡马克"型磁场约束法。它是利用通过强大电流所产生的强大磁场，把等离子体约束在很小范围内以实现上述三个条件。虽然在实验室条件下已接近于成功，但要达到工业应用还差得远。按照目前技术水平，要建立托卡马克型核聚变装置，需要几千亿美元。

另一种实现核聚变的方法是惯性约束法。惯性约束核聚变是把几毫克的氘和氚的混合气体或固体，装入直径约几毫米的小球内。从外面均匀射入激光束或粒子束，球面因吸收能量而向外蒸发，受它的反作用，球面内层向内挤压(反作用力是一种惯性力,靠它使气体约束,所以称为惯性约束),就像喷气飞机气体往后喷而推动飞机前进一样,小球内气体受挤压而压力升高,并伴随着温度的急剧升高。当温度达到所需要的点火温度(大概需要几十亿度)时,小球内气体便发生爆炸,并产生大量热能。这种爆炸过程时间很短,只有几个皮秒(1皮等于1万亿分之一)。如每秒钟发生三四次这样的爆炸并且连续不断地进行下去,所释放出的能量就相当于百万千瓦级的发电站。

参考词语

1.	核反应堆	hé fǎnyìngduī		nuclear reactor/能维持可控自持链式核裂变反应的装置
2.	核裂变	hé lièbiàn		nuclear fission/指一个质量数较大的原子核分裂成两个较小的原子核的现象
3.	锅炉	guōlú	(名)	加热燃料后产生水蒸气的装置,一般由装水的容器和烧火的装置构成
4.	装机容量	zhuāngjī róngliàng		这里指安装的发电机能有多大的功率
5.	兆瓦	zhàowǎ	(量)	megawatt/核反应堆所发出的电功率单位,严格地说,应该是核电站所发出的电功率
6.	浓缩	nóngsuō	(动)	使浓度、含量增加
7.	铀	yóu	(名)	Uranium-235/一种放射元素
8.	钚	bù	(名)	Plutonium-239/一种放射元素
9.	重元素	zhòngyuánsù	(名)	heavy element/指原子量较大的元素,如铀、铜、钚
10.	中子	zhōngzǐ	(名)	neutron/是组成原子核的核子之一
11.	分裂	fēnliè	(动)	fission/这里指原子核分为较小的核子,此时能发出庞大的热能
12.	链式裂变反应	liànshì lièbiàn fǎnyìng		chain fission reaction/裂变介质中一旦引起了裂变反应后不借助外界作用而能自持连续进行的裂变反应

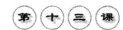

13. 核聚变	hé jùbiàn		nuclear fusion/是指两个轻原子核结合成一个更大的原子核的过程
14. 氢	qīng	（名）	hydrogen/宇宙中最常见的元素
15. 同位素	tóngwèisù	（名）	isotope/原子序数相同而质量数不同的原子
16. 氘	dāo		deuterium/氢的一种同位素,在原子核内有一个质子和一个中子,原子重量为2.014
17. 氚	chuān	（名）	tritium/亦称超重氢,是氢的同位素之一,元素符号为T或3H
18. 氦	hài	（名）	helium/一种气体元素
19. 蕴藏	yùncáng	（动）	积存
20. 取之不竭	qǔzhībùjié		永远也取用不完
21. 锂	lǐ	（名）	lithium/一种金属元素
22. 磁场	cíchǎng	（名）	themagnetic field/受到磁性影响的区域
23. 等离子体	děnglízǐtǐ	（名）	plasma/又叫做电浆,是由部分电子被剥夺后的原子及原子被电离后产生的正负电子组成的离子化气体状物质,它广泛存在于宇宙中
24. 惯性	guànxìng	（名）	物体保持静止和匀速直线运动的性质
25. 激光束	jīguāngshù	（名）	laser/就是激光
26. 粒子束	lìzǐshù	（名）	particle beam/是指电子、质子、中子和其他带正、负电的离子形成的束流

文章阅读理解

(1) 关于核能发电,我们知道:
　A. 现在核能发电的成本比火力发电高
　B. 核能发电的原理跟火力发电很不同
　C. 现在核能发电在世界上越来越普遍
　D. 英国和美国是世界上最早制造核电站的国家

(2) 根据文章,下面哪个是不正确的?
　A. 核燃料进行裂变时产生裂变能
　B. 只有链式反应裂变才能提供核能
　C. 核燃料就是原子核、中子和重元素
　D. 链式反应必须通过一定装置进行控制

(3) 根据文章,下面哪个是核能发电潜在的危险?
  A. 核燃料进行裂变时裂变不受控制
  B. 核裂变反应不能产生中子
  C. 核裂变链式反应没有条件进行
  D. 裂变的能量无法取出来

(4) 根据文章,我们知道:
  A. 核聚变没有核裂变容易控制
  B. 核裂变产生的能量没有核裂变大
  C. 核聚变不产生放射性物质
  D. 核聚变的材料没有核裂变材料多

(5) 根据于文章,我们知道核聚变:
  A. 目前没有发现实现的办法
  B. 现在可以实现但成本很高
  C. 在实验室发现很多实现方法
  D. 已经实际运用在工业上

 阅读 2

克隆技术的起源

克隆是英文clone的音译,简单说就是一种人工诱导的无性繁殖方式。但克隆与无性繁殖是不同的。无性繁殖是指不经过雌雄两性生殖细胞的结合,只由一个生物体产生后代的生殖方式,常见的有孢子生殖、出芽生殖和分裂生殖。由植物的根、茎、叶等经过压条、扦插或嫁接等方式产生新个体也叫无性繁殖。绵羊、猴子和牛等动物没有人工操作是不能进行无性繁殖的。科学家把人工遗传操作动植物的繁殖过程叫克隆,这门生物技术叫克隆技术。

1996年7月5日,英国科学家克隆出一只基因结构与供体完全相同的小羊多莉(Dolly),世界舆论为之哗然。多莉的特别之处在于它的生命的诞生没有精子的参与。研究人员先将一个绵羊卵细胞中的遗传物质吸出去,使其变成空壳,然后从一只6岁的母羊身上取出一个乳腺细胞,将其中的遗传物质注入卵细胞空壳中,这样就得到了一个含有新的遗传物质但却没有受过精的卵细胞。这一经过改造的卵细胞分裂、增殖形成胚胎,再被植入另一只母羊子宫内,随着母羊的成功分娩,多莉来到了世界。

但为什么其他克隆动物并未在世界上产生这样大的影响呢？这是因为其他克隆动物的遗传基因来自胚胎，且都是用胚胎细胞进行的核移植，不能严格地说是"无性繁殖"。另一原因，胚胎细胞本身是通过有性繁殖的，其细胞核中的基因组一半来自父本，一半来自母本。而多莉的基因组，全都来自单亲，这才是真正的无性繁殖。因此，从严格的意义上说，多莉是世界上第一个真正克隆出来的哺乳动物。

多莉是世界上第一例经体细胞核移植出生的动物，是克隆技术领域研究的巨大突破。这一巨大进展在理论上证明了同植物细胞一样，分化了的动物细胞核也具有全能性，在分化过程中细胞核中的遗传物质没有不可逆变化；在实践上证明了利用体细胞进行动物克隆的技术是可行的，将有无数相同的细胞可用来作为供体进行核移植，并且在与卵细胞相融合前可对这些供体细胞进行一系列复杂的遗传操作，从而为大规模复制动物优良品种和生产转基因动物提供了有效方法。

多莉的诞生在全世界掀起了克隆研究热潮，随后，有关克隆动物的报道接连不断。1997年3月，即多莉诞生后近8个月的时间里，美国、中国台湾和澳大利亚科学家分别发表了他们成功克隆猴子、猪和牛的消息。不过，他们都是采用胚胎细胞进行克隆，其意义不能与多莉相比。同年7月，罗斯林研究所和PPL公司宣布用基因改造过的胎儿成纤维细胞克隆出世界上第一头带有人类基因的转基因绵羊"波莉"（Polly）。这一成果显示了克隆技术在培育转基因动物方面的巨大应用价值。

此后，美国、法国、荷兰和韩国等国科学家也相继报道了体细胞克隆牛成功的消息。日本科学家的研究热情尤为惊人，1998年7月—1999年4月，东京农业大学、近畿大学、家畜改良事业团、地方（石川县、大分县和鹿儿岛县等）家畜试验场以及民间企业（如日本最大的奶商品公司雪印乳业等），纷纷报道了他们采用牛耳部、臀部肌肉、卵丘细胞以及初乳中提取的乳腺细胞克隆牛的成果。至1999年底，全世界已有6种类型细胞：胎儿成纤维细胞、乳腺细胞、卵丘细胞、输卵管/子宫上皮细胞、肌肉细胞和耳部皮肤细胞的体细胞克隆后代成功诞生。

科学从来都是一把双刃剑。克隆技术确实可能和原子能技术一样，既能造福人类，也可祸害无穷。在理论上，利用同样方法，人可以复制克隆人，这意味着以往科幻小说中的狂人克隆自己的想法是完全可以实现的。因此，多莉的诞生在世界各国科学界、政界乃至宗教界都引起了强烈反响，并引发了一场由克隆人所衍生的道德问题的讨论。各国政府有关人士、民间纷纷做出反应:克隆人类有悖于伦理道德。尽管如此,克隆技术的巨大理论意义和实用价值促使科学家们加快了研究的步伐,从而使动物克隆技术的研究与开发进入一个高潮。

参考词语

1.	克隆	kèlóng	(动)	clone, cloning/在大陆也以译为"无性繁殖",但直接使用的情况越来越普遍
2.	诱导	yòudǎo	(动)	劝诱,引导
3.	无性繁殖	wúxìng fánzhí		不经过生殖细胞结合的受精过程,如由母体的一部分直接产生子代的繁殖方法
4.	雌雄	cíxióng	(名)	雄性和雌性,就是公母
5.	生殖	shēngzhí	(动)	生养,繁殖后代
6.	精子	jīngzǐ	(名)	雄性动物体内能繁殖后代的物质
7.	卵细胞	luǎnxìbāo	(名)	雌性动物体内能繁殖后代的细胞
8.	乳腺细胞	rǔxiàn xìbāo		breast cells/动物细胞一种
9.	增殖	zēngzhí	(动)	增加,繁殖
10.	胚胎	pēitāi	(名)	多细胞生物的早期发育阶段
11.	体细胞核	tǐ xìbāohé		somatic cell nuclear/动物细胞一种
12.	融合	rónghé	(动)	互相结合,变成一体
13.	成纤维细胞	chéngxiānwéi xìbāo		fibroblast/是动物结缔组织中最常见的细胞
14.	臀部肌肉	túnbù jīròu		动物体臀部(屁股)部分的肌肉
15.	卵丘细胞	luǎnqiū xìbāo		cumulus cells/动物细胞一种
16.	输卵管	shūluǎnguǎn	(名)	雌性动物体内输送卵细胞的管状器官
17.	上皮细胞	shàngpí xìbāo	(名)	epithelial cells/动物细胞一种
18.	肌肉细胞	jīròu xìbāo	(名)	muscle cells/动物细胞一种
19.	皮肤细胞	pífū xìbāo		动物细胞一种
20.	双刃剑	shuāngrènjiàn	(名)	两边有锋利刃面的刀,这里比喻能产生正反两方面作用的事物
21.	祸害无穷	huòhàiwúqióng		有很多持续性的坏结果

文章阅读理解

(1) 关于克隆哪个说法不对？
    A. 克隆也是一种无性繁殖　　　　　　　　B. 克隆需要人工控制
    C. 植物可以进行无性繁殖　　　　　　　　D. 动物不能进行无性繁殖

(2) 根据文章我们知道：
    A. 多莉跟它的父母亲基因结构完全一样　　B. 生多莉的母羊是它的母亲
    C. 生多莉的母羊6岁　　　　　　　　　　D. 多莉没有父亲

(3) 根据文章我们知道：
    A. 能够克隆动物的不只是胚胎细胞　　　　B. 体细胞不能用来克隆动物
    C. 同一动物不同地方的细胞遗传物质也不同　D. 多莉的遗传物质来自卵细胞

(4) 根据文章，哪种动物没有被克隆过？
    A. 猴子　　　　　　B. 猪　　　　　　C. 牛　　　　　　D. 马

(5) 根据文章，下面哪个说法不对？
    A. 各国纷纷进行克隆人的研究　　　　　　B. 波莉带有人类基因
    C. 现在有多种类型细胞可以进行克隆　　　D. 科学家仍然在努力研究克隆技术

阅读 3

转基因食品

    转基因食品与传统食品之间存在着对有限市场份额的竞争。不难发现，许多既得利益的传统农业从事者积极地走在了抵制转基因食品队伍的前列。全食市场(Whole Foods Markets)是全球最大的天然食品公司之一，在其不遗余力地攻击转基因食品，号召消费者进行一场食品斗争的同时，纯收入得到了大幅增长，仅1998年一年就上升了70%。而转基因食品的生产与销售者为确保其市场占有率，维持消费者信心，当然要通过各种渠道大张旗鼓地宣传转基因食品的安全性。

    欧盟是转基因食品的反对者，这与其政治、经济也是密不可分的。一方面，二恶英、疯牛病等事件沉重地打击了人们对于欧盟政府的信心。一项针对欧洲及美国民众的大规模调查结果显示，欧洲人对于管理转基因生物的相关政府职能机构的信任度比美国人低得多。可想而知，政府在制定有关转基因食品的法规时，自然也就面临着更大的来自民众的压力。另一方面,在这种恐慌下,政府就势顺水推舟,也不是没有好处的。以安全性为由,限制美国转基因农产品的进口,这样就极大地保护了本国农产品市场与本国农民的利益。世界观察研究所的数据显示,美国出口欧盟的玉米在1997—1998年间下降了96%,损失达2亿美元。到2000年,又从200万吨减少到13.9万吨。美国出口到欧盟的大豆从1998年的1100万吨下跌至2000年的600万吨。估计美国农产品出口损失已达10亿美元。到2000年,欧洲已经出现了大规模的传统农业的复兴。而已大面积推广转基因农作物的美国为保护其农产品出口,当然要针锋相对地大力宣传其安全性。

再者,目前转基因产品多为一些"输入"特性,如抗虫、抗除草剂等,这给生产者带来了便利,同时转基因种子的销售者、除草剂生产厂家等也从中获得了丰厚利润。但价格并未下降,消费者感受不到它的益处,却还要承担可能存在的风险,自然要对它投反对票。而绿色和平组织、地球之友等组织,以反对一切改变地球环境和生物物种的行为为其哲学,强调转基因食品的潜在风险。这种观点得到了公众广泛的支持,也有社会和经济上的原因。

还有一些人反对转基因食品是因为他们敏感地看到了一个现象,那就是目前全世界80%的转基因农作物出自孟山都、杜邦等5家跨国公司。这些公司拥有相关基因、作物和种子的专利权,对转基因产品的市场拥有垄断性的控制权。例如,为实现在产品上的独占,他们将雄性不育基因或需要特定诱导剂激活的基因转入作物中,使农民不能留种,不得不购买他们的诱导剂。为了避免这种技术和产品垄断带来的利益损失和进口依赖性的产生,许多人加入了反对者的行列。

当不同的利益集团为了各自的利益在各抒己见、夸夸其谈时,当一些农产品富余国意欲阻止或延缓这项技术前进的脚步时,世界上那些在温饱线上挣扎,在营养不良中受煎熬的人却对这项极具潜力的新技术寄托着希望。他们认为,转基因食品并不比传统食品有更多风险,饥饿与贫穷才是最大的敌人,生存才是首要问题。据联合国粮食及农业组织第6次世界粮食调查显示,近10年来,世界储粮已下降到联合国粮食及农业组织的安全界限之下(60天),穷国人口是地球上的大多数,他们的声音不应忽视。

当我们仔细分辨转基因食品安全性争论中此起彼伏声音的各自出处时,我们不能不再一次感慨科学技术究竟是什么。科学技术决不是在世外桃源中进行的。除去科学技术本身的因素不说,关于转基因食品安全性的争论,实质上是一场不同国家、不同集团的利益冲突的表现。人们所争论的决不是纯粹的科学技术概念上的"风险",而是对其既得利益、预期利益和预期风险所做的全面分析与综合衡量。当既得利益将受损或预期利益很小时,风险就大;当预期利益很大时,风险就可以忽略不计了。同样,人们所争论的安全也并不是纯粹的科学技术概念上的"安全",而是蕴含了政治安全、经济安全、伦理道德安全的内容。

(据黎昊雁、丛杭青、王玮文)

参考词语

1. 转基因	zhuǎnjīyīn	(名)	运用科学手段把一种生物中的基因转到另一种生物中
2. 不遗余力	bùyíyúlì		全力地去做
3. 大张旗鼓	dàzhāngqígǔ		很公开张扬地做
4. 二恶英	èr'èyīng	(名)	dioxin/是一种无色无味、毒性严重的脂溶性物质
5. 疯牛病	fēngniú bìng		一种牛的传染病
6. 顺水推舟	shùnshuǐtuīzhōu		比喻根据当时的形势做事情
7. 除草剂	chúcǎojì	(名)	一种消除杂草的农药
8. 潜在	qiánzài	(形)	目前或表面看不出来,但在今后和内部可能存在
9. 雄性不育基因	xióngxìng búyù jīyīn		male sterility gene/这里指植物基因
10. 激活	jīhuó	(动)	需要外部的刺激后才能有反应或活动的
11. 各抒己见	gèshūjǐjiàn		自由地发表自己的意见
12. 夸夸其谈	kuākuāqítán		很夸张而且没有实质的空谈
13. 温饱线	wēnbǎoxiàn	(名)	吃饱穿暖的最低限,指最低生活的标准线
14. 煎熬	jiān'áo	(动)	很痛苦地经受折磨
15. 蕴含	yùnhán	(动)	包含在里边
16. 伦理	lúnlǐ	(名)	这里指人与人相处的各种道德准则

专有名词

1. 欧盟　　　Ōuméng　　　　EU/欧洲国家的一个组织
2. 孟山都　　Mèngshāndōu　　MONSANTO/美国一家农业公司
3. 杜邦　　　Dùbāng　　　　DuPont/世界上最大的化学公司,总部在美国

文章阅读理解

(1) 哪个不是欧盟反对转基因产品的理由:
　　A. 欧洲没有能力生产转基因产品
　　B. 欧洲人不相信转基因生物的管理机构
　　C. 欧洲本身传统农业发达
　　D. 限制美国农产品进入欧洲

(2) 哪个不是目前转基因产品的特点?
　　A. 抗虫性　　　　　B. 抗除草剂
　　C. 便宜　　　　　　D. 具有潜在风险

(3) 文章说转基因农产品"农民不能留种"是因为:
　　A. 农民收获农产品后不允许留种子
　　B. 因为有专利权,农民留种子犯法
　　C. 农民收获了种子后也不知道如何使用
　　D. 种子被改造成只有使用诱导剂才能激活繁殖力

(4) 根据文章,哪个说法不对?
　　A. 转基因产品没有什么好处
　　B. 穷人穷国更支持转基因食品
　　C. 一些农产品充足的国家不喜欢转基因技术
　　D. 关于转基因产品的争论是利益的争斗

(5) 文章最后一段说"科学技术决不是在世外桃源中进行的",这句话的意思是:
　　A. 不能在农村研究科学
　　B. 只在农村研究科学是不够的
　　C. 科学研究和现实社会有密切关系
　　D. 研究科学需要跟多方面合作

二、挑战阅读

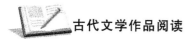 古代文学作品阅读

晋太和中,广陵人杨生,养一狗,甚爱怜之,行止与俱。后,生饮酒醉,行大泽草中,眠不能动。时方冬月燎原,风势极盛。狗乃周章号唤,生醉不觉。前有一坑水,狗便走往水中,还,以身洒生左右草上。如此数次,周旋跬步,草皆沾湿,火至,免焚。生醒,方见之。

尔后,生因暗行,堕于空井中。狗呻吟彻晓。有人经过,怪此狗向井号,往视,见生。生曰:"君可出我,当有厚报。"人曰:"以此狗见与,便当相出。"生曰:"此狗曾活我已死,不得相与。余即无惜。"人曰:"若尔,便不相出。"狗因下头目井。生知其意,乃语路人云:"以狗相与。"人即出之,系之而去。却后五日,狗夜走归。

(据(晋)陶潜《搜神后记》)

注释

1. 周章　　　zhōuzhāng　　　　急得绕圈子
2. 周旋跬步　zhōuxuán kuǐbù　　周围半步之内

1. 字、词、句理解

(1)"行止与俱"中"与俱"的意思是:
　　A. 全部的东西都　　　　　　B. 跟时代一起进步
　　C. 总跟它在一起　　　　　　D. 只要跟着就行了

(2)"眠不能动"中"眠"的意思是:
　　A. 生病　　　B. 睡着　　　C. 寒冷　　　D. 困难

(3)"火至,免焚"中"免焚"的意思是:
　　A. 不需要灭火　B. 不用紧张　C. 自动熄灭　D. 没烧到

(4)"生醒,方见之"中的"方"字与下面哪个词语中的"方"字意思接近:
　　A. 四面八方　B. 天各一方　C. 如梦方醒　D. 千方百计

(5) "狗呻吟彻晓"中"晓"字与下面哪个词语中的"晓"字意思接近：

　　A．拂晓　　　　　B．晓得　　　　　C．揭晓　　　　　D．晓谕

(6) "怪此狗向井号"中"怪"的意思是：

　　A．责备　　　　　B．纳闷　　　　　C．奇异　　　　　D．吃惊

(7) "君可出我，当有厚报"中"出"的意思是：

　　A．超出　　　　　B．弄出　　　　　C．出来　　　　　D．出现

(8) "此狗曾活我已死，不得相与"中"与"的意思是：

　　A．给　　　　　　B．和　　　　　　C．于　　　　　　D．对

(9) "生知其意"的意思是：

　　A．男人知道了它的意思　　　　　　B．男人突然想到一个主意

　　C．生怕别人知道它的意思　　　　　D．才知道这是个奇怪的主意

(10) "乃语路人云"的意思是：

　　A．于是跟路人说　　　　　　　　　B．路人说天气不好

　　C．路人也这样说　　　　　　　　　D．这就是路人说的话

2. 内容理解

(1) 第一次救杨生的方式是：

　　A．用身体上的水弄湿他周围的草　　B．把他从水坑里拖出来

　　C．把他叫醒免遭大火烧死　　　　　D．以上全部

(2) 第二次杨生遇到麻烦是因为他：

　　A．喝醉了　　　　　　　　　　　　B．跟路人打架

　　C．掉到井里　　　　　　　　　　　D．狗被路人带走了

(3) 杨生接受路人的要求是因为：

　　A．他需要路人的帮助　　　　　　　B．他觉得路人很好

　　C．狗给了他暗示　　　　　　　　　D．以上全部

(4) 最后狗：

　　A．跑回来了　　　　　　　　　　　B．被路人养了

　　C．死了　　　　　　　　　　　　　D．跑到别的地方去了

3. 口头回答问题

(1) 狗第一次怎么救杨生的？

(2) 狗第二次怎么救杨生的？

(3) 杨生对狗的感情怎么样？请举例说明。

(4) 杨生最后得救的原因是什么？最后的结果如何？

白话文参考译文

晋朝太和年间,广陵有个姓杨的人,养了一条狗。他特别爱这条狗,无论做什么事情都要带着这狗。一次,这个人喝醉酒后走到一个水洼附近的草地后,就倒地睡着了,无法赶路。当时正赶上冬天有人烧草燎原,当时风很大。于是狗反复不停的叫唤,这个姓杨的人仍旧大醉不醒。狗看到这个人前面有一坑水,于是走到坑里,用自己的身体沾了水后然后再抖落在主人身边的草上。就这样反复来回了很多次,狗一点点一点点地移动步子把主人身边的草全都弄湿了。当火燃烧到的时候,因为草湿没有燃烧起来,主人躲过了被火烧的大难。姓杨的人醒来后才发现。

后来又有一次,这个人因为在天黑赶路,不小心掉到一空井里。狗叫了整整一个晚上。有人从这里过,很纳闷为什么狗冲着井号叫,过去一看,发现了这个姓杨的。杨生说:"你救了我,我一定会好好报答你的。"那个人说,如果你把你的狗送给我,我就救你出来。杨生说:"这个狗救过我的命,不能赠给你啊。别的我都不可惜。"那个人说,既然这样,那我就不救你了。这时狗低头看着了看井里,杨生明白了狗的意思,于是对那个路人说:"我愿意把狗送给你。"那个人于是马上救出了杨生,把狗拴上带走了。过了五天,那只狗夜里逃跑回到杨生家来了。

 笑话阅读

请说出下列诗词为什么幽默可笑?并说出这些诗词是从何而来的

(1)

女友几时有,把酒问青天。不知告别单身,要等多少年?我欲出家而去,又恐思念美女,空门不胜寒。起舞影为伴,寂寞在人间。

追女孩,妄相思,夜难眠。不应有恨,何时才能把梦圆。男有高矮胖瘦,女有黑白美丑,此事古难全。但愿人长久,光棍不再有。

(2)

春天不洗澡,处处蚊子咬。夜来拍掌声,不知死多少。

(3)

日照香炉生紫烟,李白来到烤鸭店。口水直流三千尺,摸摸口袋没有钱。

参考答案

　　看懂这些幽默需要对中国古典诗词有比较多的了解,因为这部分幽默都是篡改了著名的古典诗词,意思跟原本完全不同,形成了一种特别的幽默效果。改编的词简单直白,对仗基本工整。

　　第一首篡改了宋代著名文学家苏轼一首非常著名的词,原本这首词是写中秋节的,经过篡改以后,意思变改成了表达单身汉没有女朋友的苦闷,以及希望早日有女朋友的心情。

　　第二首是篡改了唐朝诗人孟浩然的《春晓》。《春晓》也是一首非常著名的诗歌,原本是描写春天早晨的,经过篡改以后,意思变得很搞笑。

　　第三首是篡改了唐朝伟大诗人李白的《望庐山瀑布》,原诗用夸张比喻的方法描写庐山壮丽景色,经过篡改以后,诗歌意思变成了想吃烤鸭但是没有钱。

原　文

（1）

水调歌头

（宋）苏轼

　　明月几时有?把酒问青天。不知天上宫阙,今夕是何年。我欲乘风归去,唯恐琼楼玉宇,高处不胜寒。起舞弄清影,何似在人间。

　　转朱阁,低绮户,照无眠。不应有恨,何事长向别时圆?人有悲欢离合,月有阴晴圆缺,此事古难全。但愿人长久,千里共婵娟。

（2）

春晓

（唐）孟浩然

　　春眠不觉晓,处处闻啼鸟。夜来风雨声,花落知多少。

（3）

望庐山瀑布

（唐）李白

　　日照香炉生紫烟,遥看瀑布挂前川。飞流直下三千尺,疑是银河落九天。

第十四课

宗 教

一、导 读

宗教是信仰、是哲学、是人类对世界和自身思考的结果,它跟人类文明有密切的关系。宗教的目的都是为了寻求和谐、安宁、公平、正义,说到底就是为了人类的幸福安康。

人类的信仰很多,宗教也很多。就在科学非常发达的今天,信仰宗教的人依然很多,宗教对很多人的思想、生活仍然有很大影响。

本课我们将要介绍一些有关藏传佛教、天主教和伊斯兰教的知识。第一篇文章我们将介绍藏传佛教的活佛转世制度,这是一个非常有意思的话题,活佛是藏传佛教的宗教领袖,他们是如何转世的? 其过程是怎么样的? 通过学习我们可以有进一步的认识;第二课我们说的是罗马天主教新教宗的产生方式;第三课我们介绍的是伊斯兰教创始人穆罕默德以及伊斯兰教的起源。

阅读1

活佛转世的宗教仪轨和历史定制

活佛转世是藏传佛教为解决教派和寺院首领传承,依据西藏古老的灵魂观念和佛教特有的化身理论而创立的一种有别于其他宗教和佛教其他流派的传承制度。公元13世纪,西藏成为元朝中央政府直接管辖下的一个行政区域,忽必烈封萨迦派教主八思巴为"西天佛子,化身佛陀",此后,人们开始称西藏高僧为"活佛"。

公元13世纪中期,蒙古宪宗蒙哥册封藏传佛教噶玛噶举派首领噶玛拔希为国师,并赐金边黑帽和金印,噶玛噶举派成为当时影响很大、实力雄厚的教派。公元1283年,噶玛拔希圆寂。噶玛噶举派按教规不能婚娶、依靠嫡亲来继承教权,同时也为了避免师徒传承容易造成自立门户、分散力量的弊端,所以噶玛拔希在圆寂前决定采用化身转世的方式,来解决本教派宗教权力的传承和延续问题。他的弟子秉承师命,找来一小孩为噶玛拔希的转世灵童,开创了活佛转世的先河。此后,藏传佛教各教派纷起仿效,相继建立起大大小小数以千计的活佛转世系统。

清朝取得全国政权后,采取了扶持格鲁派来加强对西藏统治的政策。在实施过程中,极大地加强了对活佛及其转世事务的管理,并使之规范化、制度化。1653年,顺治皇帝册封五世达赖为"西天大善自在佛所领天下释教普通瓦赤喇怛(dá)喇达赖喇嘛",赐金册金印。1713年,康熙皇帝册封五世班禅为"班禅额尔德尼",赐金册金印,清朝中央政府正式确认了达赖活佛系统和班禅活佛系统的名号及其地位。由于中央政府的支持,格鲁派大活佛拥有西藏政教大权,因此,特权阶层争夺其转世灵童寻访认定大权的斗争不断发生,贿赂、结党营私、弄虚作假等现象愈演愈烈,一度造成大活佛亲族姻娅、递相传袭、总出一家的结果,严重影响了社会的稳定。为此,清朝中央政府决定直接掌握大活佛转世灵童的寻访、认定权,以加强管理西藏地方,安定西南边疆。1793年,清朝颁布《钦定藏内善后章程二十九条》,创立金瓶掣签制度并将其列为第一条。规定:大皇帝为求黄教兴隆,特赐一金瓶,今后遇到寻认灵童时,邀集四大护法,将灵童的名字及出生年月,用满、汉、藏三种文字写于签牌上,放进瓶内,选派真正有学问活佛,祈祷七日,然后由各呼图克图和驻藏大臣在大昭寺释迦牟尼像前正式拈定……假如找到的灵童仅只一位,也须将一个有灵童名字的签牌和一个没有名字的签牌,共同放进瓶内,假如抽出没有名字的签牌,就不能认定已寻访到的儿童,而要另外寻找。

1793年建立金瓶掣签制度至清朝末年,在清朝中央政府管理的39个大活佛世系中,先后共认定转世灵童91位,其中76位是经过金瓶掣签认定的,15位转世灵童由于特殊原因,报请中央政府特准"免予掣签"。民国中央政府沿袭了清朝管理大活佛及其转世事务的历史惯例。1935年颁布《管理喇嘛寺庙条例》,1936年颁布《喇嘛转世办法》,并专门制定了达赖、班禅转世灵童征认办法,按照历史惯例和法规,完成了第十三世达赖和第九世班禅的转世事宜。

从历代中央政府的做法,特别是金瓶掣签制度建立以来的实践看,中央政府管理大活佛转世灵童认定办法的核心内容共五条:(1)大活佛转世事宜由中央主持,驻藏大臣(或中央特派专员)协同西藏地方实施;(2)经中央批准后,西藏地方按宗教仪轨进行寻访,寻访到的候选男童经过甄别灵异,确定三名报中央批准掣签;(3)中央委派驻藏大臣或专员主持仪式和掣签;(4)中签男童报中央批准后继任,中央特派专员看视灵童并主持坐床典礼;(5)西藏地方报中央批准确定灵童经师、启用前世金印。

藏传佛教活佛转世的有关宗教仪轨和政府管理活佛转世所形成的历史定制成为各教派活佛,尤其是各大活佛转世系统必须遵循的共同规则,成为确立转世活佛权威性的必要条件,并成为广大信教群众心中的信条。这些制度本身及其实施过程也充分体现出国家主权和中央权威,加强了国家统一和民族团结,维护了西藏社会的稳定,也促进了藏传佛教自身的健康发展,维持和巩固了其在西藏社会中的应有地位。

(据新华网 2007 年 12 月 19 日 http://news.xinhuanet.com/)

参考词语

1.	活佛	huófó	(名)	藏传佛教的上层僧侣,采用转世继位制度
2.	转世	zhuǎnshì	(动)	藏传佛教认定活佛继承人的制度
3.	仪轨	yíguǐ	(名)	也就是规定的做法
4.	定制	dìngzhì	(名)	确定的制度做法
5.	传承	chuánchéng	(动)	继承并继续传下去
6.	教主	jiàozhǔ	(名)	某一宗教的创始人或最高领导人
7.	册封	cèfēng	(动)	皇帝委任
8.	圆寂	yuánjì	(动)	佛教称僧侣去世
9.	嫡亲	díqīn	(名)	有血统关系的亲戚
10.	自立门户	zìlìménhù		自己独立开始事业
11.	结党营私	jiédǎng-yíngsī		为了自己的利益勾结在一起做坏事

专有名词

1.	藏传佛教	Zàngchuán Fójiào	或称藏语系佛教,又称为喇嘛教,是指传入西藏的佛教分支。与汉传佛教、南传佛教并称佛教三大体系

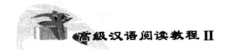

2.	忽必烈	Hūbìliè	元朝的第一位皇帝，1260—1294年在位。在位期间统一了全国，建国号为大元
3.	萨迦派	Sàjiā pài	藏传佛教四大教派之一
4.	八思巴	Bāsībā	1235年—1280年，意为圣者，西藏佛教萨迦派第五代祖师，奉命仿照藏文创制了蒙古文
5.	噶玛噶举派	Gámǎgájǔ pài	藏传佛教噶举派之支派。为塔布噶举分出的四大支派之一。创始人都松钦巴
6.	噶玛拔希	Gámǎbáxī	1204—1283，是藏传佛教噶举派中噶玛噶举派第二世活佛
7.	格鲁派	Gélǔ pài	藏传佛教中的一个教派，由宗喀巴大师创立
8.	顺治	Shùnzhì	1638—1661年中国清朝入关后的第一位皇帝
9.	达赖	Dálài	是藏传佛教中格鲁派（黄教）的领袖，现在的第十四世达赖喇嘛是丹增嘉措
10.	康熙	Kāngxī	1654—1722年，中国清朝入关后的第二位皇帝
11.	班禅	Bānchán	活佛"班禅额尔德尼"的简称，在藏传佛教格鲁派中，地位仅次于达赖喇嘛，现在的第十一世班禅是额尔德尼·确吉杰布
12.	金瓶掣签	jīnpíng chèqiān	用在金瓶中抽签的方式来认定藏传佛教最高等的大活佛转世灵童，是清王朝乾隆五十七年（1792年）正式设立的制度

文章阅读理解

(1) 根据文章，活佛转世制度：
  A. 其他佛教也有 　　　　　B. 藏传佛教一直就有
  C. 13世纪以后才有　　　　　D. 主要是为想传给自己的徒弟

(2) 下面哪项不是文章说的？
  A. 西藏在元朝成为中央政府的行政区域　B. 转世活佛要在活佛圆寂后一年内找到
  C. 转世的活佛必须是孩子　　　　　　　D. 转世制度是从噶玛噶举派开始的

(3) 根据文章，册封五世达赖和五世班禅的皇帝是：
  A. 格鲁派大活佛　　B. 顺治和康熙　　C. 驻藏大臣　　D. 呼图克图

(4) 根据文章，哪个不是清朝中央政府决定直接掌握大活佛转世灵童的寻访、认定权的原因：
  A. 避免出现访转世灵童中出现腐败　　B. 体现国家的主权
  C. 让满族人拥有西藏的政教大权　　　D. 加强国家统一

(5) 根据文章，哪个不是金瓶掣签的做法？
   A. 把转世灵童的名字写在签上放入瓶中
   B. 签牌用满、汉、藏三种文字书写
   C. 必须在大昭寺释迦牟尼像前正式抽签
   D. 必须是选派真正有学问的活佛去抽签

(6) 根据文章，只有一位转世灵童的话：
   A. 就不用抽签，直接当活佛
   B. 就把写着他一个人名字的签放进金瓶中
   C. 把有他的名字和一个没写名字的签都放进金瓶中
   D. 就必须再去寻找一位转世灵童一起抽签

(7) 根据文章，哪个说法不正确？
   A. 所有的活佛都是金瓶掣签产生的
   B. 西藏地方去找转世灵童
   C. 抽中的灵童报中央批准
   D. 中央政府主持金瓶掣签事宜

 阅读 2

教皇是如何选举产生的

教宗是天主教会的最高领袖，在中国大陆通常译为教皇或罗马教皇，但是中国天主教爱国会内部依然称为教宗。

天主教会的组织形式严格集中。它重视教阶制，教阶制分为神职教阶和治权教阶：神职教阶有教宗、主教、神父和执事，治权教阶有教宗、主教、省区大主教、都主教、教区主教等。教宗具有最高权威，神圣不可侵犯，由枢机主教构成的枢机团选举产生。枢机团也是教宗的主要咨询机构。

教宗是终身制。教宗去世后，由世界各国红衣主教组成的枢机团会选举产生新教宗。根据历史悠久的传统，秘密选举会议被叫做"秘密会议"（conclave）。该词来自拉丁语"cumclavi"（拿着钥匙），暗指选举进行期间所有的参选人都要被"关起来"。

秘密会议通常在教宗去世后15天举行，但也可延长，至20天，以便容许其他枢机到达梵蒂冈城。秘密会议的地点直到14世纪才固定。秘密会议总是在罗马举行（1800年，那不勒斯的军队占领罗马，迫使选举在威尼斯举行），且通常在梵蒂冈城（1929年拉特朗协议后，它已被承认为独立国家）。在罗马和梵蒂冈城内，不同地点被用于选举。自1846年起，当奎里纳尔宫被占用后,西斯廷教堂总是作为选举地点。

1587年,教宗西斯都五世将枢机们的数量限制在70人:6名主教级枢机,50名司铎级枢机,以及14名执事级枢机。自教宗若望二十三世试图拓宽枢机的背景起,数量有所增加。1970年,教宗保罗六世下诏,超过80岁的枢机不得享有在秘密会议中表决的资格,且亦增加现行枢机选举人员的数量至120人,当选者需要获得2/3以上多数票。

选举教宗必须严格按照中世纪以来的传统方式进行。选举当天,整装正襟的枢机主教们做弥撒后,由青铜门进入梵蒂冈的西斯廷教堂,分别住进"密室"。在选举教宗期间,西斯廷教堂与世完全隔绝,层层大门上锁并贴上封条,任何人不得出入。除留一部紧急联络用的电话外,其他电话线全部掐断。沟通内外的唯一渠道是设在青铜门上的两个转盘,需要往里送的食物、医药等放在转盘上,由工作人员转动转盘送进去。

选举采用互选方式,得票超过2/3者当选。事先不提候选人名单,故往往需要多次投票才有结果。选举第一天上下午各投票两次,若无结果,第二天照样进行。若仍无结果则休息一天。第四天继续选举,直到选出。

选举期间,有关选举的情况绝对不得外传。为等候选举的结果,成千上万的信徒聚集在西斯廷教堂外面的圣彼得广场上,眼睛盯着西斯廷教堂的烟囱。里面每投票一次,烟囱便冒一次烟。若冒出的烟是黑的,就意味着选举尚无结果。若烟囱升起袅袅白烟,这时全世界就会知道梵蒂冈产生了一位新的教宗。

尽管教宗的称呼是"罗马主教",但他并不需要具有意大利背景。不过罗马教皇绝大多数都是意大利人。历史上也有例外,公元1522年1月当选的新教皇哈德利亚六世是荷兰人,当时非意大利人当教皇引起一场轩然大波,罗马人认为让一位非意大利人当教皇是"离经叛道"。事过455年,1978年10月选出的新教皇约翰·保罗二世也不是意大利人,而是波兰人。消息传出后,聚集在圣彼得广场的15万群众十分惊奇,议论纷纷。然而,这次选举结果并未引起风波,相反,约翰·保罗二世在圣彼得寺院的阳台上露面时,受到了热烈欢迎。

2005年4月2日,教宗约翰·保罗二世因病在梵蒂冈去世,终年84岁。2005年4月19日,来自德国的枢机主教约瑟夫·拉青格在罗马教宗选举中当选第265任天主教罗马教宗,称为本笃十六世,他于2005年4月24日正式登基。拉青格1927年4月16日出生,1977年任枢机主教,1981年任罗马教廷的信理部部长。

(据百度网 http://wenwen.soso.com/)

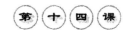

参考词语

1. 教阶　　jiàojiē　　（名）　天主教的等级
2. 神职　　shénzhí　　（名）　宗教职务
3. 治权　　zhìquán　　（名）　天主教治理权
4. 主教　　zhǔjiào　　（名）　天主教的高级神职人员，职位在神父之上，通常是一个地区教会的首领
5. 神父　　shénfù　　（名）　天主教宗教职位，即神甫，司祭、司铎的尊称。介于主教与助祭之间
6. 执事　　zhíshì　　（名）　天主教宗教职位，在神品上低于主教和神父的神职人员
7. 省区　　shěngqū　　（名）　天主教因传教活动的需要，往往依国界而将其组织分成若干省，这个省区不同于行政的省，往往是个国家
8. 教区　　jiàoqū　　（名）　天主教为传教和管理划分的区域，和行政区划也不一样
9. 枢机团　shūjītuán　（名）　Collegeof Cardinals/天主教枢机组成的团体
10. 枢机　　shūjī　　（名）　cardinal/源自拉丁文 cardo，有枢纽、重要的意思。是罗马天主教中仅次于教宗的职位。枢机本身多是主教，因穿红衣、戴红帽，故俗称为红衣主教
11. 下诏　　xiàzhào　　（动）　皇帝（教皇）颁布命令、指示

专有名词

1. 梵蒂冈　　　　Fàndìgāng　　　　国名，在意大利罗马城内西北角
2. 约瑟夫·拉青格　Yuēsèfū Lāqīnggé　Joseph Alois Ratzinger/2005年4月19日被选为教宗，2005年4月24日正式登基
3. 本笃十六世　　Běndǔ Shíliùshì　　Benedictus XVI/即教宗本笃十六世，德国籍

文章阅读理解

（1）根据文章，哪个说法不对？
　　A. 执事地位比神父高　　　　　　　　B. 教宗是枢机团选举产生的
　　C. 主教有很多种　　　　　　　　　　D. 教宗的地位最高

（2）下面哪个是文章没有说的？
　　A. 新教宗要获得超过半数选票才能当选　B. 选举教宗的过程是秘密的
　　C. 只有枢机才能被选为新教宗　　　　　D. 教宗选举现在在西斯廷教堂进行

（3）根据文章，现在选举教宗的枢机们：
　　A. 平时都住在梵蒂冈　　　　　　　　B. 有 70 人
　　C. 有 120 人　　　　　　　　　　　D. 都 80 多岁

（4）关于新教宗的选举，不正确的是：
　　A. 选举可能要很多天　　　　　　　　B. 选举可能要投很多次票
　　C. 有很多人在教堂外等待选举结果　　D. 教宗一定是意大利人

（5）关于新教宗的选举，不正确的是：
　　A. 烟囱冒黑烟就是选出了新教宗　　　B. 最近的两位教宗都不是意大利人
　　C. 新教宗大部分是意大利人　　　　　D. 现在的教宗是德国人

 阅读 3

伊斯兰教

　　伊斯兰教是与佛教、基督教并列的世界三大宗教之一。7 世纪初产生于阿拉伯半岛。中国旧称回教、清真教或天方教。伊斯兰一词原意为"顺从"，指顺从安拉（中国穆斯林亦称真主）的意志。为穆罕默德所创。主要传播于亚洲、非洲、东南欧，西亚、北非、南亚、东南亚一带最为盛行。现约有信徒七八亿。

　　伊斯兰教于 7 世纪时起源于阿拉伯半岛。当时，拜占庭与波斯两大帝国为争夺商道在该地进行长期战争，使当地经济遭到严重破坏，土地荒废，商道梗塞，人口锐减，城市萧条，社会矛盾十分尖锐，各阶层都需要寻找新的出路，以摆脱当时的困境。

伊斯兰教的创始人穆罕默德出身于麦加古来什部落哈申家族的没落贵族家庭。自幼父母双亡。12岁时随叔父和商队到叙利亚、巴勒斯坦一带经商，接触了犹太教和基督教的教义，对当时的阿拉伯社会和国际环境也有所了解。40岁时，穆罕默德经常到麦加附近的希拉山洞潜修冥想。在阿拉伯历9月的一天，他申述自己受安拉的启示，宣布自己是安拉的使者和先知，从而开始了传播伊斯兰教的活动。

　　起初他传教的范围只限于至亲好友。公元612年，才开始向麦加的居民公开传教。他宣称安拉是宇宙万物的创造者和主宰，是独一无二的。他劝导人们归顺并敬畏安拉，止恶行善，反对崇拜多神和偶像。宣称伊斯兰教是自古以来正统的宗教，他自己是这个宗教的最后一位使者，受命于安拉，传布伊斯兰教。其使命是给人类带来真正的"安拉之道"。他提出禁止高利贷，买卖公平，施济贫民，善待孤儿，奴隶赎身，制止血亲复仇，实现"和平与安宁"等改良社会的主张，激起了阿拉伯半岛的劳苦大众对伊斯兰教的向往和期望。

　　公元630年，他率领1万多人攻占麦加。以艾卜·苏富扬为首的麦加贵族迫于形势，改信了伊斯兰教，承认穆罕默德的先知地位和宗教、政治的权威。随后，穆罕默德下令清除克尔白神殿中的偶像，并将麦加定为伊斯兰教的宗教中心。631年末，半岛各部落相继归信伊斯兰教，政治渐趋统一，麦地那成为新政权的政治首都。632年3月，穆罕默德率领10多万穆斯林到麦加进行了一次经过改革的朝觐，史称"辞别朝觐"。他以安拉启示的名义，宣布"我已选择伊斯兰做你们的宗教"。同年6月穆罕默德病逝。至此，伊斯兰教已初步形成。

　　穆罕默德去世后，伊斯兰教内部围绕着哈里发继承人的问题展开了激烈的斗争，结果，由于政治派别的对立而导致宗教派别的产生，主要有逊尼与什叶两大教派，斗争持续不断。逊尼派注重实用性和世俗知识，信奉家庭和社会群体的力量。逊尼派是伊斯兰教中教徒最多的一个教派，遍布欧亚非各大洲。什叶派则强调理想主义和超自然的力量，坚信永无谬误的伊玛目。什叶派是伊斯兰教中教徒较少的一个派别，主要分布在伊朗。

　　《古兰经》是伊斯兰教的基本经典。阿拉伯语"古兰"原意是"诵读"。《古兰经》原是穆罕默德在传教时以安拉名义所发表的言论，在其去世后，由专人汇编而成。伊斯兰教把《古兰经》奉为神圣经典，是生活最高准则和立法的最高依据，遇到问题往往到《古兰经》中去找答案。《古兰经》中没有的，则只好从穆罕默德的其他言行中去找准则。为此，把穆罕默德用"安拉"名义以外的言论编汇成为"圣训"。

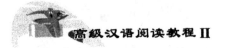

　　在日常生活方面伊斯兰教有严格禁食规定,如戒食自死物、血液和猪肉,禁止饮酒,实行土葬;在节日方面,主要有开斋节和宰牲节。开斋节指斋月期满29日,"寻看新月"次日即为开斋节(为伊斯兰历的10月1日)。宰牲节为伊斯兰历的12月10日。该日沐浴盛装,举行会礼,互相拜会,宰杀牛羊互赠以示纪念。

(据百度 http://zhidao.baidu.com/)

参考词语

1.	荒废	huāngfèi	(动)	荒芜不用,因为不使用而变得很破败
2.	梗塞	gěngsè	(动)	堵住不能通过
3.	部落	bùluò	(名)	原指由血缘相近的氏族成员组成的集体
4.	教义	jiàoyì	(名)	宗教的道理和原则
5.	潜修	qiánxiū	(动)	不受外界影响地研究修炼(宗教、理论、学问等)
6.	冥想	míngxiǎng	(动)	对一个主题进行深刻、连续的思考
7.	先知	xiānzhī	(名)	就是能比众人先知道的人,宗教中指受神的启示而传达神的意旨或预言未来的人
8.	主宰	zhǔzǎi	(动/名)	有绝对的控制力或有这种控制力的人
9.	敬畏	jìngwèi	(动)	既敬重又害怕
10.	止恶行善	zhǐ'è-xíngshàn		制止坏事,做好事
11.	施济	shījì	(动)	帮助、周济
12.	善待	shàndài	(动)	好好地对待
13.	朝觐	cháojìn	(动)	指教徒拜谒圣像、圣地等,这里是指伊斯兰教徒到麦加的朝拜
14.	圣训	shèngxùn	(名)	圣人的教训,旧指圣人的训诫告谕或皇帝的诏令等
15.	土葬	tǔzàng	(动)	把死者安葬在地下

专有名词

1. 安拉　　　　Ānlā　　　　Allah/也叫真主，是伊斯兰教信仰的创造宇宙万物的独一主宰
2. 穆罕默德　　Mùhǎnmòdé　是伊斯兰教的创始人，也是伊斯兰教徒公认的伊斯兰教先知
3. 拜占庭　　　Bàizhàntíng　Byzantium/也叫拜占庭帝国(Byzantine Empire)或东罗马帝国(Eastern Roman Empire)，通常认为开始于公元395年直至1453年
4. 麦加　　　　Màijiā　　　Mecca/是伊斯兰教最神圣的城市。19世纪80年代以来，沙特阿拉伯政府及其他人开始提倡Makkah的拼法，而全称则是Makkahal-Mukarramah
5. 哈里发　　　Hālǐfā　　　Khalifa, kaliph/伊斯兰教国家政教领袖的尊称
6. 逊尼派　　　Xùnní pài　　Sunn/伊斯兰教的一个教派
7. 什叶派　　　Shíyè pài　　Shiit/伊斯兰教的一个教派
8. 古兰经　　　Gǔlánjīng　　Quran/是伊斯兰教唯一的经典
9. 开斋节　　　Kāizhāi Jié　Eid-ul-Fitr/伊斯兰教历九月为斋月，斋月结束之日就是开斋节
10. 宰牲节　　　Zǎishēng Jié　Eid-ul-Azha/是伊斯兰教的重大节日之一，又称古尔邦节(Corban Festival)

文章阅读理解

(1) 世界上跟伊斯兰教一样重要的宗教有：
　　A. 佛教　　　　　B. 道教　　　　　C. 基督教　　　　D. A 和 C
(2) 关于穆罕默德我们知道：
　　A. 他从小就跟父母去经商　　　　　B. 他在麦加开始了伊斯兰教
　　C. 他出生在巴勒斯坦　　　　　　　D. 以上全部
(3) 穆罕默德的主张受到阿拉伯人民的欢迎是因为：
　　A. 他提出禁止高利贷　　　　　　　B. 他主张制止血亲复仇
　　C. 他施济贫民　　　　　　　　　　D. 以上全部
(4) 根据文章我们知道，伊斯兰教初步形成的时间是：
　　A. 612年　　　　B. 630年　　　　C. 631年　　　　D. 632年

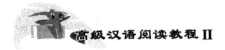

(5) 根据文章我们知道,逊尼派:
　　A. 人数没有什叶派多　B. 注重实用　　C. 主要在伊朗　　D. 以上全部
(6) 关于伊斯兰教,哪个说法正确?
　　A. 信奉《古兰经》　B. 不喝酒　　　C. 不吃猪肉　　　D. 以上全部

二、挑战阅读

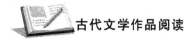

古代文学作品阅读

太原王生早行,遇一女郎,抱襆独奔,甚艰于步,急走趁之,乃二八姝丽。心相爱乐,问:"何夙夜踽踽独行?"女曰:"行道之人,不能解愁忧,何劳相问。"生曰:"卿何愁忧?或可效力不辞也。"女黯然曰:"父母贪赂,鬻妾朱门。嫡妒甚,朝詈而夕楚辱之,所弗堪也,将远遁耳。"问:"何之?"曰:"在亡之人,乌有定所。"生言:"敝庐不远,即烦枉顾。"女喜从之。生代携襆物,导与同归。女顾室无人,问:"君何无家口?"答云:"斋耳。"女曰:"此所良佳。如怜妾而活之,须秘密勿泄。"生诺之。乃与寝合。使匿密室,过数日而人不知也。生微告妻。妻陈,疑为大家媵妾,劝遣之,生不听。

(据(清)蒲松龄《聊斋志异》)

注释

1. 襆　　　fú　　　包袱
2. 踽踽　　jǔjǔ　　孤零零地走路
3. 鬻　　　yù　　　卖
4. 詈　　　lì　　　骂

1. 字、词、句理解

(1) "太原王生早行"中"早行"的意思是:
　　A. 早先可以　　B. 早些行动　　C. 早点走　　　　D. 早上走
(2) 与"甚艰于步"的"于"结构用法接近的是:
　　A. 关于　　　　B. 苦于　　　　C. 由于　　　　　D. 至于

(3) "或可效力不辞也"中"或"的意思是：
   A. 或者　　　　B. 或则　　　　C. 或许　　　　D. 或然
(4) "鬻妾朱门"中"朱门"的意思是：
   A. 朱姓人家　　B. 商家　　　　C. 有钱人家　　D. 皇家
(5) "嫡妒甚"中"甚"的意思是：
   A. 甚至　　　　B. 什么　　　　C. 很　　　　　D. 有
(6) "将远遁耳"中"遁"的意思是：
   A. 消失　　　　B. 离开　　　　C. 地方　　　　D. 逃跑
(7) 与"导与同归"中"同"结构用法接近的是：
   A. 同居　　　　B. 同样　　　　C. 同等　　　　D. 同班
(8) "如怜妾而活之"中"活之"的意思是：
   A. 她很活泼　　B. 她的生活　　C. 让她活　　　D. 跟她一起生活
(9) "生诺之"中"诺之"的意思是：
   A. 王生答应她　B. 她让王生答应　C. 王生让她答应　D. 她答应王生
(10) "使匿密室"中"匿"的意思是：
   A. 商量　　　　B. 建筑　　　　C. 居住　　　　D. 隐藏
(11) 与"生微告妻"中"微告"结构用法接近的是：
   A. 控告　　　　B. 祷告　　　　C. 密告　　　　D. 转告

2. **内容理解**

(1) 王生见到女子后：
   A. 很害怕　　　B. 很担心　　　C. 很喜欢　　　D. 很好奇
(2) 女子说自己逃跑是因为：
   A. 丈夫对她不好　B. 婆婆对她不好　C. 正妻对她不好　D. 以上全部
(3) 女子要去的地方是：
   A. 父母家　　　B. 朋友家　　　C. 妹妹家　　　D. 没有说
(4) 女子愿意去王生家吗？
   A. 愿意　　　　B. 不愿意　　　C. 一般　　　　D. 没有说
(5) 女子要王生答应什么？
   A. 爱她　　　　B. 不要送她回家　C. 保密　　　　D. 娶她
(6) 王生妻子知道家里有一个陌生女子后的态度是：
   A. 很生气　　　B. 很吃惊　　　C. 很担心　　　D. 没有说
(7) 关于女子，王生妻子建议王生：
   A. 娶她　　　　B. 让她走　　　C. 告诉大家　　D. 送回她丈夫家

3. 口头回答问题

(1) 王生和女子在什么时候、什么地方见面的?
(2) 女子说自己的婚姻怎么样?
(3) 女子为什么会去王生家?

白话文参考译文

太原王生,早上出行,遇见一个女郎,怀抱包袱独自赶路,步履非常艰难。王生急忙跑了几步赶上她,原来是个十六岁的漂亮女子,心里非常喜欢,就问女子:"为什么天还没亮就一个人孤零零地走?"女子说:"(我俩)陌路相逢,(你)不能解除我的忧愁,哪用得着费心问我这些。"王生说:"你有什么忧愁?或许我可以为你效力,我绝不推辞。"女子黯然说:"父母贪财,把我卖给大户人家当妾。正妻很妒忌,早晚都辱骂责打我,我不堪忍受,要跑得远远的。"王生问:"去哪儿呢?"女子说:"逃跑的人哪儿有确定的地方。"王生说:"我家不远,就烦请你屈驾到我家去。"女子高兴地听从了。王生帮女子拿着包袱,带着她一起回家。女子看到屋里没有别人,就问道:"先生没有家人吗?"王生回答说:"这是书房。"女子说:"这地方真好。如果你可怜我,想救活我,必须要保守秘密,不要泄露。"王生答应了。于是和女子一起睡觉。他把女子藏在密室里,过了好几天,别人都不知道。王生也告诉了妻子。妻子陈氏怀疑她是大户人家陪嫁的侍妾,劝王生把女子打发掉,王生不听。

 笑话阅读

请读下列句子,找出其中幽默之处并说明原因,同时说出正确说法

1. 执子之手,将子拉走;执子之手,才知子丑。
2. 天网恢恢,肥而不腻。
3. 没有不透风的墙,没有不能上吊的梁。
4. 合久必分,分久必合;喝酒必疯,逢酒必喝。
5. 八仙过海,各怀鬼胎。

6. 书山有路先干为敬,学海无涯八宝做粥。
7. 我走我的阳光道,你过你的奈何桥。
8. 锄禾日当午,弯弓射大雕。
9. 人生自古谁无死,哪个拉屎不用纸。
10. 生的伟大,死在花下!
11. 问世间情为何物?一物降一物。
12. 女为悦己者容,男为悦己者穷!
13. 世上无难事,只怕有新人!
14. 上帝欲使人疯狂,必先使其买房。

参考答案

看懂这部分幽默需要对中国文学有比较多的了解,因为这部分幽默是篡改了俗语、名言等,做法一般是前一部分是原本的俗语、名言等,而后面接的就是自己创作的与原本完全不同的内容,形成了一种特别的幽默效果。

原　文

1. 执子之手,与子偕老。((春秋)《诗经·邶风·击鼓》)
2. 天网恢恢,疏而不漏。(成语)
3. 没有不透风的墙。(俗话)
4. 话说天下大势,分久必合,合久必分。((明)罗贯中《三国演义》)
5. 八仙过海,各显神通。(成语)
6. 书山有路勤为径,学海无涯苦作舟。(警句)
7. 你走你的阳关道,我过我的独木桥。(俗话)
8. 锄禾日当午,汗滴禾下土。((唐)李绅《悯农》)
9. 人生自古谁无死,留取丹心照汗青。((宋)文天祥《过零丁洋》)
10. 生的伟大,死的光荣。(毛泽东为烈士刘胡兰题词)
11. 问世间情为何物,直教生死相许。((金)元好问)
12. 士为知己者死,女为悦己者容。((汉)刘向《战国策·赵策一》)
13. 世上无难事,只怕有心人!((明)吴承恩《西游记》)
14. 上帝欲使人灭亡,必先使其疯狂。([古希腊]希罗多德(Herodotus))

一、导　读

　　自从人类出现以来,战争就一直没有停止过,它像魔鬼一样一直伴随着人类的成长,甩也甩不掉。虽然战争有正义的和非正义之别,但战争总是残酷的,因为战争的形式就是杀人。它是政治集团、民族(部落)、国家之间的矛盾发展到最高阶段的斗争形式,是解决矛盾的一种最暴力的手段。

　　战争希望通过最快的方式解决矛盾,因此战争的表现就是残酷地打击,战争的参与者都希望在最短的时间消灭对方或让对方屈服。

　　本课介绍了三场战争,一场是60年前发生在朝鲜半岛的战争,这场战争严格来说到今天还没有彻底结束;另外一场发生在越南,它是越南历史上非常重要的一场战役;最后还有一场是发生在二十年前的战争,这场战争今天还在延续。

漫长的战斗:美国人眼中的朝鲜战争(节选)

　　中文版序言:约翰·托兰是曾获普利策奖的美国著名作家。《漫长的战斗:美国人眼中的朝鲜战争》是他最后一部历史纪实作品,本书保持了其作品的一贯特色,即挖掘历史真相。为此,他专门到北京、台北、首尔等地寻访朝鲜战争的亲历者。阅读本书,有助于我们从另一种视角了解这场战争。

　　在击败朝鲜人民军的主力后,重整旗鼓的"联合国军"越过三八线,迅速向鸭绿江进逼。中国总理周恩来发表讲话说,如果朝鲜遭入侵,中国不会袖手旁观。北京的警告并不是开玩笑,此刻毛泽东已经决定派军队赴朝鲜同美国和韩国军队作战。东北三省有中国80%的工业,必须得到保护。被称为志愿军的中国军队,原定由第四野战军司令员林彪任指挥官。但诡计多端的林声称有病,不少人认为他对同美国人打仗不感兴趣。

　　就这样,不是为了推动共产主义,而是为了使自己免遭一个强大敌人的入侵,中国不情愿地介入了朝鲜冲突。具有讽刺意味的是,美国本已赢得了朝鲜战争,但麦克阿瑟却梦想拿下整个朝鲜半岛,而且扬言向更北的地方推进,最终迫使中国介入了一场它一直试图避免的战争。

　　10月21日上午,金日成和志愿军司令彭德怀在鸭绿江口附近举行了会谈。彭向金透露,中共中央已决定派主力部队入朝,第二批和第三批兵团也在组建中。他还特别指出,中央和毛泽东做出这个决定是非常艰难的,因为中国自己也面临着许多困难。同时,他们还得防备美国向中国宣战,并轰炸东北和中国的沿海地区。

　　虽然得到前方侦察兵的报告说,将有30万中国军队来朝鲜。然而,麦克阿瑟仍拒绝认真对待中国。

　　10月21日,美军东线第7师的先头部队——库珀特遣队长驱直入,未遇任何抵抗,就进入了鸭绿江畔的一个小镇惠山津。第10军军长爱德华·阿尔蒙德少将特地驱车30英里,赶去拍摄"临江望满洲"的倩影。欣喜若狂的麦克阿瑟也致电前方:"最衷心的祝贺,你的第7师中了头彩。"

　　摄影师们倾巢出动。不少官兵得意忘形,效仿当年丘吉尔和巴顿在莱茵河畔的行径,朝鸭绿江中大撒其尿。这一景象若被对岸的中国哨兵看到,相信他们定会大感不解。

　　消息很快登上各大报纸的头版头条。五角大楼的将军们无不额手相庆,他们关注的是,如何设法让中国同意在边界设立中立区这一棘手问题。

　　这纯粹是异想天开。不论是武将还是文官,都大谈特谈上述设想,只能说明半个世界之外的美国领导层思维紊乱。更可悲的是,守在朝鲜这口"沸腾大锅"旁的麦克阿瑟及其幕僚同样不能面对现实。

　　10月24日上午,麦克阿瑟的座机在清川江边的前进机场着陆。"你可以告诉他们,赶到鸭绿江,全都可以回家。我保证说话算数,他们能够同家人共进圣诞晚餐。"这位总司令对他的部下许诺道。

　　视察前线的5小时里,麦克阿瑟踌躇满志,裹着花哨的方格围脖,对凛冽的寒风一无所惧。午后,他重新登上专机。随行人员正准备直接飞回东京,麦克阿瑟却指示驾驶员先去鸭绿江口。此语一出,满座皆惊。

他们先朝南飞,带上从金浦机场调来的护航战斗机,然后掉头北上,在鸭绿江口向右转,沿江飞行。当飞越冰雪覆盖的崇山峻岭时,将军们能够俯瞰坐落着水电站大坝的两座水库。麦克阿瑟告诉驾驶员飞越惠山津,飞机摇摆着双翼向库珀特遣队致敬。

被胜利冲昏头脑的美军完全不知道,此刻他们已经掉进了毛泽东设好的陷阱。10月25日黄昏,志愿军的3个军,在黄昏时分突然向西线美军发起反击。霎时间,步枪、冲锋枪从上面射向美军。月光下,中国人的身影清晰可见。美军则连续投掷手榴弹,并用手中的一切武器还击。彭德怀派小股部队渗透到"联合国军"背后,用手榴弹和刺刀死打硬拼,迫使美军的火力优势无法发挥作用。这种战术让"联合国军"措手不及,车辆互相冲撞,所有退路都被无可挽回地堵塞了。

远在东面的长津湖一带,美陆战1师和步兵7师整装待发,准备实施"圣诞回家"攻势。此刻,他们对左翼的大溃败仍然毫不知情,巨大的灾难在等着他们。

(据〔美〕约翰·托兰《漫长的战斗:美国人眼中的朝鲜战争》,中国社会科学出版社1993年版)

参考词语

1. 重整旗鼓　chóngzhěngqígǔ　　　　失败后重新组织再做尝试
2. 袖手旁观　xiùshǒupángguān　　　　在一边看,不参与
3. 侦察兵　　zhēnchábīng　　(名)　军队中专门获取情报的士兵
4. 特遣队　　tèqiǎnduì　　　(名)　担任特别任务的部队
5. 倩影　　　qiànyǐng　　　 (名)　一般指漂亮的身影(多形容女性)
6. 头彩　　　tóucǎi　　　　 (名)　得到头奖,比喻运气非常好
7. 倾巢　　　qīngcháo　　　 (动)　比喻全部的人都出去了
8. 得意忘形　déyìwàngxíng　　　　太高兴了,过于兴奋以至于难以控制行为
9. 效仿　　　xiàofǎng　　　 (动)　模仿学习
10. 哨兵　　　shàobīng　　　(名)　军队中担任警戒保安任务的士兵
11. 大惑不解　dàhuòbùjiě　　　　　不明白为什么会这样
12. 额手相庆　éshǒuxiāngqìng　　　把手放在额头上,表示庆幸
13. 中立区　　zhōnglìqū　　　(名)　保持和平,不参与任何方面的

14.	棘手	jíshǒu	（形）	很难解决的问题
15.	异想天开	yìxiǎngtiānkāi		不切实际的幻想，指望不可能发生的事情发生
16.	幕僚	mùliáo	（名）	顾问，参谋人员
17.	踌躇满志	chóuchúmǎnzhì		悠然自得、心满意足的样子
18.	花哨	huāshào	（形）	颜色特别艳丽，显眼
19.	凛冽	lǐnliè	（形）	很冷
20.	俯瞰	fǔkàn	（动）	从上往下看
21.	陷阱	xiànjǐng	（名）	原是诱捕野兽的坑，这里比喻让人受骗的圈套
22.	整装待发	zhěngzhuāngdàifā		准备好了等待出发

专有名词

1.	朝鲜战争	Cháoxiān Zhànzhēng	1950—1953年发生在朝鲜半岛的战争。在中国，这场战争被称为"抗美援朝战争"
2.	约翰·托兰	Yuēhàn Tuōlán	John Toland/1912—2004，美国著名作家、历史学家
3.	普利策奖	Pǔlìcè Jiǎng	Pulitzer Prizes/美国一项新闻奖
4.	朝鲜人民军	Cháoxiān Rénmínjūn	朝鲜军队的名称
5.	鸭绿江	Yālù Jiāng	江名，位于中国和朝鲜之间
6.	志愿军	Zhìyuànjūn	全名"中国人民志愿军"，是中国军队在朝鲜作战时用的名称
7.	麦克阿瑟	Màikè'āsè	MacArthur/人名，美国著名将军
8.	金日成	Jīn Rìchéng	人名，朝鲜最高领导人
9.	彭德怀	Péng Déhuái	人名，中国军队的高级领导人。中国人民志愿军总司令
10.	满洲	Mǎnzhōu	中国东北的旧称。西方国家常以满洲指称中国东北
11.	丘吉尔	Qiūjí'ěr	Churchill/曾两次任英国总统，著名政治家、作家以及记者
12.	巴顿	Bādùn	人名，美国著名将军
13.	莱茵河	Láiyīn Hé	欧洲一条著名的河流，发源于瑞士，流经多国，最后从荷兰进入北海

文章阅读理解

(1) 根据文章我们知道中国军队入朝参战：
    A. 事先完全没有警告   B. 在联合国军越过三八线之前
    C. 第四野战军司令员林彪任指挥官 D. 是为了免遭一个强大敌人的入侵

(2) 关于美国方面，哪个不正确？
    A. 美军有人发现大量的中国军队准备进入朝鲜
    B. 美军轻易地到达中朝边界
    C. 美国政府很多人不相信中国会介入战争
    D. 美国已经做好了侵略中国的打算

(3) 美军士兵向鸭绿江中撒尿：
    A. 他们是模仿他们领导人在欧洲战场的行为
    B. 他们这样是为了让自己的摄影师拍下来了
    C. 这个做法让美国政府很多人感到不高兴
    D. 中国士兵看到后对他们的做法很愤怒

(4) 从文章看，麦克阿瑟当时应该：
    A. 住在美国   B. 住在朝鲜
    C. 住在日本   D. 住在满洲

(5) 从文章看，麦克阿瑟在鸭绿江边的表现是：
    A. 冷静的   B. 自大的
    C. 伤感的   D. 严肃的

(6) 根据文章，中国军队第一次与美军发生大规模战斗，我们不知道的是：
    A. 谁占了优势   B. 中国军队有多少人
    C. 战斗打响的时间   D. 美军有多少人

阅读 2

奠边府战役

    在1950年9月16日的边界战役之后，越南人民军彻底捣毁了法军在高平至凉山一线的防御体系，打通了中越交通线。为了扩大战果又于11月发动了一系列战役，迫使法军分散兵力，疲于防守，占领整个越南的计划成为泡影。

面对如此形势,法军只得收缩防守,以建立集团据点群的方法维持对越北和上中寮的控制。1953年11月,驻印度支那法军总司令H.E.纳瓦尔为实施18个月内歼灭越军主力、夺回战场主动权的作战计划,出动5000空降兵占领越西北战略要地莱州省的奠边府,随后逐步增加兵力,将奠边府建成一个包括49个支撑点,分成8个据点群和北、中、南3个防御分区,拥有2个机场的防御枢纽部。法军企图以此为基地对越南北部和中部解放区实施突击,切断越、老抗法武装力量之间的联系,并为驻上寮的法军提供掩护。

驻奠边府的法军总兵力为17个步兵营(含伞兵营)、2个105毫米炮兵营、1个155毫米炮兵连、1个工兵营、1个坦克连、1个值班飞行队,共1.62万人。法军通过空投运输物资。此时奠边府成了法军最大的据点。

奠边府处于越南北部,紧靠上寮,南北长约18公里,东西宽6—8公里,是一个盆地平原。法军据点就在其上。东面与北面的山头及高地均有据点。西面和北面的据点位于平原,共49个据点,分为8个据点群,3个防御区。芝清中心分区是法军指挥机关所在地。每个据点都有多层火力配备,建有四通八达的交通壕。据点周围有40—200米的障碍区,内有多层铁丝网、电网。为了阻碍越军的前进,还有地雷区和无人区。

为粉碎法军企图,越军决定对奠边府实施战略性进攻战役,由武元甲任前线总指挥。1953年12月越军解放省会莱州后,先后集结4个步兵师(欠1个团)、1个炮兵师及其他兵种部队共4万余人,从北、南两个方向对奠边府形成合围。经常击退小股守敌的进攻,并依靠工兵进行排雷,还调遣了两个炮兵团前往奠边府。3个月之后,为配合日内瓦会议,战役打响了。

鉴于法军筑有坚固防御工事,越军采取稳扎稳打、分阶段歼敌的方针。

第一阶段(1954年3月13—29日):越军先后攻占北区法军支撑点。1954年3月13日人民军以5倍于法军的兵力对奠边府进行进攻。当夜,以炮火为支援,全歼兴兰据点守军1个外籍步兵营。次日夺取独立山据点,全歼1个营,击退援兵1个营,占领板桥据点,结束北区战斗。

第二阶段(1954年3月30—4月30日):越军对敌芒清中心分区发起攻击,利用坑道或交通壕接近并摧毁法军支撑点,夺取奠边府以东各制高点,同时楔入中区和南区之间,分割包围法军,将其压缩在不到2平方公里的狭长地段,并以炮火摧毁机场,切断法军来自空中的补给。3月30日晚,东线战役开始,一周后结束战斗,歼灭5个集团据点,控制东面高地,对芝清总指挥所形成居高临下包围态势,战斗进入最后较量阶段。

法军利用美军100架轰炸机的支持进行轰炸,并投入大量空军进行空降。但由于越军装备了大量马克芯重机枪,构成了密集空中防御,法军空投部队损失严重,无法形成战斗力。

第三阶段(1954年5月1—7日):越军发起总攻,全歼守敌,击落、击毁飞机62架,俘法军指挥官卡斯特里准将及全部参谋人员。此役是越军首次进行的阵地攻坚战。5月6日晚,越军对法军核心阵地发起总攻,动用了六管火箭炮在内的炮火压制,还利用了地道爆破据点的方法进行攻击。州温和506据点被攻克。芝清指挥中心丧失屏障。5月7日法军投降。

奠边府战役成果辉煌,击毙法军5000余人,俘虏1.1万余人,击毁各型号飞机62架、坦克4辆、缴获重炮30门、坦克6辆,最终迫使法军投降。奠边府战役使法军在印度支那的精锐兵力几乎全部丧尽,从根本上动摇了法国在印度支那的统治。奠边府战役的胜利推动了正在举行的日内瓦会议,使会议最终达成了实现印度支那和平的协议。战役的胜利加快了战争进程,对于签订《印度支那停战协定》具有重要意义。

(据 http://news.xinhuanet.com/新华网)

参考词语

1.	捣毁	dǎohuǐ	(动)	武力破坏
2.	防御体系	fángyù tǐxì		军事上防止敌人进攻,保护自己的系统
3.	泡影	pàoyǐng	(名)	不能实现的希望
4.	据点	jùdiǎn	(名)	军事上重要的地点
5.	枢纽	shūniǔ	(名)	与各方面联系的中心环节和关键部位
6.	交通壕	jiāotōngháo	(名)	军事上用于联络往来的沟
7.	铁丝网	tiěsīwǎng	(名)	用带有利刺的铁丝做的障碍物,用于防止外人进入
8.	稳扎稳打	wěnzhā-wěndǎ		稳定扎实一步一步地做
9.	坑道	kēngdào	(名)	军事防御工事,用于隐蔽人员、储藏弹药和粮食等
10.	制高点	zhìgāodiǎn	(名)	可以控制某个地方的高地
11.	楔入	xiērù	(动)	插入
12.	狭长	xiácháng	(形)	又窄又长的

13. 全歼	quánjiān	（动）	军事用语，指全部消灭
14. 阵地	zhèndì	（名）	交战双方打仗的地方
15. 屏障	píngzhàng	（名）	障碍物，可以遮蔽或阻挡
16. 精锐	jīngruì	（形）	军队装备好，战斗力强

专有名词

1. 奠边府战役	Diànbiānfǔ Zhànyì	The Battle of Dien Bien Phu/1954年3月19日—5月7日发生在越南奠边府的一场著名战役
2. 印度支那	Yìndùzhīnà	Indochina/指位于亚洲的中南半岛
3. H. E. 纳瓦尔	H. E. Nàwǎ'ěr	人名，法国将军
4. 上寮	Shàngliáo	老挝当时的译名为寮国，依地势分为上寮、中寮和下寮
5. 武元甲	Wǔ Yuánjiǎ	人名，越南军队高级领导人

文章阅读理解

（1）关于奠边府，哪个说得不对？
　　A. 位于越南的西北部　　　　　　　　B. 有1.6万名法国士兵
　　C. 有一个飞机场　　　　　　　　　　D. 位于一个盆地里

（2）关于奠边府，我们还知道：
　　A. 它是1953年11月被法军占领的　　　B. 法军指挥机关在上寮
　　C. 它能切断越南和中国之间的联系　　D. 它位于山区

（3）关于奠边府战役，不正确的是：
　　A. 越军总指挥是吴元甲　　　　　　　B. 越军进攻奠边府的时间是1954年3月
　　C. 包围奠边府的越军有5万多人　　　 D. 越军包围奠边府的时间是1953年12月

（4）关于奠边府战役我们不知道的是：
　　A. 越军有多少人伤亡　　　　　　　　B. 美军有没有参战
　　C. 中国有没有参战　　　　　　　　　D. 以上全部

（5）关于奠边府战役，法军保护芝清指挥中心的据点是：
　　A. 板桥据点　　　　　　　　　　　　B. 州温和506据点
　　C. 独立山据点　　　　　　　　　　　D. 兴兰据点

(6) 关于奠边府战役,最先被越军给攻占的是:
A. 芝清指挥中心　　　　　　　B. 州温和506据点
C. 独立山据点　　　　　　　　D. 兴兰据点

(7) 奠边府战役成果辉煌,下面哪个是战役的意义?
A. 缴获了很多武器　　　　　　B. 俘虏了很多法军
C. 动摇了法国在印度支那的统治　D. 击毁各型号飞机62架

阅读3

海湾战争

　　海湾战争是由伊拉克对科威特的入侵而引发的。1990年7月中旬,由于石油政策、领土纠纷、债务等问题,伊拉克与科威特和阿拉伯联合酋长国之间的争端突然公开化。1990年7月,伊拉克在向科威特提出一系列要求遭到拒绝后,定下了以武力吞并科威特的决心。

　　1990年8月2日科威特时间凌晨1时,伊拉克共和国卫队三个师越过伊科边界,向科威特发起突然进攻。与此同时,一支特种作战部队从海上对科威特市实施直升机突击。拂晓时分,东西对进的两支部队开始攻打市内目标。科威特埃米尔贾比尔·萨巴赫仓促中携部分王室成员逃到附近美国军舰上。埃米尔的胞弟法赫德亲王在保卫王宫的战斗中阵亡。上午9时,伊军基本控制科威特市。下午4时,伊军占领了科威特全境,并将科威特划归其第19个省。

　　伊拉克入侵科威特事件引起了全世界极大震惊,联合国先后多次通过反对伊拉克入侵科威特并对伊实施制裁的决议。反应最为强烈的当属以美国为首的西方国家。8月2日和3日,美国总统布什主持召开国家安全委员会全体会议,研究对策。会议最终决定,采取大规模军事部署行动,以迫使伊拉克撤军,并为必要时采取军事打击行动做好准备。根据这一精神,负责中东地区防务的美军中央总部拟定了"沙漠盾牌"行动计划。美国东部时间8月7日凌晨2时,布什总统正式批准了该计划。

　　计划确定后,美军制订了具体部署方案,最大限度出动了运输司令部所辖战略运输工具,动员了后备和民用运输力量,同时,进行了后备役征召和编组。其他出兵国家也展开了各自的部署行动。经过紧张行动,分别于11月8日和11月底完成了两个阶段的部署。是时,美军在海湾地区的总兵力达到43

万人,其中陆军26万人,海军5万人,空军4万人,海军陆战队8万人。主要武器装备有坦克1200辆、装甲车2000辆、作战飞机1300架、直升机1500架、军舰100余艘。连同其他国家,出动的总兵力达50万人。部分未出兵国家提供了武器装备、舰船、飞机和医疗队。

8月中旬,经协商在多国部队最高层成立了协调性作战指挥机构。原则是,战区内所有部队均接受沙特阿拉伯武装部队司令哈立德中将和美军中央总部司令施瓦茨科普夫上将的统一指挥,但各国部队又分别接受本国最高当局的命令和指示。

面对美国和其他国家的出兵行动以及国际社会的经济制裁,伊拉克采取了相应对策。总的战略指导思想是,拖延战争爆发,使海湾冲突长期化、复杂化,进而分化以美国为首的军事阵营,打破对伊拉克的各项制裁,保住既得利益,同时做好军事上防御作战的准备。为此,它在外交上打出了"圣战"的旗号,并将撤军问题同以色列从阿拉伯被占领土撤军联系在一起,以转移阿拉伯国家的矛头指向;在经济上采取了内部紧缩,对外寻求突破口的政策;在军事上则加紧了扩军备战,恢复和新建24个师,使军队总兵力达到77个师120万人。同时加强了科战区的兵力部署,按三道防线共部署43个师,约54万人,坦克4280辆、火炮2800门、装甲输送车2800辆。

11月29日,联合国安理会通过第678号决议,规定1991年1月15日为伊拉克撤军的最后期限。1月16日美国东部时间上午10时30分,布什总统签署了给美军中央总部司令施瓦茨科普夫的国家安全指令文件,命令美军向伊拉克开战。

1月17日凌晨,美军的空袭行动开始实施。2月24日当地时间凌晨4时整,多国部队向伊军发起了大规模诸军兵种联合进攻,将海湾战争推向了最后阶段。在多国部队的打击下,伊军进行了顽强抵抗,后逐渐向北和西方向撤退,并点燃了科威特油田的大量油井。28日晨,科威特城已全部被阿拉伯部队控制,布什总统下达了当地时间8时暂时停火的命令。整个地面进攻历时100小时。

暂时停火以后,伊拉克表示接受美国提出的停火条件和愿意,履行联合国安理会历次通过的有关各项决议。在此基础上,联合国安理会于4月3日以12票赞成、1票反对、2票弃权通过了海湾正式停火决议,即687号决议。海湾战争至此宣告结束。

(据百度 http://zhidao.baidu.com/)

参考词语

1.	吞并	tūnbìng	（动）	用武力把别的地方（国家）收进自己的区域
2.	拂晓	fúxiǎo	（名）	天快要亮的时候
3.	仓促	cāngcù	（形）	急急忙忙，没有准备好的
4.	阵亡	zhènwáng	（动）	在战场上死了
5.	迫使	pòshǐ	（动）	用某种强迫的力量或行动促使
6.	后备役	hòubèiyì	（名）	不是现役军人，但是国家一旦需要马上就可以入伍的兵员
7.	征召	zhēngzhào	（动）	征集招收（军人）
8.	编组	biānzǔ	（动）	安排，组织，分配到不同的部门
9.	陆战队	lùzhànduì	（名）	海军陆战队，就是海军中担任陆地作战的军人
10.	圣战	shèngzhàn	（名）	字面意思为"神圣的战争"，一些组织、国家、军事集团为标榜其战争的正义性和神圣性，将所从事的战争和事业称为"圣战"
11.	矛头	máotóu	（名）	攻击的目标和主要方向
12.	扩军	kuòjūn	（动）	扩大军队
13.	空袭	kōngxí	（动）	从空中进行打击
14.	顽强	wánqiáng	（形）	坚定、坚强，坚持斗争，不轻易放弃
15.	撤退	chètuì	（动）	离开战斗的地方
16.	弃权	qìquán	（动）	放弃权利

专有名词

1.	海湾战争	Hǎiwān Zhànzhēng	1991年1月17日—2月28日，以美国为首的多国联盟在联合国安理会授权下，为恢复科威特领土完整而对伊拉克进行的局部战争
2.	埃米尔	Āimǐ'ěr	Emir，Amir/是伊斯兰教国家对高层统治者、王公、军事长官的称号
3.	贾比尔·萨巴赫	Jiǎbǐ'ěr Sàbāhè	人名，科威特第13任埃米尔，1977年12月—2006年1月15日在位

4. 法赫德亲王　　　　Fǎhèdé Qīnwáng　　人名,科威特国王室成员
5. 布什　　　　　　　Bùshí　　　　　　　人名,美国总统
6. 沙漠盾牌　　　　　Shāmò Dùnpái　　　美国在1990年8月制定的军事行动的代号,内容就是向海湾地区增兵、阻止伊拉克进一步入侵沙特,并迫使伊拉克从科威特撤军

文章阅读理解

(1) 关于伊拉克入侵科威特,我们知道:
　　A. 伊拉克入侵科威特是因为宗教原因　　B. 伊拉克一天就完全控制了科威特
　　C. 科威特王室成员都安全逃到美国军舰上　　D. 伊拉克入侵科威特前两国关系良好
(2) 根据文章,关于海湾战争我们不知道的是:
　　A. 有多少美军参战　　B. 有多少国家参战
　　C. 联合国的态度　　D. 战争是谁指挥的
(3) 根据文章,哪个不是伊拉克应对美国和多国部队的做法?
　　A. 军事准备　　B. 打以色列牌
　　C. 试图团结阿拉伯国家　　D. 答应与美国等国谈判
(4) 根据文章,关于海湾战争,下面哪种说法不正确?
　　A. 美国主导了海湾战争　　B. 开战后十几天伊拉克就输了
　　C. 多国部队只接受美军的指挥　　D. 布什总统下达了暂时停火命令
(5) 根据文章,面对美军和多国部队的打击,我们不知道:
　　A. 伊拉克有没有抵抗　　B. 伊拉克军队有没有点燃油井
　　C. 战争后伊拉克是否接受了停火条件　　D. 伊拉克有多少人伤亡或被俘

二、挑战阅读

 古代文学作品阅读

　　唐贞元中,有张生者,性温茂,美风容,内秉坚孤,非礼不可入。或朋从游宴,扰杂其间,他人皆汹汹拳拳,若将不及;张生容顺而已,终不能乱。以是年二十三,未尝近女色。知者诘之,谢而言曰:"登徒子非好色者,是有凶行。余真好色者,而适不我值。何以言之?大凡物之尤者,未尝不留连于心,是知其非忘情者也。"诘者识之。

无几何，张生游于蒲，蒲之东十余里，有僧舍曰普救寺，张生寓焉。适有崔氏孀妇，将归长安，路出于蒲，亦止兹寺。崔氏妇，郑女也；张出于郑，绪其亲，乃异派之从母。是岁，浑瑊薨于蒲，有中人丁文雅，不善于军，军人因丧而扰，大掠蒲人。崔氏之家，财产甚厚，多奴仆，旅寓惶骇，不知所托。先是张与蒲将之党有善，请吏护之，遂不及于难。

（据（唐）元稹）

注 释

1. 登徒子　　　　Dēngtúzǐ　　　　战国时楚国诗人《登徒子好色赋》中的人名，后人以登徒子来指好色之徒
2. 浑瑊　　　　　Húnjiān　　　　　人名
3. 薨　　　　　　hōng　　　　　　古代称诸侯或有爵位的大官死去

1. 字、词、句理解

(1) "唐贞元"的意思是：
　　A. 时间年号　　B. 地名方位　　C. 人名　　D. 不知道
(2) "非礼不可入"中"非礼"的意思是：
　　A. 没有礼貌的　　B. 非常礼貌的　　C. 不符合道德的　　D. 没有准备礼物的
(3) "终不能乱"的意思是：
　　A. 最终不可以再乱　　　　　　B. 到最后才明白不能混乱
　　C. 终于能够让自己不再混乱　　D. 不管怎么样都能控制自己
(4) "何以言之"的意思是：
　　A. 何必用这样的话　　　　B. 怎么这样说呢
　　C. 为什么用这样的说法　　D. 何必用这种话去说他
(5) "诘者识之"中"识之"的意思是：
　　A. 总而言之　　B. 了解他　　C. 认识他　　D. 找到他
(6) "张生寓焉"中"寓"的意思是：
　　A. 偶遇　　B. 寓意　　C. 住　　D. 家里的
(7) "亦止兹寺"中"兹"的意思是：
　　A. 知道　　B. 慈爱　　C. 这个　　D. 滋润
(8) "是岁"的意思是：
　　A. 这一年　　B. 是过年　　C. 小的时候　　D. 多大了

(9) "大掠蒲人"中的意思是:
　　A. 与蒲人发生大的战斗　　　　　B. 大肆抢夺蒲这个地方的人
　　C. 很多蒲这里的人不反抗　　　　D. 蒲这里的人都去了京城
(10) 与"财产甚厚"中"厚"的意思接近的词语是:
　　A. 丰厚　　　　B. 深厚　　　　C. 厚道　　　　D. 优厚

2. 内容理解

(1) 关于张生,不正确的是:
　　A. 他有过女朋友　　B. 他很帅　　C. 他喜欢女人　　D. 他没有遇到喜欢的
(2) 关于张生,我们知道:
　　A. 他和崔氏妇是亲戚　　　　B. 他是蒲这个地方的人
　　C. 他是和尚　　　　　　　　D. 他要回长安
(3) 关于崔氏妇,我们知道:
　　A. 她丈夫是军人　　B. 她们家很有钱　　C. 她不喜欢张生　　D. 以上全部
(4) 张生和崔氏妇认识,是因为:
　　A. 他们是亲戚　　　　　　　B. 他们都住在普救寺里
　　C. 他是保护崔氏家的军人　　D. 他抢过崔氏的钱财

3. 口头回答问题

(1) 张生的性格特点如何?
(2) 张生对女色的态度怎么样?
(3) 说说崔氏与张生交往的缘由。

白话文参考译文

　　唐代贞元年间,有位张生,他性格温和而富于感情,风度潇洒,容貌英俊,意志坚强,脾气孤僻。凡是不合于礼的事情,就别想让他去做。有时跟朋友一起出去游览饮宴,在那杂乱纷扰的地方,别人都吵闹起哄,没完没了,好像都怕表现不出自己,因而个个争先恐后,而张生只是表面上应付一下而已,从不做不好的事情。虽然已是二十三岁了,还没有接近过女色。接近他的人去问他,他表示歉意后说:"登徒子不是好色的人,却留下了不好的品行。我倒是喜欢美丽的女子,却总也没让我碰上。为什么这样说呢?大凡出众的美女,我未尝不留心,凭这可以知道我不是没有感情的人。"问他的人这才了解了他。

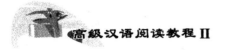

　　过了不久,张生到蒲州游览。蒲州的东面十多里处,有个庙宇名叫普救寺,张生就寄住在里面。当时正好有个崔家寡妇,将要回长安,路过蒲州,也住在这个寺庙中。崔家寡妇是郑家的女儿,张生的母亲也姓郑,论起亲戚,是另一支派的姨母。这一年,浑瑊死在蒲州,有宦官丁文雅,不会带兵,军人趁着办丧事进行骚扰,大肆抢劫蒲州人。崔家财产很多,又有很多奴仆,旅途暂住此处,不免惊慌害怕,不知依靠谁。在此以前张生跟蒲州那些将领有交情,就请官吏保护崔家,于是崔家没遭到兵灾。

 笑话阅读

请读下列的句子,找出其中幽默的地方并说明原因

1. 少小离家老大回,安能辨我是雄雌。
2. 红酥手,黄藤酒,两个黄鹂鸣翠柳。
3. 长亭外,古道边,一行白鹭上青天。
4. 借问酒家何处有,姑苏城外寒山寺。
5. 洛阳亲友如相问,轻舟已过万重山。
6. 在天愿作比翼鸟,大难临头各自飞。
7. 一朝被蛇咬,处处闻啼鸟。
8. 踏破铁鞋无觅处,那人却在灯火阑珊处。
9. 问君能有几多愁,别有一番滋味在心头。
10. 路漫漫其修远兮,壮士一去兮不复返!

参考答案

　　看懂这部分幽默需要对中国古典文学有很多的了解,因为这部分幽默是把不同作家不同搭配的两部分连接到一起,对仗韵律也很工整,但是意义却与原先完全不同,形成了一种特别的幽默效果。

原 文

1. 少小离家老大回,乡音无改鬓毛衰。((唐)贺知章《回乡偶书》)
   雄兔脚扑朔,雌兔眼迷离。双兔傍地走,安能辨我是雄雌?((北朝)无名氏《木兰辞》)

2. 红酥手,黄藤酒,满城春色宫墙柳。((南宋)陆游《钗头凤》)
   两个黄鹂鸣翠柳,一行白鹭上青天。((唐)杜甫《绝句》)

3. 长亭外,古道边,芳草碧连天。((李叔同《送别》)
   两个黄鹂鸣翠柳,一行白鹭上青天。((唐)杜甫《绝句》)

4. 借问酒家何处有,牧童遥指杏花村。((唐)杜牧《清明》)
   姑苏城外寒山寺,夜半钟声到客船。((唐)张继《枫桥夜泊》)

5. 洛阳亲友如相问,一片冰心在玉壶。((唐)王昌龄《芙蓉楼送辛渐》)
   两岸猿声啼不住,轻舟已过万重山。((唐)李白《早发白帝城》)

6. 在天愿作比翼鸟,在地愿为连理枝。((唐)白居易《长恨歌》)
   夫妻本是同林鸟,巴到天明各自飞。((明)冯梦龙《警世通言》)
   人生似鸟同林宿,大限来时各自飞。((明)《增广贤文》)

7. 一朝被蛇咬,十年怕井绳。(民间俗语)
   春眠不觉晓,处处闻啼鸟。((唐)孟浩然《春晓》)

8. 踏破铁鞋无觅处,得来全不费工夫!((明)冯梦龙《警世通言》)
   众里寻他千百度,那人却在灯火阑珊处((南宋)辛弃疾《元夕》)

9. 问君能有几多愁,恰似一江春水向东流。((南唐)李煜《虞美人》)
   剪不断、理还乱,是离愁。别是一番滋味在心头。((南唐)李煜《相见欢》)

10. 路漫漫其修远兮,吾将上下而求索。((战国)屈原《离骚》)
    风萧萧兮易水寒,壮士一去兮不复还!((汉)司马迁《史记·刺客列传》)

附录 1

部分练习参考答案

第一课

阅读 1　(1) D　(2) A　(3) D　(4) B　(5) D　(6) A
阅读 2　(1) D　(2) B　(3) C　(4) A　(5) D
阅读 3　(1) A　(2) D　(3) A　(4) D　(5) C　(6) B

第二课

阅读 1　(1) D　(2) B　(3) B　(4) C　(5) D　(6) B　(7) A
阅读 2　(1) A　(2) D　(3) B　(4) B　(5) A　(6) D
阅读 3　(1) C　(2) D　(3) A　(4) C　(5) B　(6) B　(7) B

第三课

阅读 1　(1) B　(2) D　(3) A　(4) D　(5) C　(6) D
阅读 2　(1) B　(2) D　(3) D　(4) B　(5) C　(6) A
阅读 3　(1) A　(2) B　(3) C　(4) A　(5) C　(6) A　(7) C

第四课

阅读 1　(1) D　(2) C　(3) D　(4) C　(5) A
阅读 2　(1) B　(2) C　(3) D　(4) A　(5) A　(6) C　(7) B
阅读 3　(1) B　(2) B　(3) A　(4) C　(5) D　(6) B　(7) A

第五课

阅读 1　(1) B　(2) B　(3) C　(4) B　(5) C　(6) B　(7) B
阅读 2　(1) C　(2) B　(3) D　(4) C　(5) B　(6) C　(7) A
阅读 3　(1) D　(2) D　(3) D　(4) D　(5) B　(6) A　(7) B

第六课

阅读 1　(1) B　(2) D　(3) D　(4) D　(5) A　(6) B
阅读 2　(1) B　(2) B　(3) C　(4) B　(5) B　(6) B
阅读 3　(1) D　(2) C　(3) A　(4) B　(5) C　(6) B

第七课

阅读1 (1) B (2) C (3) D (4) A (5) D (6) C (7) D 8. D
阅读2 (1) C (2) D (3) B (4) C (5) B (6) D
阅读3 (1) C (2) A (3) B (4) C (5) D (6) D

第八课

阅读1 (1) C (2) D (3) C (4) B (5) C (6) C (7) B 8. D 9. A
阅读2 (1) B (2) D (3) B (4) B (5) B (6) C
阅读3 (1) A (2) D (3) D (4) C (5) C (6) A (7) D

第九课

阅读1 (1) A (2) B (3) D (4) C (5) C
阅读2 (1) C (2) B (3) B (4) D (5) A
阅读3 (1) B (2) A (3) B (4) B (5) C (6) D

第十课

阅读1 (1) C (2) C (3) A (4) D (5) C (6) C
阅读2 (1) C (2) A (3) B (4) D (5) B (6) B (7) C
阅读3 (1) C (2) C (3) C (4) C

第十一课

阅读1 (1) B (2) B (3) A (4) D (5) C (6) C (7) A
阅读2 (1) B (2) A (3) D (4) C (5) C (6) D
阅读3 (1) B (2) B (3) A (4) B

第十二课

阅读1 (1) B (2) A (3) D (4) C (5) C (6) A
阅读2 (1) B (2) D (3) A (4) C (5) C (6) A (7) D
阅读3 (1) A (2) D (3) A (4) B (5) D

第十三课

阅读1 (1) C (2) C (3) A (4) C (5) B
阅读2 (1) D (2) D (3) A (4) D (5) A
阅读3 (1) A (2) C (3) D (4) A (5) C

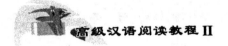

第十四课

阅读 1　(1) C　(2) B　(3) B　(4) C　(5) D　(6) C　(7) A
阅读 2　(1) A　(2) A　(3) C　(4) D　(5) A
阅读 3　(1) D　(2) B　(3) D　(4) D　(5) B　(6) D

第十五课

阅读 1　(1) D　(2) D　(3) A　(4) C　(5) B　(6) D
阅读 2　(1) C　(2) A　(3) C　(4) D　(5) B　(6) D　(7) C
阅读 3　(1) B　(2) B　(3) D　(4) C　(5) D

附录 2

词汇总表

A

| 阿片剂 | āpiànjì | （名） | 11 |

B

百日咳	bǎirìké	（名）	12
颁发	bānfā	（动）	6
保障	bǎozhàng	（动）	2
杯水车薪	bēishuǐ-chēxīn		7
本性	běnxìng	（名）	4
苯丙胺类	běnbǐng'àn lèi		11
崩溃	bēngkuì	（动）	7
边缘	biānyuán		7
编组	biānzǔ	（动）	15
标新立异	biāoxīn-lìyì		6
表彰	biǎozhāng	（动）	5
兵败如山倒	bīngbàirúshāndǎo		4
病原体	bìngyuántǐ	（名）	12
剥夺	bōduó	（名）	10
播映权	bōyìngquán	（名）	5
不容	bùróng		10
不朽	bùxiǔ	（动）	3
不依不饶	bùyī-bùráo		10
不遗余力	bùyíyúlì		13
钚	bù	（名）	13
部落	bùluò	（名）	14
部署	bùshǔ	（动）	1

C

财大气粗	cáidà-qìcū		5
裁军	cáijūn	（动）	10
彩票	cǎipiào	（名）	9
参谋部	cānmóubù	（名）	1
参与度	cānyùdù	（名）	9
残余	cányú	（名）	12
仓促	cāngcù	（形）	15
草根	cǎogēn	（名）	6
草原湿地	cǎoyuán shīdì		12
册封	cèfēng	（动）	14
策划者	cèhuàzhě	（名）	11
常委会	chángwěihuì	（名）	1
朝觐	cháojìn	（动）	14
撤退	chètuì	（动）	15
成纤维细胞	chéngxiānwéi xìbāo		13
诚挚	chéngzhì	（形）	2
程序	chéngxù	（名）	2
惩处	chéngchǔ	（动）	8
重整旗鼓	chóngzhěngqígǔ		15
抽签	chōuqiān	（动）	5
筹资	chóuzī	（动）	2
踌躇满志	chóuchúmǎnzhì		15
除草剂	chúcǎojì	（名）	13
储备制	chǔbèizhì	（名）	5
氚	chuān	（名）	13
传承	chuánchéng	（动）	14
传经布道	chuánjīng-bùdào		11
戳脊梁骨	chuō jǐlianggǔ		7
辍学	chuòxué	（动）	8

磁场	cíchǎng	（名）	13
雌雄	cíxióng	（名）	13
脆弱	cuìruò	（形）	7
磋商	cuōshāng	（动）	1

D

大肠杆菌	dàchánggǎnjūn		12
乳糖操纵子	rǔtáng cāozòngzǐ		
大惑不解	dàhuòbùjiě		15
大麻	dàmá	（名）	11
大萧条	dàxiāotiáo	（形）	11
大张旗鼓	dàzhāngqígǔ		13
待遇	dàiyù	（名）	2
淡季	dànjì	（名）	9
蛋白质	dànbáizhì	（名）	12
当之无愧	dāngzhīwúkuì		3
档案	dàng'àn	（名）	2
档案馆	dàng'ànguǎn	（名）	9
氘	dāo	（名）	13
捣毁	dǎohuǐ	（动）	15
得势	déshì	（动）	3
得意忘形	déyì-wàngxíng		15
登革热	dēnggérè	（名）	12
等离子体	děnglízǐtǐ		13
低保	dībǎo	（名）	2
低迷	dīmí	（形）	6
敌意	díyì	（名）	7
嫡亲	díqīn	（名）	14
抵消	dǐxiāo	（动）	11
地表径流	dìbiǎo jìngliú		12
缔约国	dìyuēguó	（名）	12
顶尖	dǐngjiān	（形）	5
定时炸弹	dìngshí zhàdàn		8
定制	dìngzhì	（名）	14
动漫	dòngmàn	（名）	6
动向	dòngxiàng	（名）	11
独木难支	dúmùnánzhī		11
断绝	duànjué	（动）	7

E

额手相庆	éshǒuxiāngqìng		15
扼杀	èshā	（动）	4
噩梦	èmèng	（名）	6
二恶英	èr'èyīng	（名）	13
二氧化碳	èryǎnghuàtàn	（名）	12

F

法办	fǎbàn	（动）	4
反弹	fǎntán	（动）	9
反腐倡廉	fǎnfǔ-chànglián		1
范畴	fànchóu	（名）	2
防卫大臣	fángwèi dàchén		1
防务	fángwù	（名）	1
防疫	fángyì	（动）	12
防疫站	fángyìzhàn	（名）	9
防御体系	fángyù tǐxì		15
肺结核	fèijiéhé	（名）	12
分而治之	fēn'érzhìzhī		10
分裂	fēnliè	（动）	13
分娩	fēnmiǎn	（动）	12
风口浪尖	fēngkǒulàngjiān		6
风靡	fēngmí	（形）	5
封闭	fēngbì	（形）	5
疯牛病	fēngniú bìng		13
峰会	fēnghuì	（名）	1
奉行	fèngxíng	（动）	3
拂晓	fúxiǎo	（名）	15
服刑	fúxíng	（动）	8
辐射	fúshè	（动）	11
福利机构	fúlì jīgòu		7
俯瞰	fǔkàn	（动）	15
妇幼保健院	fùyòu bǎojiànyuàn		9
复苏	fùsū	（动）	9
复兴	fùxīng	（动）	3
赋予	fùyǔ	（动）	1
覆盖	fùgài	（动）	9
覆盖面	fùgàimiàn	（名）	2

G

干预	gānyù	（动）	6
感染	gǎnrǎn	（动）	12
高端	gāoduān	（名）	7
高薪制	gāoxīnzhì	（名）	5
割据	gējù	（动）	11
隔绝	géjué	（动）	5
各得其所	gèdéqísuǒ		3
各抒己见	gèshūjǐjiàn		13
根深蒂固	gēnshēn-dìgù		7
梗塞	gěngsè	（动）	14
弓形虫感染症	gōngxíngchóng gánrǎnzhèng		12
公益	gōngyì	（名）	9
功勋	gōngxūn	（名）	3
共识	gòngshí	（名）	2
共御外侮	gòngyù wàiwǔ		10
供述	gòngshù	（动）	8
勾勒	gōulè	（动）	8
古柯	gǔkē	（名）	11
股权	gǔquán	（名）	9
观摩	guānmó	（动）	6
管教所	guǎnjiàosuǒ	（名）	8
惯性	guànxìng	（名）	13
归案	guī'àn	（动）	8
归纳	guīnà	（动）	8
规避	guībì	（动）	12
鬼迷心窍	guǐmíxīnqiào		8
锅炉	guōlú	（名）	13
国防	guófáng	（名）	1

H

海盗	hǎidào	（名）	11
海洛因	hǎiluòyīn	（名）	11
氦	hài	（名）	13
撼动	hàndòng	（动）	9
好奇心	hàoqíxīn	（名）	4
好胜心	hàoshèngxīn	（名）	4
合议庭	héyìtíng	（名）	8
和睦	hémù	（形）	10
核反应堆	hé fǎnyìngduī		13
核苷酸序列	hégānsuān xùliè		12
核聚变	hé jùbiàn		13
核裂变	hé lièbiàn		13
荷枪实弹	hèqiāngshídàn		6
横扫	héngsǎo	（动）	6
弘扬	hóngyáng	（动）	1
宏愿	hóngyuàn	（名）	3
后备役	hòubèiyì	（名）	15
厚德载物	hòudézǎiwù		3
互惠	hùhuì	（动）	1
户籍	hùjí	（名）	2
花哨	huāshào	（形）	15
话语权	huàyǔquán	（名）	9
缓冲	huǎnchōng	（动）	5
缓刑	huǎnxíng	（名）	8
荒废	huāngfèi	（动）	14
挥之不去	huīzhībúqù		6
蛔虫病	huíchóng bìng		12
混为一谈	hùnwéiyìtán		6
活佛	huófó	（名）	14
火箭弹	huǒjiàndàn	（名）	11
祸害	huòhai	（动/名）	4
祸害无穷	huòhàiwúqióng		13
霍乱	huòluàn	（名）	12

J

肌肉细胞	jīròu xìbāo	（名）	13
积怨	jīyuàn	（名）	10
基金	jījīn	（名）	6
基石	jīshí	（名）	5
缉获	jīhuò	（动）	11
激光束	jīguāngshù	（名）	13
激活	jīhuó	（动）	13
激怒	jīnù	（动）	11
羁押	jīyā	（动）	8

极地	jídì	（名）	12
棘手	jíshǒu	（形）	15
挤兑	jǐduì	（动）	4
觊觎	jìyú	（动）	6
寄生虫	jìshēngchóng	（名）	12
甲基苯丙胺	jiǎjī běnbǐng'àn		11
甲型肝炎	jiǎxíng gānyán		12
架构	jiàgòu	（名）	1
监察	jiānchá	（动）	1
煎熬	jiān'áo		13
剪辑	jiǎnjí	（动）	6
碱基	jiǎnjī	（名）	12
交通壕	jiāotōngháo	（名）	15
佼佼者	jiǎojiǎozhě	（名）	6
教阶	jiàojiē	（名）	14
教区	jiàoqū	（名）	14
教义	jiàoyì	（名）	14
教主	jiàozhǔ	（名）	14
劫持	jiéchí	（动）	11
结党营私	jiédǎng-yíngsī		14
结算	jiésuàn	（动）	2
结余	jiéyú	（动/名）	2
戒毒	jièdú	（动）	11
戒严	jièyán	（动）	4
金刚怒目	jīngāng nùmù		4
金圆券	jīnyuánquàn	（名）	4
锦标赛	jǐnbiāosài	（名）	5
晋身	jìnshēn	（动）	5
禁毒	jìndú	（动）	1
禁区	jìnqū	（名）	5
经纬度	jīngwěidù	（名）	7
精锐	jīngruì	（形）	15
精神	jīngshén	（名）	1
精英	jīngyīng	（名）	6
精子	jīngzǐ	（名）	13
敬畏	jìngwèi	（动）	14
居家养老	jūjiā yǎnglǎo		7
举足轻重	jǔzúqīngzhòng		4
剧本	jùběn	（名）	6
据点	jùdiǎn	（名）	15
聚焦	jùjiāo	（动）	9
聚居区	jùjūqū	（名）	10
捐献	juānxiàn	（动）	6
卷土重来	juǎntǔchónglái		10
军阀	jūnfá	（名）	11
军区	jūnqū	（名）	1

K

开采	kāicǎi	（动）	7
开枝散叶	kāizhīsànyè		8
凯歌	kǎigē	（名）	3
看守所	kānshǒusuǒ	（名）	8
勘探	kāntàn	（动）	7
抗拒	kàngjù	（动）	6
可持续发展	kěchíxù fāzhǎn		2
可卡因	kěkǎyīn	（名）	11
可圈可点	kěquān-kědiǎn		6
克隆	kèlóng	（动）	13
恪守	kèshǒu	（动）	10
坑道	kēngdào	（名）	15
空洞	kōngdòng	（形）	11
空袭	kōngxí	（动）	15
空虚	kōngxū	（形）	8
恐吓	kǒnghè	（动）	4
口角	kǒujiǎo	（动）	8
夸夸其谈	kuākuāqítán		13
宽容	kuānróng	（形）	8
匡正	kuāngzhèng	（动）	1
狂犬病	kuángquǎn bìng		12
狂热	kuángrè	（形）	6
框架	kuàngjià	（名）	1
扩军	kuòjūn	（动）	15
扩散	kuòsàn	（动）	10

L

老龄化	lǎolínghuà	（动）	7
累犯	lěifàn	（名）	8
里应外合	lǐyìng-wàihé		11

理性	lǐxìng	（名）	6
锂	lǐ	（名）	13
立场	lìchǎng	（名）	1
立法	lìfǎ	（动）	7
例行	lìxíng	（形）	1
粒子束	lìzǐshù	（名）	13
廉洁	liánjié	（形）	1
链式裂变反应	liànshì lièbiàn fǎnyìng		13
良莠不齐	liángyǒubùqí		6
良知	liángzhī	（名）	3
劣势	lièshì	（名）	10
烈士	lièshì	（名）	3
临界	línjiè	（名）	7
淋病	línbìng	（名）	12
凛冽	lǐnliè	（形）	15
零售	língshòu	（名）	9
流离失所	liúlíshīsuǒ		10
掳	lǔ	（动）	10
陆战队	lùzhànduì	（名）	15
履行	lǚxíng	（动）	1
卵丘细胞	luǎnqiū xìbāo		13
卵细胞	luǎnxìbāo	（名）	13
伦理	lúnlǐ	（名）	13
轮状病毒	lúnzhuàng bìngdú		12

M

麻疹	mázhěn	（名）	12
卖淫	màiyín	（动）	8
盲肠	mángcháng	（名）	11
矛头	máotóu	（名）	15
梅毒	méidú	（名）	12
美学	měixué	（名）	6
门槛	ménkǎn	（名）	6
门诊	ménzhěn	（名）	2
渺茫	miǎománg	（形）	4
民不聊生	mínbùliáoshēng		11
民政部门	mínzhèng bùmén		9
名存实亡	míngcún-shíwáng		5
冥想	míngxiǎng	（动）	14
模式	móshì	（名）	7
募集	mùjí	（动）	7
幕僚	mùliáo	（名）	15

N

内涵	nèihán	（名）	2
内外夹击	nèiwàijiājī		11
尼姑思凡	nígū sīfán		4
泥潭	nítán	（名）	9
黏膜	niánmó	（名）	12
浓缩	nóngsuō	（动）	13
疟疾	nuèji	（名）	12

P

排泄物	páixièwù	（名）	12
叛逆	pànnì	（动）	6
泡影	pàoyǐng	（名）	15
胚胎	pēitāi	（名）	13
陪审员	péishěnyuán	（名）	8
皮肤细胞	pífū xìbāo		13
疲软	píruǎn	（形）	9
贫富差距	pínfù chājù		7
频率	pínlǜ	（名）	12
聘用	pìnyòng	（动）	2
凭借	píngjiè	（动）	3
屏障	píngzhàng	（名）	15
迫使	pòshǐ	（动）	15
破伤风	pòshāngfēng	（名）	12
菩萨低眉	púsà dīméi		4
普通高校	pǔtōng gāoxiào		2

Q

凄惨	qīcǎn	（形）	4
气焰嚣张	qìyànxiāozhāng		11
弃权	qìquán	（动）	15

起义	qǐyì	（动）	10	沙眼	shāyǎn	（名）		12
迁移	qiānyí	（动）	2	删除	shānchú	（动）		10
前科	qiánkē	（名）	8	珊瑚礁岛	shānhújiāo dǎo			12
前体	qiántǐ	（名）	11	善待	shàndài	（动）		14
潜修	qiánxiū	（动）	14	上皮细胞	shàngpí xìbāo	（名）		13
潜在	qiánzài	（形）	13	哨兵	shàobīng	（名）		15
谴责	qiǎnzé	（动）	10	社区	shèqū	（名）		7
倩影	qiànyǐng	（名）	15	涉嫌	shèxián	（动）		8
强势	qiángshì	（形）	6	申明	shēnmíng	（动）		10
强制	qiángzhì	（动）	4	神父	shénfù	（名）		14
侵袭	qīnxí	（动）	4	神职	shénzhí	（名）		14
青筋暴突	qīngjīn bàotū		7	审理	shěnlǐ	（动）		8
青睐	qīnglài	（动）	9	审美	shěnměi	（动）		6
氢	qīng	（名）	13	审批	shěnpī	（动）		2
倾巢	qīngcháo	（动）	15	审慎	shěnshèn	（形）		9
倾斜	qīngxié	（动）	6	审议	shěnyì	（动）		1
清教徒	qīngjiàotú	（名）	8	生态系统	shēngtài xìtǒng			12
情势	qíngshì	（名）	10	生殖	shēngzhí	（动）		13
区位	qūwèi	（名）	7	声望	shēngwàng	（名）		4
取之不竭	qǔzhībùjié		13	圣训	shèngxùn	（名）		14
权威	quánwēi	（名）	4	圣战	shèngzhàn	（名）		15
全歼	quánjiān	（动）	15	省区	shěngqū	（名）		14
				盛誉	shèngyù	（名）		6
				失语症	shīyǔzhèng	（名）		6
R				施济	shījì	（动）		14
				时来运转	shílái-yùnzhuǎn			4
染色体	rǎnsètǐ	（名）	12	实况转播	shíkuàng zhuānbō			5
人格	réngé	（名）	4	实至名归	shízhìmíngguī			6
人质	rénzhì	（名）	11	首饰	shǒushì	（名）		5
认知	rènzhī	（名）	9	受挫	shòucuò	（动）		10
荣幸	róngxìng	（形）	4	授予	shòuyǔ	（动）		6
融合	rónghé	（动）	13	枢机	shūjī	（名）		14
乳腺细胞	rǔxiàn xìbāo		13	枢机团	shūjītuán	（名）		14
锐意进取	ruìyìjìnqǔ		3	枢纽	shūniǔ	（名）		15
弱势群体	ruòshìqúntǐ		4	殊荣	shūróng	（名）		6
				输卵管	shūluǎnguǎn	（名）		13
				赎金	shújīn	（名）		11
S				刷卡	shuākǎ	（动）		9
腮腺炎	sāixiànyán	（名）	12	衰退	shuāituì	（动）		4
赛季	sàijì	（名）	5	双刃剑	shuāngrènjiàn	（名）		13
丧生	sàngshēng	（动）	10					

水痘	shuǐdòu	（名）	12
顺从	shùncóng	（动）	4
顺水推舟	shùnshuǐtuīzhōu		13
司仪	sīyí	（名）	6
丝虫病	sīchóng bìng		12
死灰复燃	sǐhuīfùrán		3
搜刮	sōuguā	（动）	4
诉求	sùqiú	（名）	9
诉讼	sùsòng	（动）	8
宿主	sùzhǔ	（名）	12

T

糖尿病	tángniào bìng		12
淘金	táojīn	（动）	4
特遣队	tèqiǎnduì	（名）	15
特约	tèyuē	（形）	9
体表	tǐbiǎo	（名）	12
体细胞核	tǐ xìbāohé		13
天赋	tiānfù	（名）	4
条款	tiáokuǎn	（名）	10
调剂金	tiáojìjīn	（名）	2
铁丝网	tiěsīwǎng	（名）	15
同位素	tóngwèisù		13
同心同德	tóngxīn-tóngdé		3
统筹	tǒngchóu	（动）	2
头彩	tóucǎi	（名）	15
投递	tóudì	（动）	2
凸显	tūxiǎn	（动）	3
突飞猛进	tūfēi-měngjìn		4
土葬	tǔzàng	（动）	14
推荐	tuījiàn	（动）	2
吞并	tūnbìng	（动）	15
臀部肌肉	túnbù jīròu		13
托管	tuōguǎn	（动）	10
拖延	tuōyán	（动）	5
脱钩	tuōgōu	（动）	2
脱胎换骨	tuōtāi-huàngǔ		5

W

外围赛	wàiwéisài	（名）	5
顽强	wánqiáng	（形）	15
婉转	wǎnzhuǎn	（形）	4
微米	wēimǐ	（量）	12
微生物	wēishēngwù	（名）	12
巍然	wēirán	（副）	3
为非作歹	wéifēi-zuòdǎi		11
萎缩	wěisuō	（动）	7
未成年犯	wèichéngniánfàn	（名）	8
尉官	wèiguān	（名）	1
温饱线	wēnbǎoxiàn	（名）	13
温床	wēnchuáng	（名）	11
温室效应	wēnshì xiàoyìng		12
温馨	wēnxīn	（形）	6
稳扎稳打	wěnzhā-wěndǎ		15
斡旋	wòxuán	（动）	10
屋檐	wūyán	（名）	8
无性繁殖	wúxìng fánzhí		13

X

细胞核	xìbāohé	（名）	12
细菌性痢疾	xìjūnxìng lìji		12
细菌性脑膜炎	xìjūnxìng nǎomóyán		12
狭长	xiácháng	（形）	15
下诏	xiàzhào	（动）	14
先知	xiānzhī	（名）	14
衔接	xiánjiē	（动）	2
鲜为人知	xiǎnwéirénzhī		6
限额	xiàn'é	（名）	2
线粒体	xiànlìtǐ	（名）	12
线状	xiànzhuàng	（名）	12
宪章	xiànzhāng	（名）	10
陷阱	xiànjǐng	（名）	15
嚣张	xiāozhāng	（形）	3
小儿麻痹	xiǎo'ér mábì		12
校官	xiàoguān	（名）	1
效仿	xiàofǎng	（动）	15

效应	xiàoyìng	（名）	12	赢利	yínglì	（动）	6
楔入	xiērù	（动）	15	疣	yóu	（名）	12
邪恶	xié'è	（形）	8	铀	yóu	（名）	13
芯片	xīnpiàn	（名）	12	有期徒刑	yǒuqī túxíng		8
辛酸	xīnsuān	（形）	7	有增无减	yǒuzēng-wújiǎn		11
兴奋剂	xīngfènjì	（名）	8	诱导	yòudǎo	（动）	13
刑事	xíngshì	（名）	8	诱饵	yòu'ěr	（名）	11
形同陌路	xíngtóngmòlù		8	鱼龙混杂	yúlónghùnzá		6
雄厚	xiónghòu	（形）	5	与时俱进	yǔshíjùjìn		3
雄性不育基因	xióngxìng búyù jīyīn		13	预测	yùcè	（动）	5
袖手旁观	xiùshǒupángguān		15	遇难	yùnàn	（动）	10
削减	xuējiǎn	（动）	10	圆寂	yuánjì	（动）	14
削弱	xuēruò	（动）	4	院士	yuànshì	（名）	6
雪上加霜	xuěshàngjiāshuāng		8	约定俗成	yuēdìngsúchéng		6
血吸虫病	xuèxīchóng bìng		12	约束力	yuēshùlì	（名）	4
熏陶	xūntáo	（动）	11	乐评人	yuèpíngrén	（名）	6
寻衅滋事	xúnxìnzīshì		8	蕴藏	yùncáng	（动）	13
				蕴含	yùnhán	（动）	13

Y

Z

压抑	yāyì	（动）	8				
鸦片	yāpiàn	（名）	11	在押	zàiyā	（动）	8
咽喉	yānhóu	（名）	11	赞叹	zàntàn	（动）	3
严峻	yánjùn	（形）	11	增生	zēngshēng	（动）	12
言辞	yáncí	（名）	4	增殖	zēngzhí	（动）	13
衍生	yǎnshēng	（动）	8	展望	zhǎnwàng	（动）	9
养儿防老	yǎng'érfánglǎo		7	战栗	zhànlì		11
摇滚乐	yáogǔnyuè	（名）	6	招募	zhāomù	（动）	11
叶绿体	yèlǜtǐ	（名）	12	朝气蓬勃	zhāoqìpéngbó		4
一意孤行	yíyìgūxíng		3	兆瓦	zhàowǎ	（量）	13
仪轨	yíguǐ	（名）	14	折抵	zhédǐ	（动）	8
遗弃	yíqì	（动）	8	侦察兵	zhēnchábīng	（名）	15
遗嘱	yízhǔ	（名）	6	真菌	zhēnjūn	（名）	12
乙型肝炎	yǐxíng gānyán		12	阵地	zhèndì	（名）	15
乙型脑炎	yǐxíng nǎoyán		12	阵亡	zhènwáng	（动）	15
以人为本	yǐrénwéiběn		4	征召	zhēngzhào		15
异想天开	yìxiǎngtiānkāi		15	整合	zhěnghé	（动）	2
溢美之词	yìměi zhī cí		4	整装待发	zhěngzhuāngdàifā		15
因子	yīnzǐ	（名）	12	正视	zhèngshì	（动）	7
罂粟	yīngsù	（名）	11	执事	zhíshì	（名）	14

执委会	zhíwěihuì	(名)	1	瞩目	zhǔmù	(形)	9
执业	zhíyè	(动)	9	铸造	zhùzào	(动)	5
直肠	zhícháng	(名)	12	转会制度	zhuǎnhuì zhìdù		5
职责	zhízé	(名)	1	转基因	zhuǎnjīyīn	(名)	13
止恶行善	zhǐ'è-xíngshàn		14	转世	zhuǎnshì	(动)	14
制高点	zhìgāodiǎn	(名)	15	转诊	zhuǎnzhěn	(动)	2
质疑	zhìyí	(动)	7	装机容量	zhuāngjī róngliàng		13
治权	zhìquán	(名)	14	准则	zhǔnzé	(名)	8
智库	zhìkù	(名)	2	酌情	zhuóqíng	(副)	10
中高纬	zhōnggāowěi	(名)	12	滋生	zīshēng	(动)	11
中立区	zhōnglìqū	(名)	15	自立门户	zìlìménhù		14
中子	zhōngzǐ	(名)	13	自强不息	zìqiángbùxī		3
终结	zhōngjié	(动)	8	宗教极端势力	zōngjiào jíduān shìlì		11
众志成城	zhòngzhìchéngchéng		3	总裁	zǒngcái	(名)	5
重元素	zhòngyuánsù	(名)	13	族群	zúqún	(名)	7
周密	zhōumì	(形)	2				
主教	zhǔjiào	(名)	14				
主宰	zhǔzǎi	(动/名)	14				

后　记

本教材是北京大学出版社"北大版长期进修汉语教程"中的一本。丛书由周小兵任总主编,张世涛主编本册。这是一本专门为高级阶段留学生而编写的阅读教材,与已经出版的《初级汉语阅读教程》和《中级汉语阅读教程》形成一个完整的系列,能全面训练和提高留学生的汉语阅读能力。

正如在前言已经说过的,高级阅读有着与初中级阅读不同的特点:它在训练学生准确、快速地理解字、词、句,并从中获取信息外,注重训练学生对整个篇章的把握,培养他们从更高层次理解和鉴赏作品的能力,帮助他们从读懂文章迈向品味文章。

基于这个理念,本教材第一册在练习形式上做了很多尝试,增加了许多感知作品的内容,尝试把感知这个"形而上"的东西落到实处。由于许多能意会的东西并不容易言传,所以要做好并不容易。但是我们依据阅读研究理论,结合外国学生的实际,编写出了与以往阅读教材有所不同的《高级汉语阅读教程》第一册。

《高级汉语阅读教程》第二册同样增加了许多适合训练高级阶段学生汉语阅读能力的内容和练习形式,如"挑战阅读"就选编了许多有文言文成分的阅读材料或简单的文言文作品,让学生了解到现代汉语里保留了许多古代汉语的因素,只有掌握一些古代汉语的知识才能更好、更准确地理解现代汉语文本。"笑话阅读"部分精心选取了许多基于汉语独特表达形式的笑话,要很好地理解这些笑话中的笑料,必须对汉语、中国文化、中国社会有相当的了解。

第二册以文体和专题编排课文和练习。内容与形式是有关联的,不同的文体有不同的结构特点和语言形式,而相同的专题则在语言上有更多的共同点。因此,本教材有政府公文、名人演讲这些不同的体裁,也有世界体育、国际经济、国际政治、社会问题这些贴近学生关注点的专题。

有难度而趣味盎然,扎根中国文化而有国际化的视野,是本教材编排的一大特点。

本书的编写一直得到北京大学出版社的热情支持和具体指导,德高望重的胡双宝老先生给本书提出了很多具体的修改意见,本书编辑吕幼筠女士为本书的编写付出了巨大的努力,提出了很多具体意见;周小兵、刘若云、徐霄鹰、吴门吉、张念、李英等老师为本书提供了阅读理论的支持,并提供了试用教材的条件;蔡玲、田景彪、黄春涛、周筑斌、边国宾、马喜林、陈爱葵、李笑晗、张如眉等为本书做了大量材料收集、遴选和文字输入等工作。菲律宾亚典耀大学汉学系庄庄庄、蔡翰霖、吕辉华、杨真真老师帮助收集本教材在菲律宾大学试用的反馈意见。在此,对他们表示诚挚的谢意。

联系方式:zhangshitao2002@yahoo.com.cn

在此诚恳地希望得到来自各位的反馈和交流。

编 者

2010 年 10 月 8 日

声　明

　　对于本教材所使用的受著作权保护的材料，尽管本社已经尽了合理的努力去获得使用许可，但由于缺少某些著作权人的具体联系方式，仍有个别材料未能获得著作权人的许可。为满足课堂教学之急需，我们在个别材料未获得许可的情况下出版了本教材，并按照国家相关标准将稿酬先行列支。对此我们深表歉意，并请各位著作权人在看到本教材及本声明后尽快与我们联系，我们将立即奉上稿酬及样书。

联系人：吕幼筠
邮箱：lvyoujun99@yahoo.com.cn
地址：北京市海淀区成府路205号北京大学汉语编辑部
邮编：100871
电话：010－62752028

本系列教材

荣获2010年国家汉办／孔子学院大会授予的"优秀国际汉语教材奖"

长期进修汉语教程

初级汉语阅读教程（Ⅰ、Ⅱ）
中级汉语阅读教程（Ⅰ、Ⅱ）
高级汉语阅读教程（Ⅰ、Ⅱ）

《高级汉语阅读教程》简介

如果说初中级汉语阅读是读懂文章的话，那高级阅读就是在读懂的基础上品味文章了。与初中级阅读教学更多地训练学生掌握正确的阅读习惯，高效、准确地获得信息不同的是：高级阅读阶段已经跨越了对字、词、句、篇的孤立理解，它突出表现在更高层次上对阅读材料的理解和鉴赏，其教学目的是训练超越阅读材料、总体把握文本传达信息的能力，即能够清楚洞悉作者的观点并感知作品的情感，了解作者叙述的手法，欣赏作品的风格，体会作品的意境，能感知文字以外的趣味。

ISBN 978-7-301-16754-0

定价：42.00元